Möglichkeiten und Grenzen der Ermittlung
von Preis- und Mengenindizes
für das deutsche Gesundheitswesen

Europäische Hochschulschriften

Publications Universitaires Européennes
European University Studies

Reihe V
Volks- und Betriebswirtschaft

Série V Series V
Sciences économiques, gestion d'entreprise
Economics and Management

Bd./Vol. 2511

PETER LANG
Frankfurt am Main · Berlin · Bern · Bruxelles · New York · Wien

Karin Hummel

Möglichkeiten und Grenzen der Ermittlung von Preis- und Mengenindizes für das deutsche Gesundheitswesen

PETER LANG
Europäischer Verlag der Wissenschaften

Die Deutsche Bibliothek - CIP-Einheitsaufnahme

Hummel, Karin:

Möglichkeiten und Grenzen der Ermittlung von Preis- und Mengenindizes für das deutsche Gesundheitswesen / Karin Hummel. - Frankfurt am Main ; Berlin ; Bern ; Bruxelles ; New York ; Wien : Lang, 1999
(Europäische Hochschulschriften : Reihe 5, Volks- und Betriebswirtschaft ; Bd. 2511)
Zugl.: Tübingen, Univ., Diss., 1999
ISBN 3-631-35274-3

D 21
ISSN 0531-7339
ISBN 3-631-35274-3

Vorwort

Im Mittelpunkt der vorliegenden Arbeit steht die Diskussion methodischer Probleme bei der Ermittlung von Preis- und Mengenindizes für das deutsche Gesundheitswesen. Infolge einer „fehlerhaften“ Bestimmung solcher Indizes können falsche Rückschlüsse über die Ursachen der Ausgabensteigerungen im Gesundheitswesen gezogen werden. Die bisher zur Verfügung stehenden Indizes für die Bereiche der ambulanten und stationären Behandlung sowie der Arzneimittelversorgung werden deshalb kritisch durchleuchtet. Vorschläge zur Verbesserung bzw. Neugestaltung von Preis- und Mengenindizes für diese drei Bereiche schließen sich an. Die im Februar 1999 erfolgte Umstellung des Preisindex für die Lebenshaltung auf die Basis 1995 und die damit einhergehenden methodischen Änderungen sowie die ebenfalls Anfang des Jahres 1999 durchgeführte Änderung der Gliederung der Ausgaben für Gesundheit in der amtlichen Statistik konnten in der vorliegenden Arbeit nicht mehr berücksichtigt werden.

Die Arbeit entstand während meiner Tätigkeit als wissenschaftliche Mitarbeiterin am Lehrstuhl für Statistik, Ökonometrie und Unternehmensforschung der wirtschaftswissenschaftlichen Fakultät der Eberhard-Karls-Universität Tübingen und wurde im Jahr 1999 von dieser Fakultät als Dissertation angenommen.

Mein herzlichster Dank gilt Herrn Professor Dr. Eberhard Schaich, der die Anregung zu dieser Arbeit gab und sie im gesamten Zeitraum ihrer Entstehung begleitet hat. Herrn Professor Dr. Gerd Ronning danke ich für die Übernahme des Zweitgutachtens. Für die unermüdliche Bereitschaft zu konstruktiven Diskussionen schulde ich vor allem meiner Kollegin Diplom-Volkswirtin Gabriele Widmann herzlichen Dank. Außerdem danke ich Diplom-Kaufmann Martin Glaser, Dr. Ralf Münnich und Diplom-Volkswirtin Katrin Schmidt für die vielen wertvollen Anregungen. Bei allen meinen Kolleginnen und Kollegen möchte ich mich schließlich sehr herzlich für die Schaffung eines hervorragenden Arbeitsumfeldes bedanken.

Tübingen, im Juni 1999 — Karin Hummel

Inhaltsverzeichnis

Abbildungsverzeichnis

Tabellenverzeichnis

Symbolverzeichnis

Nachfolgend werden die wichtigsten Symbole aufgeführt, die in der gesamten Arbeit Verwendung finden. Stellenweise wird in einzelnen Abschnitten der Arbeit eine spezielle Notation eingeführt, die nur dort Verwendung findet und die deshalb an der jeweiligen Stelle erläutert wird. Vektoren werden in Fettschrift dargestellt.

D	relativierte Differenz zwischen Paasche- und Laspeyres-Preisindex
i	Laufindex ($i = 1, \ldots, n$)
I	Bezeichnung eines beliebigen Index
I_K	Kettenindex
I_{LB}	Leistungsbedarfsindex für Arztleistungen
I_{PW}	Punktwertindex für Arztleistungen
I_{PZ}	Punktzahlindex für Arztleistungen
I_Q	Mengenindex für Arztleistungen
I_S	Strukturindex bzw. Strukturkomponente
I_V	Verordnungszahlindex für Arzneimittel
k	Laufindex ($k = 1, \ldots, K$)
K	Anzahl der (disjunkten) Subaggregate eines Güteraggregats
n	Anzahl der im Warenkorb berücksichtigten Güter
N	Gesamtzahl der Güter eines Güteraggregats
p_i^t	Preis des i-ten Gutes in der Periode t
$\mathbf{p}^t$	Vektor der Preise der n Güter in der Periode t

pw_i^t	Punktwert der i-ten Leistung (im Bereich der ambulanten oder stationären Versorgung) in der Periode t
pz_i^t	Punktzahl der i-ten Leistung (im Bereich der ambulanten oder stationären Versorgung) in der Periode t
P	Preisindex
P_{Las}	Preisindex nach Laspeyres
P_{Pa}	Preisindex nach Paasche
P_{Stu}	Preisindex nach Stuvel
q_i^t	Menge des i-ten Gutes in der Periode t
$\boldsymbol{q}^t$	Vektor der Mengen der n Güter in der Periode t
Q	Mengenindex
Q_{Las}	Mengenindex nach Laspeyres
Q_{Pa}	Mengenindex nach Paasche
Q_{Stu}	Mengenindex nach Stuvel
$r(p,q)$	gewogener Korrelationskoeffizient zwischen den Preis- und Mengenmeßzahlen
$\mathbb{R}_{++}$	Menge aller strikt positiven Zahlen
$\mathbb{R}_{++}^n$	Menge aller n-Tupel strikt positiver Zahlen
S	Residualkomponente, Strukturkomponente
$\sigma_{(p)}$	(gewogene) Standardabweichung der Preismeßzahlen
$\sigma_{(q)}$	(gewogene) Standardabweichung der Mengenmeßzahlen
t	Zeitindex; in der Regel gilt $t \in \{0, 1\}$ (0: Basisperiode, 1: Berichtsperiode)
U	Umsatzindex
V^t	Gesamtumsatz in der Periode t
V_k^t	Umsatz im k-ten Subaggregat in der Periode t

Abkürzungsverzeichnis

Nachfolgend werden die wichtigsten in der Arbeit verwendeten Abkürzungen aufgeführt:

AIS	Abrechnungs-Informations-System
BEMA-Z	Bewertungsmaßstab für zahnärztliche Leistungen
BMÄ	Bewertungsmaßstab für kassenärztliche Leistungen
BPflV	Bundespflegesatzverordnung
DDD	definierte Tagesdosis (defined daily dose)
EBM	Einheitlicher Bewertungsmaßstab
E-GO	Ersatzkassen-Gebührenordnung
GKV	Gesetzliche Krankenversicherung
GOÄ	Amtliche Gebührenordnung für Ärzte
GOZ	Amtliche Gebührenordnung für Zahnärzte
GPV	Gesetzliche Pflegeversicherung
GRG	Gesundheitsreformgesetz
GSG	Gesundheitsstrukturgesetz
GUV	Gesetzliche Unfallversicherung
KBV	Kassenärztliche Bundesvereinigung
KV	Kassenärztliche Vereinigung
PKV	Private Krankenversicherung
SEA	Systematik der Einnahmen und Ausgaben der privaten Haushalte
SGB	Sozialgesetzbuch
WIdO	Wissenschaftliches Institut der AOK
ZI	Zentralinstitut für die kassenärztliche Versorgung in der Bundesrepublik Deutschland

Kapitel 1

Problemstellung

1.1 Untersuchungsgegenstand

Das deutsche Gesundheitswesen ist in den letzten Jahrzehnten immer häufiger in den Blickpunkt ökonomischer Untersuchungen gerückt. Dazu beigetragen hat vor allem das starke Wachstum der Ausgaben für Gesundheit in den 70er Jahren, wodurch der Begriff der „Kostenexplosion im Gesundheitswesen" geprägt wurde. Die zwischen 1970 und 1980 eingetretene Steigerung der Ausgaben um 176% konnte zwar durch verschiedene Reformbemühungen eingedämmt werden, in den Jahren von 1985 bis 1995 sind die Ausgaben allerdings wiederum um etwa 80% gestiegen.

Wäre in dem vergangenen Zeitraum die Gesundheit der Bevölkerung in gleichem Maße wie die Ausgaben gestiegen, so müßte man den Ausgabenanstieg vielleicht weniger kritisch betrachten. Diese Hypothese läßt sich jedoch kaum überprüfen. Allein schon die Definition des Begriffes der „Gesundheit" läßt sich schwer fassen. Das Konzept der Weltgesundheitsorganisation WHO von 1947 bildet häufig die Grundlage einer Definition: „Gesundheit ist der Zustand vollkommenen körperlichen, geistigen und sozialen Wohlbefindens und nicht allein das Fehlen von Krankheit und Gebrechen" (BUCHHOLZ, [22], S. 9). Gesundheit ist somit eher ein subjektiv wahrgenommener als ein objektiv meßbarer Befund. Zur Messung der Gesundheit einer Bevölkerung werden hauptsächlich Morbiditäts- bzw. Mortalitätsindikatoren verwendet. Daneben gibt es eine Vielzahl verschiedener Meßziffern (sogenannte Gesundheitsprofile oder Gesundheitsindizes), die durch direkte Befragung eines Patienten oder einer Personengruppe versuchen, deren subjektive Einschätzung des Gesundheitszustandes zu messen (vgl. z.B. PEDRONI/ZWEIFEL, [83]; ZWEIFEL/ZYSSET-PEDRONI, [141]). Allerdings existiert noch kein Maß, das alle Aspekte des Gesundheitsbegriffes abdeckt. Damit wird eine auf die Ausgaben gerichtete Analyse des Leistunggeschehens sicherlich leichter fallen als eine solche outputorientierte Leistungskontrolle.

Als Instrumente zur Analyse von Ausgabenänderungen können Preis- bzw. Mengenindizes herangezogen werden. Mit ihrer Hilfe kann untersucht werden, inwieweit eine Ausgabenänderung auf Preis- bzw. Mengenänderungen des den Ausgaben zugrundeliegenden Güteraggregats zurückzuführen ist. Durch Aufspaltung der Preis- und Mengenindizes in weitere Komponenten können außerdem gewisse Rückschlüsse auf bestimmte Einflußfaktoren gezogen werden.

Wie verschiedene Studien zeigen (vgl. z.B. BUTTLER/FICKEL, [29]; ZENTRALINSTITUT FÜR DIE KASSENÄRZTLICHE VERSORGUNG, [138]), sind die Ausgabensteigerungen im Gesundheitswesen hauptsächlich auf Preissteigerungen zurückzuführen. Diese Resultate hängen jedoch in nicht geringem Maße von den verwendeten Preis- bzw. Mengenindizes ab. Werden für solche Analysen Indizes verwendet, die die Preis- bzw. Mengenentwicklung des jeweiligen Güteraggregats nicht geeignet repräsentieren, so können falsche Rückschlüsse über die Ursachen der Ausgabensteigerung die Folge sein. Um aussagekräftige Ergebnisse zu erhalten, müssen die verwendeten Indizes gewisse technische und inhaltliche Anforderungen erfüllen. Die Formulierung dieser Anforderungen sowie die Darstellung und Bewertung der gegenwärtig für die ambulante Versorgung, die stationäre Versorgung und die Arzneimittelversorgung ermittelten Preis- und Mengenindizes stehen im Mittelpunkt dieser Arbeit. Aufbauend auf den entwickelten Kritikpunkten werden anschließend Vorschläge zur Verbesserung und Neugestaltung von Indizes für die verschiedenen Versorgungsbereiche erarbeitet.

1.2 Aufbau der Arbeit

In dieser Arbeit sollen Möglichkeiten und Grenzen der Ermittlung von Preis- bzw. Mengenindizes für das deutsche Gesundheitswesen erörtert werden. Eine solche Analyse kann sich, um in einem überschaubaren Rahmen zu bleiben, nicht auf alle Bereiche des Gesundheitswesens erstrecken. Im zweiten Kapitel werden deshalb – nach einer Definition des Begriffs „Gesundheitswesen" – die Kapazitäten und Marktstrukturen der in dieser Arbeit betrachteten Sektoren der ambulanten Versorgung, stationären Versorgung und Arzneimittelversorgung vorgestellt. Außerdem wird – auch zur Einordnung der Größenordnung des betrachteten Bereiches – eine Abgrenzung der Ausgaben für Gesundheit vorgenommen und deren Entwicklung in den letzten Jahrzehnten betrachtet. Durch diese Ausgabenentwicklung wird schließlich die Frage nach den Ursachen motiviert, zu deren Beantwortung Preis- und Mengenindizes herangezogen werden können.

Im dritten Kapitel werden die methodischen Grundlagen zur Ermittlung von Indexzahlen kurz zusammengefaßt. Einer im ersten Abschnitt gegebenen allgemeinen Definition eines Preis- bzw. Mengenindex folgt im zweiten Abschnitt die

Darstellung verschiedener Indexformeln. Im dritten Abschnitt werden diese Indizes sowohl hinsichtlich der Erfüllung formaler Indexkriterien als auch in Bezug auf ihre Eignung zur Isolierung reiner Preis- bzw. Mengenänderungen und zur Deflationierung von Wertgrößen verglichen. Abschließend werden im vierten Abschnitt verschiedene Verfahren vorgestellt, wie Änderungen der Qualität eines Gutes in der Preisindexberechnung berücksichtigt werden können. Nur wenn solche Qualitätsänderungen aus dem Preisindex herausgerechnet werden, ist gewährleistet, daß der Preisindex die reine Preisänderung der Güter des Warenkorbs der Basisperiode zwischen der Basisperiode und der Berichtsperiode isoliert.

Im vierten Kapitel werden die Indizes dargestellt, die für die Bereiche ambulante Behandlung, stationäre Behandlung und Arzneimittelversorgung des deutschen Gesundheitswesens bereits laufend ermittelt werden. Dabei handelt es sich einerseits um die vom Statistischen Bundesamt ermittelten Subindizes des Preisindex der Lebenshaltung bzw. des Index der Einzelhandelspreise, die im ersten Abschnitt beschrieben werden, und andererseits um die vom Wissenschaftlichen Institut der Ortskrankenkassen und vom Zentralinstitut für die kassenärztliche Versorgung berechneten Indizes, die im zweiten und dritten Abschnitt vorgestellt werden. Hierbei wird jeweils sowohl die Vorgehensweise zur Berechnung der Indizes als auch deren Entwicklung im Zeitablauf dargestellt.

Die Bewertung der im vierten Kapitel betrachteten Preis- bzw. Mengenindizes ist Gegenstand des fünften Kapitels. Im ersten Abschnitt wird untersucht, inwieweit diese Indizes in der Lage sind, die reine Preis- bzw. Mengenänderung der Güter der betrachteten Versorgungsbereiche zu messen. Dabei wird die Erfüllung technischer Anforderungen, die Berücksichtigung von Qualitätsänderungen und die Validität der Indizes analysiert. Inwieweit die vorgestellten Preisindizes geeignet sind, die – in der Öffentlichkeit unter den Gesundheitsausgaben am meisten beachteten – Ausgaben der Gesetzlichen Krankenversicherung (GKV) zu deflationieren, wird im zweiten Abschnitt untersucht. Hierfür wird zuerst eine detaillierte Gliederung der GKV-Ausgaben vorgenommen und deren Entwicklung seit 1991 aufgezeigt. Diese Ausgaben werden im zweiten und dritten Abschnitt zur Illustration der Ergebnisse der Deflationierung anhand der verschiedenen Indizes herangezogen. Dabei werden im zweiten Abschnitt die Deflationierungsergebnisse untersucht, die sich ergeben, wenn die verschiedenen Indizes zur Preisbereinigung der jeweils zugehörigen Ausgabenkategorie verwendet werden. Im dritten Abschnitt wird dagegen untersucht, ob die Preisindizes durch geeignete Zusammenfassung zu einem Gesamt-Preisindex zur Deflationierung der GKV-Gesamtausgaben geeignet sind.

Aufbauend auf den im fünften Kapitel festgestellten Unzulänglichkeiten der Indizes werden im sechsten Kapitel verschiedene Verbesserungs- und Gestaltungsmöglichkeiten von Preis- und Mengenindizes für die einzelnen Versorgungsbereiche vorgestellt. Diese ermöglichen die Ermittlung aussagekräftiger Indizes, wobei den beiden Zielsetzungen Isolierung reiner Preisänderungen und Komponentenzerlegung der Ausgabenänderung gleichermaßen Rechnung getragen wird. Im Rahmen der Darstellung der Konzepte zur Ermittlung geeigneter Preisindizes wird außerdem auf Möglichkeiten zur Eliminierung unechter, durch Qualitätsveränderungen verursachter Preisänderungen eingegangen. Da die für eine Berechnung der Indizes notwendigen Daten nicht veröffentlicht und von den Institutionen auch nicht zur Verfügung gestellt werden, bleibt die Darstellung zumeist auf eine konzeptionelle Ebene beschränkt.

Im abschließenden siebten Kapitel werden die Ergebnisse der Arbeit nochmals kurz zusammengefaßt und Perspektiven für weitere Verbesserungsmöglichkeiten im Bereich der Messung von Preis- und Mengenentwicklungen im Gesundheitswesen aufgezeigt.

Kapitel 2

Preis- und Mengenstrukturen im deutschen Gesundheitswesen

2.1 Abgrenzung des Begriffs „Gesundheitswesen“

Der Begriff des Gesundheitswesens, und damit die Abgrenzung der zum Gesundheitswesen gehörenden Bereiche, läßt sich unterschiedlich weit fassen. In der Literatur existiert deshalb keine allgemeingültige Definition. Eine an den Gegebenheiten in Deutschland orientierte Abgrenzung gibt zum Beispiel BUCHHOLZ ([22], S. 10):

> „Unter *Gesundheitswesen im engeren Sinne* soll die Gesamtheit der Einrichtungen, Personen, Berufe, Sachmittel, normativen Regelungen und Maßnahmen verstanden werden, die in erster Linie das Ziel verfolgen, die Gesundheit der Bevölkerung zu erhalten, zu fördern, herzustellen oder wiederherzustellen.“

Bei einer weiter gefaßten Definition des Gesundheitswesens werden außerdem die im Rahmen eines Laiensystems, vor allem im familiären Bereich, erbrachten medizinischen Leistungen sowie gesundheitsbezogene Aktivitäten von Selbsthilfegruppen wie zum Beispiel der Deutschen Krebshilfe oder der Anonymen Alkoholiker berücksichtigt (vgl. BUCHHOLZ, [22], S. 10).

Zu den institutionellen Leistungsbereichen des Gesundheitswesens im engeren Sinne zählen die verschiedenen Versicherungseinrichtungen – gesetzliche Krankenversicherung (GKV), gesetzliche Rentenversicherung (GRV), gesetzliche Unfallversicherung (GUV), gesetzliche Pflegeversicherung (GPV), private Krankenversicherung (PKV) – sowie berufliche Einrichtungen wie zum Beispiel die zu den Körperschaften des öffentlichen Rechts gehörenden Ärztekammern oder freie Berufsverbände wie der Hartmannbund. Außerdem zählen zum Gesundheitswesen die Versorgungseinrichtungen des öffentlichen Gesundheitsdienstes, zum Beispiel die Gesundheitsämter, insbesondere jedoch die privaten und öffentlichen Einrichtungen der ambulanten Versorgung, der stationären Versorgung und der Arzneimittelversorgung[1] (vgl. Abbildung 2.-1).

Abbildung 2.-1: Einrichtungen des deutschen Gesundheitswesens (i.e.S.)

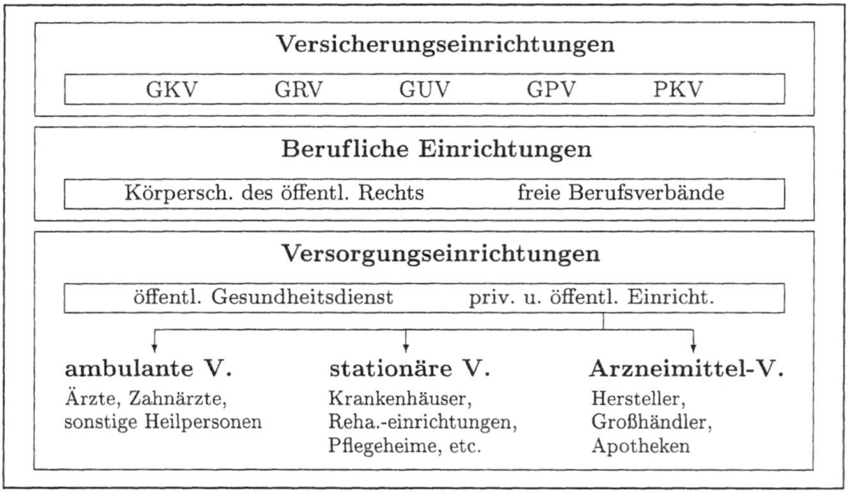

(*Quelle:* In Anlehnung an ZDROWOMYSLAW/DÜRIG, [137], S. 5)

Da die in den Einrichtungen der ambulanten, stationären und Arzneimittelversorgung erbrachten Behandlungsleistungen das eigentliche Leistungsgeschehen im Gesundheitswesen darstellen, stehen diese drei Versorgungsbereiche im Vordergrund der vorliegenden Arbeit. Durch die teilweise hohe Komplexität der Strukturen innerhalb dieser Sektoren kann die Ermittlung von – noch nicht näher spezifizierten – Preis- bzw. Mengenindizes für die Leistungen des deutschen Gesundheitswesens in nicht unerheblichem Maße beeinflußt werden. Im folgenden Abschnitt soll deshalb ein Überblick über die in den drei Versorgungsbereichen angebotenen Güter (Waren und Dienstleistungen) und deren Preise bzw. Mengeneinheiten gegeben werden. Um einen Anhaltspunkt über die Größenordnung der Bereiche zu erhalten, werden außerdem die Kapazitäten der Einrichtungen des jeweiligen Sektors kurz aufgeführt.

[1] Einen Überblick über Aufbau und Organisation des Gesundheitswesens in der Bundesrepublik Deutschland gibt z.B. der BUNDESMINISTER FÜR GESUNDHEIT, [26].

2.2 Kapazitäten und Strukturen der wichtigsten Versorgungsbereiche

2.2.1 Ambulante Versorgung

Die ambulante Behandlung umfaßt den Teil der medizinischen Versorgung, „der erfolgen kann, ohne daß der Betroffene zeitweise aus seinem Wohnbereich herausgelöst werden muß. Er kann zur Diagnostik und/oder Therapie entweder eine Einrichtung aufsuchen, oder er wird bei Bettlägrigkeit zuhause versorgt" (ROSENBERG, [93], S. 68). Dazu gehört sowohl die Behandlung durch Ärzte und Zahnärzte als auch die (nichtärztliche) Behandlung durch sonstige Heilpersonen wie Heilpraktiker oder Hebammen. Letzteres spielt jedoch nur eine untergeordnete Bedeutung und soll deshalb nicht weiter betrachtet werden.

Am 31.12.1995 gab es in Deutschland 273 880 Ärzte und 60 616 Zahnärzte, die in eigener Praxis, im Krankenhaus oder in einer sonstigen Tätigkeit beschäftigt waren (vgl. STATISTISCHES BUNDESAMT, [111], S. 7). Die Betrachtung der zeitlichen Entwicklung dieser Zahlen (vgl. Tabelle 2.-1) zeigt bei den berufstätigen Ärzten seit den 60er Jahren eine Steigerung auf, die sich in den 70er Jahren so beschleunigte, daß sie mit dem Stichwort „Ärzteschwemme" belegt wurde. Neben dieser quantitativen Entwicklung ist ein deutlicher Wandel in der Struktur der Ärzteschaft zu verzeichnen. So zeigte sich in der früheren Bundesrepublik der Trend, den Schwerpunkt der Arzttätigkeit von der freien Praxis ins Krankenhaus zu verlegen. Außerdem ist der Anteil der Ärzte mit Gebietsbezeichnung (Fachärzte) beständig gestiegen. Bei den Zahnärzten zeigte sich ein deutliches Wachstum der Anzahl erst in den 80er Jahren; in den 60er Jahren war die Anzahl der Zahnärzte sogar rückläufig. Anders als bei den Ärzten ist bei den Zahnärzten der Anteil der in freier Praxis tätigen Personen in der früheren Bundesrepublik relativ unverändert bei etwa 95% geblieben.

Die an der ambulanten Versorgung teilnehmenden (Zahn-)Ärzte sind hauptsächlich niedergelassene Kassen- bzw. Vertragsärzte, die auf eigenes wirtschaftliches Risiko in eigener Praxis bzw. in einer Gemeinschaftspraxis tätig sind. Daneben können auch angestellte Krankenhausärzte und ärztlich geleitete Einrichtungen zur Teilnahme an der ambulanten Versorgung ermächtigt werden (vgl. z.B. ARNOLD, [4], S. 98f.).

Nach dem Versicherungsstatus der Patienten unterscheidet man zwei Versorgungssysteme: Die kassenärztliche/kassenzahnärztliche Versorgung der in der gesetzlichen Krankenversicherung (GKV) versicherten Personen (ca. 90% der Bevölkerung) und die privatärztliche Versorgung der in einer privaten Krankenversicherung (PKV) versicherten Personen.

Tabelle 2.-1: Entwicklung der Anzahl der Ärzte und Zahnärzte (früheres Bundesgebiet; Bestand jeweils am 31.12.)

	1960	1965	1970	1975	1980	1985	1990	1995[a]
Ärzte								
insgesamt	79 350	85 801	99 654	118 726	139 431	160 902	195 254	273 880
je 10 000 Einw.	14,2	14,5	16,3	19,3	22,6	26,4	30,6	33,5
darunter:	*in Prozent*							
in freier Praxis	62,0	58,5	50,9	46,9	44,5	41,9	38,5	40,5
im Krankenhaus	28,5	30,9	38,8	44,1	46,8	48,3	49,3	48,5
ohne Gebietsbez.[b]	59,2	57,4	58,1	54,4	53,7	44,1	39,4	33,3
mit Gebietsbez.	40,8	42,6	41,9	45,6	46,3	55,9	53,8	59,8
Zahnärzte								
insgesamt	32 509	31 551	31 175	31 774	33 240	36 853	43 167	60 616
je 10 000 Einw.	5,8	5,3	5,1	5,2	5,4	6,0	6,8	7,4
darunter:	*in Prozent*							
in freier Praxis	97,5	96,7	95,5	94,7	94,0	93,7	94,0	95,0

[a] Deutschland [b] bis 1983 einschl. Allgemeinmedizin

(*Quelle:* BUNDESMINISTERIUM FÜR GESUNDHEIT, [27], Tabelle 7.2; STATISTISCHES BUNDESAMT, [110, 111], S. 51f. bzw. S. 7f., S. 20, S. 30; eigene Berechnungen)

Das System der kassenärztlichen Versorgung[2] ist gekennzeichnet durch das „Vierecksverhältnis“ zwischen Kassenärzten, Kassenmitgliedern, Krankenkassen und Kassenärztlichen Vereinigungen, dessen wesentliches Charakteristikum in der weitgehenden Entkopplung der Leistungserbringung und der monetären Vergütung liegt[3] (vgl. Abbildung 2.-2). Der Versicherte erhält für seine Beiträge von seiner Krankenkasse (Orts-, Ersatz-, Betriebs-, Innungs- oder berufsständische Krankenkasse) eine Versichertenkarte (früher Krankenscheine). Diese berechtigt ihn, ohne weitere Ausgaben Arztleistungen in Anspruch zu nehmen (Sachleistungsprinzip). Der Kassenarzt rechnet am Ende eines Quartals seine erbrachten

[2] Vgl. hierzu z.B. ALBER, [1], S. 89ff., ARNOLD, [4], S. 98ff., ARNOLD/SCHIRMER, [6], S. 45ff., ARNOLD/ARMANN, [5], S. 29f., BESKE ET AL., [11], S. 98ff.

[3] Das System der kassenzahnärztlichen Versorgung ist analog aufgebaut; abweichende Regelungen werden gesondert erwähnt.

Abbildung 2.-2: System der kassenärztlichen Versorgung

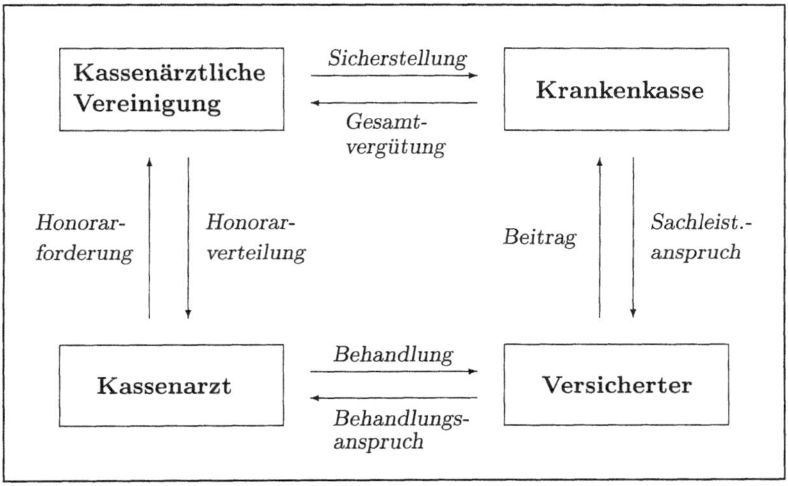

(*Quelle:* ARNOLD/SCHIRMER, [6], S. 48)

Leistungen mit seiner Kassenärztlichen Vereinigung (KV) ab. Jeder Kassenarzt ist Mitglied in der KV, in deren Bereich er zugelassen ist. Diese sind für die Sicherstellung der kassenärztlichen Versorgung, die Gewährleistung der ordnungsgemäßen Durchführung und Berechnung ärztlicher Leistungen sowie für die Interessenvertretung der Kassenärzte gegenüber den Krankenkassen zuständig.

Die Behandlungsleistungen, die im ambulanten Sektor im Rahmen der kassenärztlichen Versorgung erbracht werden, sind als Einzelleistungen in einem „Einheitlichen Bewertungsmaßstab" (EBM) verzeichnet[4]. Der EBM ist Bestandteil der Bundesmantelverträge und bestimmt neben dem Inhalt der einzelnen Leistungen deren relative Bedeutung durch die Vergabe von Punktzahlen, die in Bewertungsausschüssen vereinbart werden (vgl. §87 SGB V, [146]). Einige Einzelleistungen und ihre jeweilige Punktbewertung sind in Beispiel 2.-1 aufgeführt. Der EBM ist außerdem die Grundlage für die verschiedenen Gebührenordnungen der Ärzte, den „Bewertungsmaßstab Ärzte" (BMÄ) im Bereich der Primärkassen und die „Ersatzkassen-Gebührenordnung" (E-GO) im Bereich der Ersatzkassen. Diese beinhalten zusätzlich die unterschiedlichen Abrechnungsbestimmungen und können die Preise der Einzelleistungen – basierend auf den relativen Bewertungen des EBM – in absoluten DM-Beträgen ausdrücken (vgl. BRENNER, [16], S. 19f.).

[4] Bewertungsmaßstab Zahnärzte (BEMA-Z) bei der zahnärztlichen Versorgung.

Beispiel 2.-1: Einzelleistungen des EBM

Nr.	Leistung	Punktzahl
10	Therapeutisches hausärztliches Gespräch zu komplexen erkrankungsbedingten Patientenproblemen (Dauer mindestens 10 Minuten)	300 Punkte
25	Besuch	400 Punkte
175	Entnahme von Venenblut für den Röteln-HAH-Test im Rahmen der Empfängnisregelung	50 Punkte
602	Elektrokardiographische Untersuchung mit weniger als 12 Ableitungen, ggf. auf telemetrischem Wege	100 Punkte
1032	Schnittentbindung	4300 Punkte

(*Quelle:* KASSENÄRZTLICHE BUNDESVEREINIGUNG, [61]))

Der Preis einer Leistung in absoluten DM-Beträgen ergibt sich als Produkt aus der entsprechenden Punktzahl und einem Punktwert. Dieser wird in der Regel im Rahmen der Ermittlung der Arzthonorare bestimmt und steht somit erst nach der Leistungserbringung fest.

Die Honorierung der ärztlichen Leistungen innerhalb der GKV erfolgt auf zwei Stufen: In der ersten Stufe wird quartalsweise eine Gesamtvergütung von den Krankenkassen an die Kassenärztlichen Vereinigungen gezahlt. Dabei existiert eine sogenannte „gedeckelte“ Gesamtvergütung, deren Entwicklung an die Entwicklung der Grundlohnsumme gekoppelt ist. Die zweite Stufe betrifft die Verteilung der Gesamtvergütung auf die Kassenärzte. Dabei werden von den Kassenärztlichen Vereinigungen sogenannte „Honorarverteilungsmaßstäbe“ angewendet, die sich jedoch am EBM orientieren (vgl. OFFERMANNS, [79], S. 155ff.). Das Prinzip der Honorarverteilung bestand bis 1. Juli 1997 darin, daß ein Arzt den Anteil an der Gesamtvergütung als Honorar bekam, der dem Anteil seiner erwirtschafteten Punktzahl an der von allen Ärzten abgerechneten Gesamtpunktzahl entsprach. Hierfür wurden durch den Quotient aus dem einer Kassenärztlichen Vereinigung zur Verfügung stehenden Gesamtbudget – aufgeteilt auf verschiedene „Budgettöpfe“ – und der (jeweiligen) Gesamtpunktzahl Punktwerte ermittelt, die multipliziert mit den angeforderten Punktzahlen das Arzthonorar ergaben. In Tabelle 2.-2 sind für die Jahre 1994 und 1995 die bundesdurchschnittlichen Punktwerte der verschiedenen Leistungsgruppen sowohl für den Bereich der Primärkassen als auch für die Ersatzkassen angegeben. Der „Punktwertverfall“ sowie die unterschiedliche Vergütung verschiedener Leistungen bzw. der Primär- und Ersatzkassen wird hierbei sichtbar.

Tabelle 2.-2: Bundesdurchschnittliche Punktwerte (in Pfennig) 1994 und 1995 getrennt für Primärkassen (BMÄ) und Ersatzkassen (E-GO) (früheres Bundesgebiet; 1995 incl. Ost-Berlin)

Budgettöpfe	1994		1995	
	BMÄ	E-GO	BMÄ	E-GO
Labor-Basisuntersuchungen	8,3984	8,8943	7,7699	8,3635
Labor-Spezialuntersuchungen	7,8766	6,7798	7,0739	5,5912
Prävention, Schutzimpfung	11,3407	12,5357	10,7028	12,1797
Ambulantes Operieren	7,3652	8,4038	7,1691	8,4340
übrige Leistungen	8,6397	10,0962	7,9585	9,4340

(*Quelle:* Zentralinstitut für die Kassenärztliche Versorgung, [139, 140], S. 42 bzw. S. 45)

Um einen stabileren Punktwert zu erhalten und die Mengenausweitung einzudämmen wurden am 1. Juli 1997 sogenannte Praxisbudgets eingeführt. Hiernach werden Fallpunktzahlen festgelegt, die pro Fall angerechnet werden. Der Punktwert wird nun arztgruppenspezifisch als Quotient aus Budget und angeforderter Punktzahl ermittelt.

Das System der privatärztlichen Versorgung[5] und damit die Versorgung von sogenannten „Privatpatienten" – das sind diejenigen Personen, die bei einer Privaten Krankenversicherung vollversichert sind, also der Pflichtversicherung in der GKV nicht unterliegen bzw. dort nicht freiwillig versichert sind, vor allem Selbständige, freiberuflich Tätige, Beamte und Arbeitnehmer, deren Einkommen die Krankenversicherungspflichtgrenze überschreitet – gestaltet sich etwas anders: Hier gilt nicht das Sachleistungs- sondern ein Kostenerstattungsprinzip, d.h. der Patient bezahlt für die empfangenen Arztleistungen direkt an den Arzt ein Honorar, das er von seiner Krankenversicherung – ganz oder teilweise, je nach Vertragsausgestaltung – erstattet bekommt. Das Arzthonorar bestimmt sich nach der „Gebührenordnung für Ärzte" (GOÄ)[6], die im Prinzip ähnlich wie der EBM aufgebaut ist, allerdings in der Leistungsbeschreibung und der Punktzahlbewertung zum Teil von diesem abweicht. Verschiedene Einzelleistungen und deren Punktbewertung gemäß der GOÄ sind in nachfolgendem Beispiel 2.-2 aufgeführt.

Anders als bei der kassenärztlichen Versorgung ist der Punktwert in der GOÄ festgeschrieben und beträgt seit der Novellierung der GOÄ, die am 1. Januar 1996

[5] Vgl. hierzu z.B. Beske et al., [11] S. 93 und S. 99; Thiel, [123], S. 320.

[6] Gebührenordnung für Zahnärzte (GOZ) bei zahnärztlichen Leistungen.

Beispiel 2.-2: Einzelleistungen der GOÄ

Nr.	Leistung	Punktzahl
1	Beratung – auch mittels Fernsprecher	80 Punkte
50	Besuch, einschließlich Beratung und symptombezogene Untersuchung	320 Punkte
250	Blutentnahme mittels Spritze, Kanüle oder Katheter aus der Vene	40 Punkte
650	Elektrokardiographische Untersuchung zur Feststellung einer Rhythmusstörung und/oder zur Verlaufskontrolle – ggf. als Notfall-EKG	152 Punkte
1032	Schnittentbindung von der Scheide oder von der Bauchdecke aus	2310 Punkte

(*Quelle:* GEBÜHRENORDNUNGEN FÜR ÄRZTE (GOÄ) UND ZAHNÄRZTE (GOZ), [143], S. 68 ff.)

in Kraft trat, 11,4 Pfennig[7]. Der Gebührensatz – Punktzahl der entsprechenden Leistung multipliziert mit dem Punktwert – kann außerdem, je nach Schwierigkeit und Zeitaufwand der einzelnen Leistung bzw. nach den Umständen bei der Ausführung, bei persönlichen ärztlichen Leistungen zwischen dem einfachen und dem dreieinhalbfachen bzw. bei medizinisch-technischen Leistungen zwischen dem einfachen und zweieinhalbfachen bzw. für Laborleistungen zwischen dem einfachen und dem 1,3fachen Satz variiert werden. Eine Gebühr über dem 2,3fachen (bzw. 1,8fachen bzw. 1,15fachen) des Gebührensatzes darf jedoch nur dann angesetzt werden, wenn Besonderheiten in den Bemessungskriterien dies rechtfertigen (vgl. §5 GOÄ, [143]).

2.2.2 Stationäre Versorgung

Zu den Einrichtungen der stationären Versorgung zählen hauptsächlich Krankenhäuser sowie Vorsorge- und Rehabilitationseinrichtungen aber auch Alten- und Pflegeheime, wobei im Rahmen dieser Arbeit die Krankenhäuser im Vordergrund stehen sollen[8].

[7] Für zahnärztliche Leistungen (GOZ) beträgt der Punktwert seit dem 1.1.1988 11 Pfennig (vgl. GEBÜHRENORDNUNGEN FÜR ÄRZTE (GOÄ) UND ZAHNÄRZTE (GOZ), [143], S. 51).

[8] Vor der Umstellung der Krankenhausstatistik des Statistischen Bundesamtes im Jahre 1990 zählten Vorsorge- und Rehabilitationseinrichtungen zu den Sonderkrankenhäusern; seither werden sie in der Krankenhausstatistik als eigenständiger Bereich ausgewiesen (vgl. HOFFMANN, [59], S. 695; vgl. auch DEUTSCHE KRANKENHAUSGESELLSCHAFT, [32], S. 30f.).

Krankenhäuser sind laut Legaldefinition des Gesetzes zur wirtschaftlichen Sicherung der Krankenhäuser und zur Regelung der Krankenhauspflegesätze (Krankenhausfinanzierungsgesetz – KHG) „Einrichtungen, in denen durch ärztliche und pflegerische Hilfeleistungen Krankheiten, Leiden oder Körperschäden festgestellt, geheilt oder gelindert werden sollen oder Geburtshilfe geleistet wird und in denen die zu versorgenden Personen untergebracht und verpflegt werden können" (§2 Nr. 1 KHG, [145]). Sie können nach verschiedenen Kriterien eingeteilt werden: Die Krankenhausstatistik des Statistischen Bundesamtes unterscheidet zum Beispiel nach Art des Trägers öffentliche, freigemeinnützige und private Krankenhäuser und nach Krankenhaustypen allgemeine Krankenhäuser und sonstige Krankenhäuser. Allgemeine Krankenhäuser verfügen über Betten, die nicht nur für psychiatrische und neurologische Patienten vorgehalten werden. Sonstige Krankenhäuser sind Krankenhäuser mit ausschließlich psychiatrischen und/oder neurologischen Betten sowie reine Tages- und Nachtkliniken, die allein der teilstationären Behandlung dienen (vgl. STATISTISCHES BUNDESAMT, [112], 1995, S. 6).

1995 gab es in Deutschland 2 325 Krankenhäuser mit insgesamt 609 123 aufgestellten Betten in denen 15 Mio. Patienten stationär behandelt wurden (vgl. STATISTISCHES BUNDESAMT, [112], 1995, S. 10). Die Entwicklung dieser Größen im früheren Bundesgebiet seit 1960 ist in Tabelle 2.-3 angegeben.

Tabelle 2.-3: Entwicklung der Kapazitäten der stationären Versorgung (früheres Bundesgebiet)

	1960	1965	1970	1975	1980	1985	1990	1995
Krankenhäuser[a]	3 222	3 055	2 992	2 773	2 512	2 348	2 029	1 990
Betten[a] (in Tsd.)	551,4	580,3	623,1	643,5	616,7	583,2	529,0	500,2
Fallzahl (in Tsd.)[b]	(6917)	(7677)	(8871)	9 187	10 228	10 821	11 333	12 301

[a] Bis einschließlich 1985 Anzahl bzw. Betten der Krankenhäuser insgesamt abzüglich der Anzahl bzw. Betten der Sonderkrankenhäuser für Rehabilitation/Kuren

[b] Bis einschließlich 1970 Fallzahl der Krankenhäuser insgesamt; bis einschließlich 1985 Fallzahl der Krankenhäuser insgesamt abzüglich der Fallzahl der Sonderkrankenhäuser für Rehabilitation/Kuren

(*Quelle:* STATISTISCHES BUNDESAMT, [112]; eigene Berechnungen)

Die Anzahl der Krankenhäuser ist über den gesamten Beobachtungszeitraum hin rückläufig. Die Anzahl der in den Krankenhäusern aufgestellten Betten nahm dagegen bis Mitte der 70er Jahre zu. Während seither auch hier ein Rückgang zu verzeichnen ist, steigt die Anzahl der in den Krankenhäusern vollstationär behandelten Patienten, die Fallzahl, kontinuierlich an.

Zu den Krankenhausleistungen zählen vor allem ärztliche Behandlung, Krankenpflege, Versorgung mit Arznei-, Heil- und Hilfsmitteln sowie Unterkunft und Verpflegung. Soweit diese für eine medizinisch zweckmäßige und ausreichende Versorgung eines Patienten notwendig sind, zählen sie zu den allgemeinen Krankenhausleistungen, darüber hinaus gehende Leistungen sind Wahlleistungen, die gesondert abgerechnet werden (vgl. §§ 2 und 22 BPflV'95, [148]).

Die Finanzierung der Behandlungs- und Betriebskosten sowie der Investitionskosten eines Krankenhauses erfolgt nach einem dualen System (vgl. z.B. ARNOLD, [4], S. 110f., BESKE ET AL., [11], S. 118ff., FINSINGER/MÜHLENKAMP, [42], S. 5ff.): Die Investitionskosten der Krankenhäuser, die in die Krankenhauspläne der Länder aufgenommen sind, werden von den öffentlichen Haushalten getragen; die Behandlungs- und Betriebskosten werden von den Patienten und den Krankenversicherungen finanziert.
Für die Finanzierung der Betriebsmittel wurde von 1985 bis 1992 in Pflegesatzverhandlungen zwischen den Krankenkassen und den Krankenhausträgern ein Budget prospektiv, auf der Grundlage einer vorauskalkulierten Anzahl von Pflegetagen, vereinbart. Der tagesgleiche Pflegesatz, über den die Abrechnung der Krankenhäuser mit den Kassen erfolgte, ergab sich dann als Quotient aus der Höhe des Budgets und der Anzahl der erwarteten Pflegetage. Außerhalb des Budgets konnten für bestimmte Abteilungen oder besondere Einrichtungen des Krankenhauses „besondere Pflegesätze" und für bestimmte Leistungen „Sonderentgelte" vereinbart werden (vgl. §§ 5 und 6 BPflV'85, [147]).
Mit Inkrafttreten des Gesundheitsstrukturgesetzes (GSG) am 1. Januar 1993 und der neuen Bundespflegesatzverordnung am 1. Januar 1995 wurde die Krankenhausfinanzierung neu geregelt (vgl. z.B. GRUPP, [50], S. 1ff., PFAFF/WASSENER, [84], S. 73ff.). Für die Jahre 1993 bis 1995 wurde ein festes Budget vereinbart. Ausgehend vom vereinbarten Budget des Jahres 1992 waren die Budgetsteigerungen der folgenden Jahre an die Veränderungen der beitragspflichtigen Einnahmen der Mitglieder aller Krankenkassen gebunden. Spätestens ab 1996 sollte diese Budgetierungsphase durch ein neues System von Pflegesätzen abgelöst werden. An die Stelle eines allgemeinen tagesgleichen Pflegesatzes und einer begrenzten Anzahl von Sonderentgelten treten nun Fallpauschalen und Sonderentgelte, krankenhausindividuelle Abteilungspflegesätze sowie ein Basispflegesatz. Fallpauschalen dienen der Vergütung der allgemeinen Krankenhausleistungen eines Behandlungsfalles (vgl. §11 Abs. 1 BPflV'95, [148]) und gelten für eine bestimmte, vorgegebene Anzahl von Tagen. Überschreitet die Verweildauer eines Patienten diese kalkulierte Verweildauer, werden die restlichen Tage anhand der anderen Vergütungsformen abgerechnet. Sonderentgelte werden für bestimmte Leistungskomplexe eines Behandlungsfalles, vor allem für Operationen, entrichtet (vgl. §11 Abs. 2 BPflV'95, [148]). In der Anlage der Bundespflegesatzverordnung 1995 fin-

det sich ein Katalog von 40 Fallpauschalen und 104 Sonderentgelten einschließlich der Bewertungsrelationen (Punktzahlen). Bei der Festlegung der Bewertungsrelationen wurde für 1993 ein Punktwert von 1 DM zugrundegelegt. Dieser Punktwert muß bei den auf Landesebene zukünftig zu vereinbarenden Punktwerten berücksichtigt werden (vgl. §16 Abs. 1 und §28 Abs. 7 BPflV'95, [148]). Einige Fallpauschalen und Sonderentgelte sind nachfolgend in Beispiel 2.-3 aufgeführt. Mit diesen leistungsorientierten Vergütungsformen werden jedoch zunächst vermutlich nur maximal 30% der Leistungen vergütet (vgl. PFAFF/WASSENER, [84], S. 88). Der Rest wird über Pflegesätze finanziert, wobei für die ärztlichen und pflegerischen Leistungen jeder Abteilung ein eigener Abteilungspflegesatz und für nicht-ärztliche bzw. nicht-pflegerische Leistungen für das gesamte Krankenhaus ein Basispflegesatz vereinbart wird (vgl. §13 Abs. 2 und 3 BPflV'95, [148]). Durch diese unterschiedlichen Vergütungsformen für die Krankenhausleistungen kann keine einheitliche Mengeneinheit für alle Leistungen angegeben werden. So ist für die mit Pflegesätzen vergüteten Leistungen der Pflegetag die Abrechnungseinheit während Fallpauschalen und Sonderentgelte über die Zahl der Fälle abgerechnet werden.

Beispiel 2.-3: Fallpauschalen und Sonderentgelte

Nr.	Definition	Gesamt-punkte	Grenz-verweil-dauer[a]
	FALLPAUSCHALEN		
12.05	Appendizitis, non perforata	3 220	15
16.01	Vaginale Schädellagengeburt bis zu acht Stunden Dauer	2 960	13
17.09	Einbau einer Kniegelenksprothese	21 310	44
	SONDERENTGELTE		
9.01	Schrittmacher-Implantation, Einkammersystem – auch Reimplantation	6 680	–
12.20	Operation eines Leisten-, Schenkel- oder Nabelbruches, einseitig	1 170	–
17.02	Einbau eines künstlichen Oberarmkopfes	3 430	–

[a] erster zusätzlich abrechenbarer Tag

(*Quelle:* ANLAGEN 1 BIS 4 ZUR BUNDESPFLEGESATZVERORDNUNG VOM 26. SEPTEMBER 1994, [142], Anlagen 1 und 2)

2.2.3 Arzneimittelversorgung

Arzneimittel sind laut §2, Abs. 1, des Arzneimittelgesetzes (AMG, [144]) „Stoffe, die dazu bestimmt sind, durch Anwendung am oder im menschlichen oder tierischen Körper (1) Krankheiten, Leiden, Körperschäden oder krankhafte Beschwerden zu heilen, zu lindern, zu verhüten oder zu erkennen, (2) die Beschaffenheit, den Zustand oder die Funktionen des Körpers oder seelische Zustände erkennen zu lassen, (3) vom menschlichen oder tierischen Körper erzeugte Wirkstoffe oder Körperflüssigkeiten zu ersetzen, (4) Krankheitserreger, Parasiten oder körperfremde Stoffe abzuwehren, zu beseitigen oder unschädlich zu machen oder (5) die Beschaffenheit, den Zustand oder die Funktionen des Körpers oder seelische Zustände zu beeinflussen." Dazu zählen neben den hier im Vordergrund stehenden Fertigarzneimitteln – das sind „Arzneimittel, die im voraus hergestellt und in einer zur Abgabe an den Verbraucher bestimmten Packung in den Verkehr gebracht werden" (§4 Abs. 1 AMG, [144]) – zum Beispiel auch Verbandsstoffe oder zur einmaligen Anwendung bestimmte (zahn-)ärztliche Instrumente (vgl. §2 Abs. 2 AMG, [144]). Die Anzahl verschiedener Fertigarzneimittel beläuft sich auf über 95 000 Präparate, wobei jedoch zu berücksichtigen ist, daß sowohl jede Darreichungsform (z.B. Tablette oder Tropfen) und jede Dosierungsstärke eines Medikaments als eigenständiges Arzneimittel betrachtet wird.

Der deutsche Arzneimittelmarkt läßt sich nun untergliedern in einen Markt der öffentlichen Apotheken und einen Krankenhausmarkt, dem die Arzneimittelversorgung im Rahmen der stationären Behandlung obliegt. Außerdem existiert noch ein Restmarkt auf dem sich spezielle Einrichtungen, zum Beispiel das Militär oder Veterinär-Ärzte, mit Arzneimitteln versorgen (vgl. z.B. RONNING, [92], S. 272ff.). Im folgenden soll jedoch nur der Apothekenmarkt betrachtet werden, der in etwa 80% des Gesamtmarktes auf sich vereinigt.

Die Vertriebsstruktur auf dem Arzneimittelmarkt weist drei Ebenen auf: Die Pharmazeutische Industrie, den Großhandel und die Apotheken, wobei der größte Teil der Arzneimittel über den Großhandel und nur ein kleiner Teil von der Pharmazeutischen Industrie direkt an die Apotheken geliefert wird (vgl. z.B. OBERENDER, [78], S. 268f.). Die Abgabe an den Verbraucher erfolgt bei apothekenpflichtigen Arzneimitteln allein in Apotheken, wobei dies bei rezeptfreien Arzneimitteln ohne Rezept und bei rezept- bzw. verschreibungspflichtigen Arzneimitteln nur gegen die Vorlage eines Rezepts möglich ist. Daneben existieren jedoch auch freiverkäufliche Arzneimittel, die sowohl in Apotheken als auch zum Beispiel in Drogerien oder Reformhäusern vertrieben werden dürfen (vgl. Abbildung 2.-3). Da außer den rezeptpflichtigen auch die rezeptfreien Arzneimittel grundsätzlich von Ärzten verschrieben werden können, bilden die per Rezept abgegebenen Arzneimittel den Bereich der Verschreibung, und zwar unabhängig davon, ob die

Kosten von der GKV erstattet werden oder nicht. Zum Bereich der Selbstmedikation zählen schließlich die freiverkäuflichen Arzneimittel und die rezeptfreien apothekenpflichtigen Arzneimittel, die ohne Rezept in den Apotheken verkauft werden (vgl. z.B. ZDROWOMYSLAW/DÜRIG, [137], S. 196ff.).

Abbildung 2.-3: Systematisierung des Arzneimittelmarktes

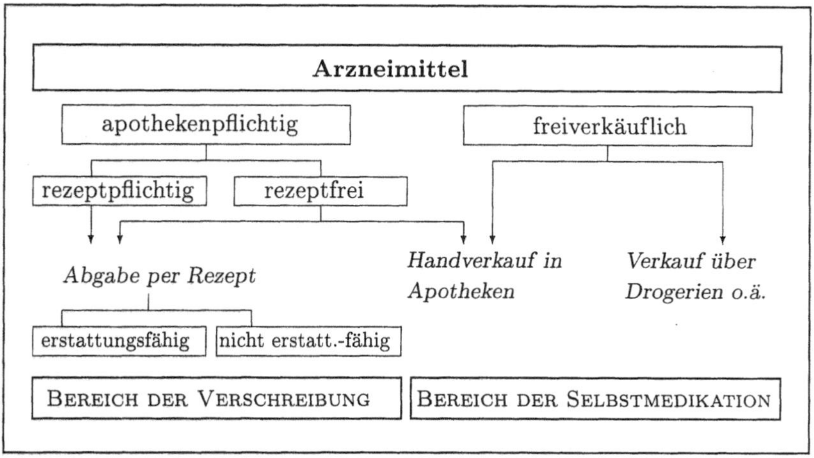

(*Quelle:* In Anlehnung an ZDROWOMYSLAW/DÜRIG, [137], S. 197)

Von der Erstattung durch die GKV ausgeschlossen sind seit 1983 für Versicherte, die das achtzehnte Lebensjahr vollendet haben, Arzneimittel zur Anwendung bei Erkältungskrankheiten und grippalen Effekten, Mund- und Rachentherapeutika, Abführmittel sowie Medikamente gegen Reisekrankheit (sogenannte „Bagatellarzneimittel"). Diese erste Negativliste wurde durch das 1989 in Kraft getretene Gesundheitsreformgesetz (GRG) zusätzlich dahingehend erweitert, daß unwirtschaftliche Arzneimittel ausgeschlossen werden können (vgl. z.B. MANHARDT, [71], S. 21f.; REHER/REICHELT, [87], S. 118f.). Für verschiedene Arzneimittel existieren außerdem sogenannte Festbeträge. Dabei handelt sich um „Höchsterstattungstarife, die die Leistungspflicht der Kassen gegenüber den Versicherten begrenzen" (BLUM, [12], S. 178). Überschreitet der Preis eines Arzneimittels, für den ein Festbetrag existiert, diesen Festbetrag, so sind die Mehrkosten in voller Höhe vom Versicherten zu tragen. Daneben muß der Versicherte eine Rezeptgebühr entrichten. Diese richtet sich seit Inkrafttreten des Gesundheitsstrukturgesetzes (GSG) nach der Packungsgröße eines Arzneimittels (vgl. z.B. ARNOLD, [4], S. 123f., ARNOLD/SCHIRMER, [6], S. 57).

Die Preisbildung auf dem Arzneimittelmarkt unterliegt auf der Ebene der Pharmazeutischen Industrie keiner direkten staatlichen Kontrolle. Die Hersteller sind somit in der Festsetzung und Veränderung der Arzneimittelpreise frei. Auf der Ebene des Arzneimittelgroßhandels existiert für die apothekenpflichtigen Arzneimittel ein sogenannter Großhandelszuschlag auf den Herstellerabgabepreis, der degressiv gestaffelt und als Höchstzuschlag konzipiert ist. Weiterhin wird von den Apotheken ein Apothekenzuschlag berechnet, der wiederum eine degressive Staffelung aufweist, bei dem es sich jedoch um einen Festzuschlag handelt. Der Apothekenverkaufspreis ergibt sich dann als Herstellerabgabepreis plus Höchstwert des Großhandelszuschlags plus Apothekenzuschlag plus Mehrwertsteuer. Damit ist gewährleistet, daß für apothekenpflichtige Arzneimittel bundeseinheitliche Abgabepreise bestehen. Für freiverkäufliche Arzneimittel gilt hingegen auf allen Ebenen das Prinzip der freien Preisbildung (vgl. z.B. BESKE U.A., [11], S. 137; MANHARDT, [71], S. 15ff.; WIDO, [134], S. 102f.).

Neben der Mengeneinheit „Packung“ kann für Arzneimittel die sogenannte definierte Tagesdosis – defined daily dose (DDD) – als Mengeneinheit verwendet werden. Diese DDD gibt die durchschnittliche Dosis eines Arzneimittels an, die ein Erwachsener pro Tag für die Hauptindikation einnehmen sollte. Sie ist eine therapiebezogene Vergleichseinheit, die für Untersuchungen herangezogen werden kann, bei denen Einflüsse, die auf Änderungen der Packungsgröße oder der Darreichungsform basieren, ausgeklammert werden sollen (vgl. z.B. SCHWABE, [102], S. 626ff.; vgl. auch SCHUBERT, [99], S. 119ff.).

2.3 Ausgaben für das Gesundheitswesen

Bevor auf die Möglichkeiten der Ermittlung von Preis- und Mengenindizes für die Waren und Dienstleistungen der drei Versorgungsbereiche eingegangen wird, sollen die durch diese Leistungen verursachten Ausgaben betrachtet werden. Dabei wird zuerst eine an die Definition des deutschen Gesundheitswesens (vgl. Abschnitt 2.1) angelehnte Abgrenzung der Ausgaben vorgestellt. Anschließend wird die Entwicklung der Ausgaben, vor allem der Ausgaben für die ambulante, stationäre und Arzneimittel-Versorgung, erörtert.

2.3.1 Abgrenzung der Ausgaben

Da zwischen dem Gesundheitswesen und Nachbarbereichen wie zum Beispiel dem Sozialwesen in einem weiteren Sinne vielfältige Interdependenzen und zum Teil fließende Übergänge bestehen, existiert keine allgemeingültige Abgrenzung der in den Ausgaben für Gesundheit zu berücksichtigenden Leistungs- bzw. Ausgabenströme. So werden zum Beispiel bei einer engen Auslegung nur die Ausgaben der

GKV und bei einer sehr weiten Auslegung auch Ausgaben für Lärmbekämpfung oder Arbeitsschutz berücksichtigt (vgl. z.B. ZDROWOMYSLAW/DÜRIG, [137], S. 87f.). Hier soll die Abgrenzung und Gliederung der Ausgaben für Gesundheit betrachtet werden, die in der amtlichen Statistik Verwendung findet, da diese eine an die Definition in Abschnitt 2.1 angelehnte Abgrenzung der zum Gesundheitswesen zählenden Ausgaben vornimmt[9]. Berücksichtigung finden in der amtlichen Statistik alle „Ausgaben zur Vermeidung, Behebung und Minderung von Krankheit sowie von Krankheitsfolgen medizinischer und wirtschaftlicher Art" (ESSIG/GAUCH/MÜLLER, [40], S. 13). Als Träger dieser Ausgaben werden deshalb neben den einzelnen Zweigen der Sozialversicherung – seit 1995 erstmals auch die gesetzliche Pflegeversicherung (GPV) – öffentliche und private Haushalte sowie die Arbeitgeber erfaßt.

Gegliedert werden die Gesundheitsausgaben zunächst in die fünf Hauptleistungsarten vorbeugende und betreuende Maßnahmen, Behandlung, Krankheitsfolgeleistungen, Ausbildung und Forschung sowie nicht aufteilbare Ausgaben. Diese Hauptleistungsarten lassen sich wiederum in verschiedene Leistungsarten aufteilen. In Tabelle 2.-4 sind die Ausgaben im Jahr 1995 für diese Leistungsarten angegeben. Für das gesamte Bundesgebiet läßt sich folgendes festhalten: Die Behandlung stellt mit 57,4% der Ausgaben den größten Leistungsbereich dar. Diese Ausgaben werden weiter untergliedert in Ausgaben für die ambulante Behandlung durch Ärzte, Zahnärzte und sonstige Heilpersonen (29,7% der Behandlungsausgaben), für die stationäre Behandlung in Krankenhäusern und Hochschulkliniken (38,3%) sowie für Arznei-, Heil- und Hilfsmittel (22,1%). Außerdem werden Ausgaben für die stationäre Kurbehandlung (3,9%) und für Zahnersatz (5,9%) ausgewiesen. Auf die oben vorgestellten Versorgungsbereiche (einschließlich Heil- und Hilfsmittel) entfallen somit 1995 über 53% der gesamten Gesundheitsausgaben. Die Krankheitsfolgeleistungen rangieren mit 27,5% der Ausgaben auf dem zweiten Platz. Zu ihnen zählen hauptsächlich Entgeltfortzahlungen im Krankheitsfall, bei Mutterschaft und bei Invalidität (39,6%) sowie Berufs- und Erwerbsunfähigkeitsrenten (27,1%). Von den Ausgaben für vorbeugende und betreuende Maßnahmen (8,2% der Gesamtausgaben) entfielen 66,4% auf Pflegemaßnahmen, 15,1% auf Aufwendungen für öffentliche und betriebliche Gesundheitsdienste und 11,1% auf Maßnahmen der Vorsorge und Früherkennung. Etwa 1,7% der Gesamtausgaben wurden für die Ausbildung von medizinischem Personal und die gesundheitsbezogene Forschung innnerhalb und außerhalb der Hochschulen aufgewendet; 5,2% der Gesamtausgaben entfielen auf die nicht aufteilbaren Ausgaben. Hierzu zählen hauptsächlich die Verwaltungs- und Investitionsausgaben der Sozialversicherungsträger (vgl. MÜLLER, [73], S. 32f.).

[9] Eine detaillierte Darstellung der Abgrenzung der Gesundheitsausgaben in der amtlichen Statistik findet man bei ESSIG/GAUCH/MÜLLER, [40].

Tabelle 2.-4: Ausgaben für Gesundheit 1995 nach Leistungsarten (in Mio. DM)

Leistungsart	früheres Bundesgebiet	Deutschland
1 vorbeugende und betreuende Maßnahmen	34 592	41 690
1.1 Gesundheitsdienste	5 145	6 311
1.2 Vorsorge und Früherkennung	4 082	4 607
1.3 Betreuende Maßnahmen	25 365	30 772
1.3.1 Mutterschaftshilfe	2 800	3 080
1.3.2 Maßnahmen zur Pflege	22 565	27 692
2 Behandlung	248 056	291 027
2.1 Ambulante Behandlung	75 390	86 510
2.2 Stationäre Behandlung	93 384	111 520
2.3 Stationäre Kurbehandlung	9 642	11 289
2.4 Arzneien, Heil- und Hilfsmittel, Zahnersatz	69 640	81 708
2.4.1 Arzneien, Heil- und Hilfsmittel	54 376	64 420
2.4.2 Zahnersatz	15 264	17 288
3 Krankheitsfolgeleistungen	116 837	139 480
3.1 Berufliche und soziale Rehabilitation	17 180	20 294
3.1.1 Berufliche Rehabilitation	15 948	18 819
3.1.2 Soziale Rehabilitation	1 232	1 475
3.2 Maßnahmen zur Sicherung des Lebensunterhalts	96 849	115 840
3.2.1 Entgeltfortzahlung	47 448	55 246
3.2.2 Sonst. Einkommensleist. im Krankheitsfall	19 640	22 798
3.2.3 Berufs- und Erwerbsunfähigkeitsrenten	29 761	37 796
3.3 Sonstige Krankheitsfolgeleistungen	2 808	3 346
4 Ausbildung und Forschung	7 370	8 555
4.1 Ausbild. med. Personal; Forschung an Hochschulen	6 816	7 859
4.2 Forschung außerhalb von Hochschulen	554	696
5 nicht aufteilbare Ausgaben	22 910	26 308
Insgesamt	429 765	507 060

(*Quelle:* MÜLLER, [73], S. 44*ff.)

Eine Aufgliederung der Ausgaben für Gesundheit 1995 nach Hauptleistungsarten und Trägern in Deutschland ist in Tabelle 2.-5 angegeben. So wurde von der GKV 1995 nahezu die Hälfte aller Gesundheitsausgaben finanziert (46,8%). Davon entfielen wiederum 81,8% auf Ausgaben für Behandlung[10]. Auch bei der

[10] Eine tiefere Untergliederung der GKV-Ausgaben für Behandlung wird in Abschnitt 5.2.1 dargestellt. Eine detaillierte Aufstellung der Ausgaben nach Leistungsarten für alle Träger wird in der Fachserie 12, Reihe S.2, [115], S. 60ff., angegeben.

Tabelle 2.-5: Ausgaben für Gesundheit 1995 nach Leistungsarten und Ausgabenträgern in Deutschland (in Mio. DM)

Träger	Vorbeug. und betr. Maß-nahmen	Behand-lung	Krank-heits-folge-leistungen	Ausbil-dung und For-schung	nicht auf-teilbare Ausga-ben	Insge-samt
Öffentl. HH	20 680	14 534	19 518	8 555	–	63 287
GKV	8 570	193 953	20 357	–	14 294	237 174
GPV	8 658	541	29	–	1 087	10 315
Rentenvers.	268	7 230	30 013	–	1 219	38 730
GUV	1 258	3 800	6 693	–	4 413	16 164
PKV	181	18 434	2 176	–	5 295	26 086
Arbeitgeb.	2 075	13 609	60 694	–	–	76 378
Priv. HH	–	38 926	–	–	–	38 926
Insgesamt	41 690	291 027	139 480	8 555	26 308	507 060

(*Quelle:* MÜLLER, [73], S. 35)

PKV, auf die 5,1% der Gesundheitsausgaben entfallen, stellt die Behandlung mit 70,7% der Ausgaben den größten Posten dar. Bei den Arbeitgebern und den Rentenversicherungen schlagen die Krankheitsfolgeleistungen mit 79,5% bzw. 77,5% zu Buche. Auf diese Leistungsart entfallen auch die meisten Ausgaben (41,4%) der GUV. Von den Gesundheitsausgaben der öffentlichen Haushalte entfallen je etwas über 30% auf vorbeugende und betreuende Maßnahmen sowie auf Krankheitsfolgeleistungen. Die vorbeugenden und betreuenden Maßnahmen stellen mit 83,9% den Schwerpunkt der Leistungen der GPV dar, die etwa 2% der gesamten Ausgaben finanziert. Die privaten Haushalte haben 1995 zusätzlich zu ihren Krankenkassenbeiträgen fast 39 Mrd. DM für die Gesundheit aufgewendet.

2.3.2 Entwicklung der Ausgaben

In den letzten 25 Jahren haben sich die Ausgaben für Gesundheit mehr als versechsfacht. Allein in den 70er Jahren sind die Ausgaben um 176% gestiegen. Ebenso stieg der Anteil der Ausgaben für Gesundheit (einschließlich Einkommensleistungen) am Bruttosozialprodukt (BSP) in dieser Zeit rapide an, weshalb diese Entwicklung mit dem Schlagwort „Kostenexplosion im Gesundheitswesen“ beschrieben wurde. Aber auch in den 90er Jahren ist wieder eine deutliche Steigerung sowohl der Ausgaben an sich als auch des BSP-Anteils zu verzeichnen (vgl. Tabelle 2.-6).

Tabelle 2.-6: Entwicklung der Ausgaben für Gesundheit (früheres Bundesgebiet)

Indikator	1970	1980	1990	1991	1992	1993	1994	1995[c]
Ausgaben für Gesundheit[a]	69,7	192,8	303,7	336,9	369,9	380,0	397,0	429,8
Anteil am BSP[b] (in %)	10,3	13,1	12,4	12,7	13,1	13,4	13,4	14,0

[a] in Mrd. DM [b] Anteil der Ausgaben insgesamt, in jeweiligen Preisen [c] einschl. GPV

(*Quelle:* STATISTISCHES BUNDESAMT, [115], S. 15ff. und S. 110ff.; MÜLLER, [73], S. 35 und S. 38)

Betrachtet man die Ausgaben der wichtigsten Versorgungsbereiche (vgl. Abbildung 2.-4), so zeigt sich, daß die zwischen den Jahren 1970 und 1995 zu Tage getretene Steigerung der Gesundheitsausgaben insgesamt (+517%) von Wachstumsraten zwischen 555% bei der ambulanten Behandlung und 695% bei der stationären Behandlung noch übertroffen wird.

Diese Entwicklung konnte selbst durch verschiedene Reformbemühungen[11] nicht gestoppt werden. Ebenso konnte das 1989 in Kraft getretene Gesundheitsreformgesetz (GRG) die ihm gestellte Aufgabe, das Ausgabenwachstum und die Beitragsätze der GKV dauerhaft zu senken, nicht erfüllen. Zwar sanken 1989 die GKV-Ausgaben je Mitglied um 3,9% im Vergleich zum Vorjahr, dies war jedoch hauptsächlich durch eine vorgezogene Leistungsnachfrage ins Jahr 1988 (Bugwelleneffekt) begründet. Vorwiegend in den Bereichen Zahnersatz und Heil- und Hilfsmittel, welche 1988 besonders hohe Steigerungen aufwiesen, wurden 1989 hohe Rückgänge verzeichnet (vgl. SEFFEN, [107], S. 60f.). In den folgenden Jahren setzten allerdings wieder Ausgabensteigerungen ein, die sogar noch über der Steigerungsrate von 1988 (+6,1% im früheren Bundesgebiet) lagen. Durch das am 1. Januar 1993 in Kraft getretene Gesundheitsstrukturgesetz (GSG) konnte diese Entwicklung vorerst eingedämmt werden. Wiederum war vor allem bei den Arznei-, Heil- und Hilfsmitteln sowie beim Zahnersatz eine deutliche Reduzierung der Ausgaben festzustellen. Allerdings deuten die Ergebnisse für 1994 mit Steigerungen der Gesamtausgaben für Gesundheit in Höhe von 4,5% (früheres Bundesgebiet) wiederum auf keine dauerhafte Wirkung der Regelungen des GSG hin, was durch die Ergebnisse für 1995 (+8,2% im früheren Bundesgebiet) bestätigt wird. Vermutlich als Folge der Bestimmungen des am 1. Juli 1997 in Kraft getretenen zweiten GKV-Neuordnungsgesetzes (2. NOG, [149]) weisen die vorläufigen Ergebnisse für die Ausgaben der GKV in den ersten drei Quartalen 1997 erstmals wieder einen Rückgang um 1,3% auf (vgl. MÜLLER, [73], S. 39).

[11] Zum Beispiel das 1977 in Kraft getretene Krankenversicherungskostendämpfungsgesetz (KVKG) oder das 1981 in Kraft getretene Kostendämpfungsergänzungsgesetz (KVEG).

Abbildung 2.-4: Entwicklung der Ausgaben für Gesundheit (früheres Bundesgebiet, 1970 = 100)

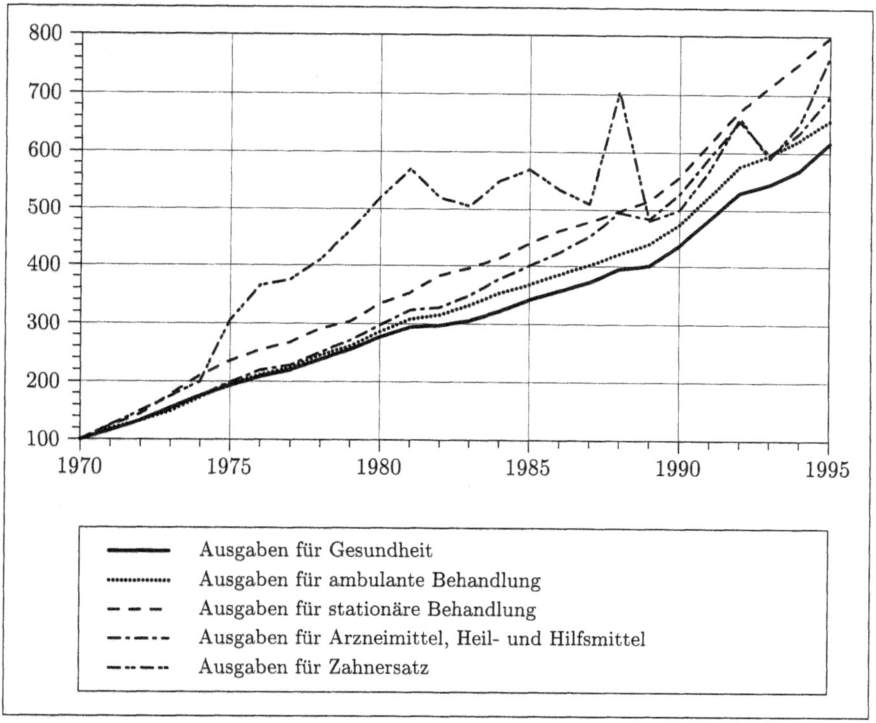

(*Quelle:* STATISTISCHES BUNDESAMT, [115], S. 19ff.; MÜLLER, [73], S. 46*)

Als Ursachen des Ausgabenanstiegs werden in der Literatur unterschiedliche Einflußfaktoren wie zum Beispiel der allgemeine Preisanstieg, gesetzliche Vorgaben, die demographische und sozio-ökonomische Struktur der Bevölkerung sowie der medizinisch-technische Fortschritt aufgeführt (vgl. hierzu z.B. ARNOLD, [3], S. 28f.; HENKE, [54], S. 484ff.).

Für die Jahre 1970 bis 1980 wurde vom Zentralinstitut für die kassenärztliche Versorgung in der Bundesrepublik Deutschland (ZI) eine Analyse der Ausgabenentwicklung in der GKV durchgeführt. Die in diesem Zeitraum eingetretenen nominellen Mehrausgaben von ca. 55 Mrd. DM sind danach schätzungsweise zu 6,62% gesetzlich induzierte Ausgaben (durch zusätzlich aufgenommene Leistungen), zu 56,1% inflationsbedingte Ausgaben (zur Deflationierung wurde der „Index für Dienstleistungen und Reparaturen" verwendet) und zu 6,66% demographisch induzierte Ausgaben. Damit würden nur 30,6% der Mehrausgaben auf im weitesten Sinne nachfrageinduzierte bzw. „medizinisch" zu erklärende Faktoren zurückzuführen sein (vgl. ZENTRALINSTITUT FÜR DIE KASSENÄRZTLICHE VERSORGUNG, [138], S. 16ff.). Zu ähnlichen Ergebnissen gelangen BUTTLER/FICKEL, [29], die die Entwicklung der Ausgaben bis 1989 untersuchen.

Die Analyse der Auswirkungen demographischer Effekte auf die Gesundheitsausgaben ist Gegenstand verschiedener Untersuchungen (vgl. z.B. DUDEY, [34], ERBSLAND, [39], FICKEL, [41]; SCHWARZ, [104]). Dabei zeigt sich für die Vergangenheit zumeist nur ein geringer Einfluß; auch in der Zukunft werden demographische Effekte nicht den wichtigsten Einflußfaktor von Änderungen der Ausgaben im Gesundheitswesen bilden, obwohl ihre Bedeutung zunehmen könnte.

Wie die Ergebnisse der oben genannten Studien des ZI und von Buttler/Fickel zeigen, sind die Ausgabensteigerungen hauptsächlich auf Preissteigerungen zurückzuführen. Diese Resultate hängen jedoch in nicht geringem Maße von den verwendeten Preisindizes ab. Ob die für die Leistungsbereiche des deutschen Gesundheitswesens zur Verfügung stehenden Indizes die Preis- bzw. Mengenänderungen in diesen Sektoren korrekt widerspiegeln, soll im folgenden untersucht werden. Zunächst werden jedoch die methodischen Grundlagen zur Ermittlung von Preis- und Mengenindizes für die Güter der Versorgungsbereiche des deutschen Gesundheitswesens erörtert.

Kapitel 3

Methodische Grundlagen zur Ermittlung von Indexzahlen

Indexzahlen können allgemein als Meßinstrumente des statistischen Vergleichs komplexer Tatbestände bezeichnet werden (vgl. FLASKÄMPER, [44], S. 191). Häufig wird eine Indexzahl auch als „Mittelwert aus Meßzahlen" formuliert (vgl. z.B. ANDERSON, [2], S. 99), wobei eine Meßzahl die relative Änderung einer homogenen Größe zwischen zwei Zeitpunkten (oder auch zwischen zwei Regionen) mißt. Betrachtet man speziell ökonomische Faktoren wie Preise, Mengen oder Umsätze einer Gesamtheit von Waren und Dienstleistungen, so läßt sich schließlich folgende Definition angeben: „Eine *Indexzahl* ist eine kollektive Kenngröße für eine Vielzahl unter einem bestimmten Gesichtspunkt zusammenfaßbarer Preis-, Mengen- oder Umsatzentwicklungen, die durch *geeignete Kombination individueller Preis-, Mengen- oder Umsatzmeßzahlen* entsteht" (SCHAICH/SCHWEITZER, [96], S. 83). Mit Hilfe von Preis- bzw. Mengenindizes werden also in einer einzigen Zahl die Preis- bzw. Mengenentwicklungen eines Bündels verschiedener Güter zusammengefaßt.

Die Probleme und Möglichkeiten solch einer Zusammenfassung sind Gegenstand der Theorie der Indexzahlen. Zurückgehend auf FRISCH, [45], unterscheidet man dabei im wesentlichen zwischen zwei Forschungsrichtungen (vgl. auch HASENKAMP, [53]; SELVANATHAN/PRASADA RAO, [108], S. 12): Der atomistische (statistische) Ansatz geht davon aus, daß zwischen Güterpreisen und Gütermengen keine funktionale Beziehung besteht und sich ein Index als reellwertige Funktion von Preis- und Mengenvektoren aus Basis- und Berichtsperiode ermitteln läßt. Unter diesem Ansatz können verschiedene andere Ansätze zusammengefaßt werden, wie zum Beispiel der auf Fisher zurückgehende Test-Ansatz, bei dem verschiedene Teste formuliert werden, die zur Ermittlung einer „idealen" Indexformel herangezogen werden können (vgl. FISHER, [43]), oder der axiomatische Ansatz, bei dem ein System plausibler Eigenschaften (Axiome) aufgestellt wird, die ein Index zu erfüllen hat (vgl. z.B. EICHHORN/VÖLLER, [37]). Beim ökonomischen (funktionalen) Ansatz wird ein Index – zum Beispiel ein Lebenshaltungskostenindex oder Produktionskostenindex – dagegen auf der Grundlage eines ökonomischen Modells bestimmt, in dem die Mengen und Preise der Güter funktional miteinander verknüpft sind und die Nutzenfunktion eines Haushalts bzw. die Produktionsfunktion einer Unternehmung eine wesentliche Rolle spielt (vgl. z.B. DIEWERT, [33]). Eine Verbindung der beiden Ansätze im Sinne einer statistischen Adäquation eines ökonomischen Index stellt BRACHINGER, [15], her. Es kann außerdem gezeigt werden, daß – für spezielle Nutzenfunktionen – verschiedene statistische Indizes aus dem Lebenshaltungskostenindex abgeleitet werden können (vgl. z.B. SELVANATHAN/PRASADA RAO, [108], S. 31f.). Der atomistische Ansatz zur Ermittlung von Indexzahlen steht deshalb im Vordergrund der vorliegenden Arbeit.

Im folgenden soll zuerst eine Definition eines Preis- bzw. Mengenindex auf der Basis der axiomatischen Indextheorie gegeben werden. Dann werden verschiedene gebräuchliche Indexformeln vorgestellt, die die in der Definition geforderten Eigenschaften erfüllen, deren Konstruktion aber – historisch betrachtet – größtenteils von ihrem intendierten sachlogischen Aussagegehalt geleitet wurde. Anhand formaler und ökonomischer Kriterien werden die vorgestellten Indizes anschließend verglichen. Zum Abschluß des Kapitels werden außerdem Methoden zur Eliminierung von Qualitätsänderungen aus den in Preisindizes erfaßten Preisänderungen vorgestellt.

3.1 Definition eines Preis- bzw. Mengenindex

Betrachtet wird eine Gesamtheit von n Gütern (Waren und Dienstleistungen). Es sei $\mathbb{R}_{++}$ die Menge aller (strikt) positiven reellen Zahlen und $\mathbb{R}^n_{++}$ entsprechend die Menge aller n-Tupel (strikt) positiver reeller Zahlen.

$$\boldsymbol{q}^0 = (q_1^0, \ldots, q_n^0) \in \mathbb{R}^n_{++} \quad \text{bzw.} \quad \boldsymbol{q}^1 = (q_1^1, \ldots, q_n^1) \in \mathbb{R}^n_{++}$$

sei der Vektor der Mengen der n Güter in der Basisperiode 0 bzw. in der Berichtsperiode 1, und

$$\boldsymbol{p}^0 = (p_1^0, \ldots, p_n^0) \in \mathbb{R}^n_{++} \quad \text{bzw.} \quad \boldsymbol{p}^1 = (p_1^1, \ldots, p_n^1) \in \mathbb{R}^n_{++}$$

sei der Vektor der Preise der n Güter in der Basisperiode 0 bzw. in der Berichtsperiode 1.

Ein Preisindex P bzw. ein Mengenindex Q läßt sich dann formulieren als eine Funktion

$$P : \mathbb{R}^{4n}_{++} \to \mathbb{R}_{++} \quad , \quad (\boldsymbol{p}^0, \boldsymbol{q}^0, \boldsymbol{p}^1, \boldsymbol{q}^1) \mapsto P(\boldsymbol{p}^0, \boldsymbol{q}^0, \boldsymbol{p}^1, \boldsymbol{q}^1) \quad \text{bzw.}$$
$$Q : \mathbb{R}^{4n}_{++} \to \mathbb{R}_{++} \quad , \quad (\boldsymbol{p}^0, \boldsymbol{q}^0, \boldsymbol{p}^1, \boldsymbol{q}^1) \mapsto Q(\boldsymbol{p}^0, \boldsymbol{q}^0, \boldsymbol{p}^1, \boldsymbol{q}^1) \quad ,$$

die für alle $(\boldsymbol{p}^0, \boldsymbol{q}^0, \boldsymbol{p}^1, \boldsymbol{q}^1) \in I\!R^{4n}_{++}$ bestimmte Forderungen erfüllt (vgl. EICHHORN/VÖLLER, [36], S. 76; BALK, [7], S. 74).

Über die Frage, welche Forderungen zur Definition eines Index herangezogen werden sollen, herrscht in der Literatur keine Einigkeit[1]. Hier soll die Definition von EICHHORN/VÖLLER ([37], S. 325f.) herangezogen werden, da diese für die vorliegenden Zwecke zureichend weit gefaßt ist[2].

Definition 3.-1:

Ein ***Preisindex*** *P ist eine Funktion*

$$P : I\!R^{4n}_{++} \to I\!R_{++} \quad , \quad (\mathbf{p}^0, \boldsymbol{q}^0, \mathbf{p}^1, \boldsymbol{q}^1) \mapsto P(\mathbf{p}^0, \boldsymbol{q}^0, \mathbf{p}^1, \boldsymbol{q}^1) \quad ,$$

die für alle $(\mathbf{p}^0, \boldsymbol{q}^0, \mathbf{p}^1, \boldsymbol{q}^1) \in I\!R^{4n}_{++}$ folgende Forderungen erfüllt:

Axiom 1 (Strenge Monotonie) *Die Funktion P wächst streng monoton hinsichtlich der Preise in der Berichtsperiode $\mathbf{p}^1$ und fällt streng monoton hinsichtlich der Preise in der Basisperiode $\mathbf{p}^0$:*

$$P(\mathbf{p}^0, \boldsymbol{q}^0, \mathbf{p}^1, \boldsymbol{q}^1) > P(\mathbf{p}^0, \boldsymbol{q}^0, \bar{\mathbf{p}}^1, \boldsymbol{q}^1) \qquad \forall\, \mathbf{p}^1 \geq \bar{\mathbf{p}}^1 \quad ,$$
$$P(\mathbf{p}^0, \boldsymbol{q}^0, \mathbf{p}^1, \boldsymbol{q}^1) < P(\bar{\mathbf{p}}^0, \boldsymbol{q}^0, \mathbf{p}^1, \boldsymbol{q}^1) \qquad \forall\, \mathbf{p}^0 \geq \bar{\mathbf{p}}^0 \quad .$$

Axiom 2 (Preis-Dimensionalität) *Eine Änderung der Währungseinheit der Preise der Güter läßt den Wert der Funktion P unverändert:*

$$P(\lambda\mathbf{p}^0, \boldsymbol{q}^0, \lambda\mathbf{p}^1, \boldsymbol{q}^1) = P(\mathbf{p}^0, \boldsymbol{q}^0, \mathbf{p}^1, \boldsymbol{q}^1) \qquad \forall\, \lambda \in I\!R_{++} \quad .$$

Axiom 3 (Kommensurabilität) *Änderungen der Mengeneinheit der Güter ändern den Wert der Funktion P nicht:*

$$P(\Lambda\mathbf{p}^0, \Lambda^{-1}\boldsymbol{q}^0, \Lambda\mathbf{p}^1, \Lambda^{-1}\boldsymbol{q}^1) = P(\mathbf{p}^0, \boldsymbol{q}^0, \mathbf{p}^1, \boldsymbol{q}^1)$$
$$\forall\, \Lambda : \textit{positive } n \times n \textit{ - Diagonalmatrix} \quad .$$

Axiom 4 (Proportionalität) *Wenn sich alle Preise in der Berichtsperiode im Vergleich zu den Preisen der Basisperiode um einen konstanten positiven Faktor λ verändern, soll der Wert der Funktion P genau λ sein:*

$$P(\mathbf{p}^0, \boldsymbol{q}^0, \lambda\mathbf{p}^0, \boldsymbol{q}^1) = \lambda \qquad \forall\, \lambda \in I\!R_{++} \quad .$$

---

[1] Einen Überblick über verschiedene Forderungssysteme geben z.B. VOGT/BARTA ([131], S. 58ff. und S. 117ff.).

[2] Zur Notation ($\boldsymbol{x}, \boldsymbol{y} \in I\!R^n$): $\boldsymbol{x} > \boldsymbol{y}$ bedeutet: $x_i > y_i \quad \forall i \in \{1, \ldots, n\}$
$\boldsymbol{x} \geq \boldsymbol{y}$ bedeutet: $x_i \geq y_i \quad \forall i \in \{1, \ldots, n\} \quad \wedge \quad \boldsymbol{x} \neq \boldsymbol{y}$
$\boldsymbol{x} \geqq \boldsymbol{y}$ bedeutet: $x_i \geq y_i \quad \forall i \in \{1, \ldots, n\}$;
($\boldsymbol{x} < \boldsymbol{y}$, $\boldsymbol{x} \leq \boldsymbol{y}$, $\boldsymbol{x} \leqq \boldsymbol{y}$ entsprechend).

Die Forderung der Monotonie verlangt, daß ein Preisindex mit einer Erhöhung (Verminderung) reagiert, wenn ausgehend von einer gegebenen Situation $(\boldsymbol{p}^0, \boldsymbol{q}^0, \boldsymbol{p}^1, \boldsymbol{q}^1)$ bei mindestens einem Gut in der Berichtsperiode (Basisperiode) im nachhinein eine Preiskorrektur „nach oben“ vorgenommen wird. Die Forderungen der Dimensionalität und Kommensurabilität formulieren explizit die Invarianz des Index bezüglich Änderungen der Währungseinheit bzw. der Mengeneinheit (vgl. z.B. OLT, [80], S. 28ff.). Auch die Proportionalität stellt eine ökonomisch sinnnvolle Eigenschaft dar, und sollte somit – wie die drei anderen Forderungen – von allen Preisindizes erfüllt werden.

Aus den in Definition 3.-1 genannten Axiomen folgt, daß jeder Preisindex P weiterhin folgende Tests erfüllt (vgl. EICHHORN/VÖLLER, [37], S. 330ff.):

Test 1 (Identität) *Verändern sich die Preise der Berichtsperiode im Vergleich zu denen der Basisperiode nicht, dann nimmt die Funktion P den Wert 1 an:*

$$P(\boldsymbol{p}^0, \boldsymbol{q}^0, \boldsymbol{p}^0, \boldsymbol{q}^1) = 1 \quad .$$

Test 2 (Mengen-Dimensionalität) *Falls alle Mengeneinheiten um denselben positiven Faktor λ verändert werden, bleibt der Wert der Funktion P unverändert:*

$$P(\boldsymbol{p}^0, \lambda\boldsymbol{q}^0, \boldsymbol{p}^1, \lambda\boldsymbol{q}^1) = P(\boldsymbol{p}^0, \boldsymbol{q}^0, \boldsymbol{p}^1, \boldsymbol{q}^1) \qquad \forall\, \lambda \in \mathbb{R}_{++} \quad .$$

Test 3 (Schwache Mittelwerteigenschaft) *Der Wert der Funktion P liegt immer zwischen der kleinsten und der größten Preismeßzahl:*

$$\min_i \left\{ \frac{p_i^1}{p_i^0} \right\} \le P(\boldsymbol{p}^0, \boldsymbol{q}^0, \boldsymbol{p}^1, \boldsymbol{q}^1) \le \max_i \left\{ \frac{p_i^1}{p_i^0} \right\} \quad .$$

In Analogie zur Definition eines Preisindex soll ein Mengenindex formuliert werden (vgl. Definition 3.-2; vgl. auch BALK, [7], S. 74; OLT, [80], S. 42f.). Aus den in dieser Definition verwendeten Axiomen folgt, daß ein Mengenindex Q weiterhin die folgenden Eigenschaften besitzt:

Test 1' (Identität eines Mengenindex)

$$Q(\boldsymbol{p}^0, \boldsymbol{q}^0, \boldsymbol{p}^1, \boldsymbol{q}^0) = 1$$

Test 2' (Mengen-Dimensionalität eines Mengenindex)

$$Q(\boldsymbol{p}^0, \lambda\boldsymbol{q}^0, \boldsymbol{p}^1, \lambda\boldsymbol{q}^1) = Q(\boldsymbol{p}^0, \boldsymbol{q}^0, \boldsymbol{p}^1, \boldsymbol{q}^1) \qquad \forall\, \lambda \in \mathbb{R}_{++} \quad .$$

Test 3' (Schwache Mittelwerteigenschaft eines Mengenindex)

$$\min_i \left\{ \frac{q_i^1}{q_i^0} \right\} \le Q(\boldsymbol{p}^0, \boldsymbol{q}^0, \boldsymbol{p}^1, \boldsymbol{q}^1) \le \max_i \left\{ \frac{q_i^1}{q_i^0} \right\} \quad .$$

Definition 3.-2:

Ein **Mengenindex** *Q ist eine Funktion*

$$Q : \mathbb{R}^{4n}_{++} \to \mathbb{R}_{++} \quad , \quad (\mathbf{p}^0, \mathbf{q}^0, \mathbf{p}^1, \mathbf{q}^1) \mapsto Q(\mathbf{p}^0, \mathbf{q}^0, \mathbf{p}^1, \mathbf{q}^1) \quad ,$$

die für alle $(\mathbf{p}^0, \mathbf{q}^0, \mathbf{p}^1, \mathbf{q}^1) \in \mathbb{R}^{4n}_{++}$ *folgende Axiome erfüllt:*

Axiom 1' (Strenge Monotonie eines Mengenindex)

$$Q(\mathbf{p}^0, \mathbf{q}^0, \mathbf{p}^1, \mathbf{q}^1) > Q(\mathbf{p}^0, \mathbf{q}^0, \mathbf{p}^1, \bar{\mathbf{q}}^1) \qquad \forall\, \mathbf{q}^1 \geq \bar{\mathbf{q}}^1 \quad ,$$
$$Q(\mathbf{p}^0, \mathbf{q}^0, \mathbf{p}^1, \mathbf{q}^1) < Q(\mathbf{p}^0, \bar{\mathbf{q}}^0, \mathbf{p}^1, \mathbf{q}^1) \qquad \forall\, \mathbf{q}^0 \geq \bar{\mathbf{q}}^0 \quad .$$

Axiom 2' (Preis-Dimensionalität eines Mengenindex)

$$Q(\lambda \mathbf{p}^0, \mathbf{q}^0, \lambda \mathbf{p}^1, \mathbf{q}^1) = Q(\mathbf{p}^0, \mathbf{q}^0, \mathbf{p}^1, \mathbf{q}^1) \qquad \forall\, \lambda \in \mathbb{R}_{++} \quad .$$

Axiom 3' (Kommensurabilität eines Mengenindex)

$$Q(\Lambda \mathbf{p}^0, \Lambda^{-1} \mathbf{q}^0, \Lambda \mathbf{p}^1, \Lambda^{-1} \mathbf{q}^1) = Q(\mathbf{p}^0, \mathbf{q}^0, \mathbf{p}^1, \mathbf{q}^1)$$
$$\forall\, \Lambda : \textit{positive } n \times n \textit{ - Diagonalmatrix} \quad .$$

Axiom 4' (Proportionalität eines Mengenindex)

$$Q(\mathbf{p}^0, \mathbf{q}^0, \mathbf{p}^1, \lambda \mathbf{q}^0) = \lambda \qquad \forall\, \lambda \in \mathbb{R}_{++} \quad .$$

3.2 Verschiedene Indexformeln

Es existiert eine große (unbekannte) Anzahl an Indizes, die die in den Definitionen 3.-1 bzw. 3.-2 angegebenen Forderungen erfüllen[3]. Hier sollen hauptsächlich nur einige bekannte und gebräuchliche Preis- und Mengenindexformeln[4] betrachtet werden.

Die wohl gebräuchlichsten und bekanntesten Formeln zur Ermittlung von Indexzahlen sind die Indexformeln von Laspeyres und Paasche. Sie gehören zur Klasse der gewogenen arithmetischen Mittel von Meßzahlen, die sich darstellen lassen gemäß (vgl. z.B. SCHAICH/SCHWEITZER, [96], S. 85 und S. 88f.):

---

[3] EICHHORN/VÖLLER ([37], S. 333f.) geben verschiedene Methoden zur Konstruktion neuer Preisindizes aus bekannten Indexformeln an, die wiederum die Axiome 1 bis 4 erfüllen.

[4] Die Benennung der Mengenindizes wird der Benennung der entsprechenden Preisindizes angelehnt, auch wenn sie nicht direkt von den jeweiligen Personen entwickelt wurden.

$$P = \sum_{i=1}^{n} g_i \cdot \frac{p_i^1}{p_i^0} \quad ; \quad Q = \sum_{i=1}^{n} g_i \cdot \frac{q_i^1}{q_i^0} \quad , \tag{3.-1}$$

wobei $0 < g_i < 1$ und $\sum g_i = 1$. Verwendet man als Gewicht der Preis- bzw. Mengenmeßzahl eines Gutes den Umsatzanteil dieses Gutes in der Basisperiode, resultiert die Indexformel von Laspeyres[5]:

$$P_{Las} = \sum_{i=1}^{n} \left[\frac{p_i^0 \cdot q_i^0}{\boldsymbol{p}^0 \cdot \boldsymbol{q}^0} \frac{p_i^1}{p_i^0} \right] = \frac{\boldsymbol{p}^1 \cdot \boldsymbol{q}^0}{\boldsymbol{p}^0 \cdot \boldsymbol{q}^0} \quad ; \tag{3.-2}$$

$$Q_{Las} = \sum_{i=1}^{n} \left[\frac{p_i^0 \cdot q_i^0}{\boldsymbol{p}^0 \cdot \boldsymbol{q}^0} \frac{q_i^1}{q_i^0} \right] = \frac{\boldsymbol{p}^0 \cdot \boldsymbol{q}^1}{\boldsymbol{p}^0 \cdot \boldsymbol{q}^0} \quad . \tag{3.-3}$$

Verwendet man als Gewichte der Meßzahlen hypothetische Umsatzanteile, bei denen die Mengen der Güter in der Berichtsperiode mit den jeweiligen Preisen der Basisperiode (Preisindex) bzw. die Mengen der Basisperiode mit den jeweiligen Preisen der Berichtsperiode (Mengenindex) bewertet werden, erhält man den Index von Paasche:

$$P_{Pa} = \sum_{i=1}^{n} \left[\frac{p_i^0 \cdot q_i^1}{\boldsymbol{p}^0 \cdot \boldsymbol{q}^1} \frac{p_i^1}{p_i^0} \right] = \frac{\boldsymbol{p}^1 \cdot \boldsymbol{q}^1}{\boldsymbol{p}^0 \cdot \boldsymbol{q}^1} \quad ; \tag{3.-4}$$

$$Q_{Pa} = \sum_{i=1}^{n} \left[\frac{p_i^1 \cdot q_i^0}{\boldsymbol{p}^1 \cdot \boldsymbol{q}^0} \frac{q_i^1}{q_i^0} \right] = \frac{\boldsymbol{p}^1 \cdot \boldsymbol{q}^1}{\boldsymbol{p}^1 \cdot \boldsymbol{q}^0} \quad . \tag{3.-5}$$

Da die Mengen- bzw. Preisstruktur der Güter zwischen der Basis- und der Berichtsperiode in der Regel nicht konstant bleibt, differieren die Werte der Indizes von Laspeyres und Paasche. Die Größe und das Vorzeichen der relativierten Differenz der Preisindizes von Laspeyres und Paasche

$$D = \frac{P_{Pa} - P_{Las}}{P_{Las}} \tag{3.-6}$$

hängen dabei von drei Komponenten ab, die multiplikativ miteinander verknüpft sind, und zwar von dem gewogenen Korrelationskoeffizienten zwischen den Preis- und Mengenmeßzahlen $r(p,q)$, von dem gewogenen Variationskoeffizienten der Preismeßzahlen $\sigma_{(p)}/P_{Las}$ und von dem gewogenen Variationskoeffizienten der Mengenmeßzahlen $\sigma_{(q)}/Q_{Las}$, wobei als Gewichte jeweils die Umsatzanteile der

[5] Zur Notation: $\boldsymbol{p} \cdot \boldsymbol{q} = \sum_{i=1}^{n} p_i \cdot q_i$ bezeichnet das Skalarprodukt der Vektoren $\boldsymbol{p}$ und $\boldsymbol{q}$ ($\boldsymbol{p}$, $\boldsymbol{q} \in I\!R^n$).

Basisperiode dienen (vgl. BORTKIEWICZ, [14], S. 375ff.; vgl. auch STUVEL, [121], S. 10ff.; VOGT, [130], S. 36ff.):

$$D = r(p,q) \cdot \frac{\sigma_{(p)}}{P_{Las}} \cdot \frac{\sigma_{(q)}}{Q_{Las}} \qquad \text{mit} \tag{3.-7}$$

$$r(p,q) = \frac{\sum_{i=1}^{n} \frac{p_i^0 \cdot q_i^0}{\mathbf{p}^0 \cdot \mathbf{q}^0} \left(\frac{p_i^1}{p_i^0} - \frac{\mathbf{p}^1 \cdot \mathbf{q}^0}{\mathbf{p}^0 \cdot \mathbf{q}^0} \right) \left(\frac{q_i^1}{q_i^0} - \frac{\mathbf{p}^0 \cdot \mathbf{q}^1}{\mathbf{p}^0 \cdot \mathbf{q}^0} \right)}{\sigma_{(p)} \cdot \sigma_{(q)}} \quad , \tag{3.-8}$$

$$\sigma_{(p)} = \sqrt{\sum_{i=1}^{n} \frac{p_i^0 \cdot q_i^0}{\mathbf{p}^0 \cdot \mathbf{q}^0} \left(\frac{p_i^1}{p_i^0} - \frac{\mathbf{p}^1 \cdot \mathbf{q}^0}{\mathbf{p}^0 \cdot \mathbf{q}^0} \right)^2} \quad , \tag{3.-9}$$

$$\sigma_{(q)} = \sqrt{\sum_{i=1}^{n} \frac{p_i^0 \cdot q_i^0}{\mathbf{p}^0 \cdot \mathbf{q}^0} \left(\frac{q_i^1}{q_i^0} - \frac{\mathbf{p}^0 \cdot \mathbf{q}^1}{\mathbf{p}^0 \cdot \mathbf{q}^0} \right)^2} \quad . \tag{3.-10}$$

Im Regelfall wird D einen negativen Wert annehmen, also der Laspeyres-Index über dem Paasche-Index liegen, da bei normaler Nachfragereaktion der Konsumenten die Nachfrage nach Gütern mit stark steigenden Preisen zurückgeht ($r(p,q) < 0$). Nur wenn die Preis- und Mengenmeßzahlen unkorreliert sind ($r(p,q) = 0$) oder wenn bei allen im Warenkorb berücksichtigten Güter die Preis- bzw. Mengenmeßzahlen gleich sind ($\sigma_{(p)} = 0$ bzw. $\sigma_{(q)} = 0$) stimmen der Laspeyres- und der Paasche-Preisindex überein.

Zur Elimination der Diskrepanz zwischen Laspeyres- und Paasche-Indizes, wurden verschiedene „Kreuzungen“ der Gewichte bzw. der Indizes vorgeschlagen (vgl. z.B. STUVEL, [121], S. 13ff.; VOGT, [130], S. 38ff.):
Beim Index von Marshall/Edgeworth werden als Gewichte (hypothetische) Umsatzanteile verwendet, denen statt der Mengen (Preise) aus der Basis- bzw. Berichtsperiode das arithmetische Mittel der Werte dieser beiden Perioden zugrunde liegt:

$$P_{ME} = \sum_{i=1}^{n} \left[\frac{(q_i^1 + q_i^0) \cdot p_i^0}{(\mathbf{q}^1 + \mathbf{q}^0) \cdot \mathbf{p}^0} \frac{p_i^1}{p_i^0} \right] = \frac{(\mathbf{q}^1 + \mathbf{q}^0) \cdot \mathbf{p}^1}{(\mathbf{q}^1 + \mathbf{q}^0) \cdot \mathbf{p}^0} \quad ; \tag{3.-11}$$

$$Q_{ME} = \sum_{i=1}^{n} \left[\frac{(p_i^1 + p_i^0) \cdot q_i^0}{(\mathbf{p}^1 + \mathbf{p}^0) \cdot \mathbf{q}^0} \frac{q_i^1}{q_i^0} \right] = \frac{(\mathbf{p}^1 + \mathbf{p}^0) \cdot \mathbf{q}^1}{(\mathbf{p}^1 + \mathbf{p}^0) \cdot \mathbf{q}^0} \quad . \tag{3.-12}$$

Eine andere Vorgehensweise wählen Drobisch bzw. Fisher, indem sie das arithmetische bzw. geometrische Mittel der Indizes von Laspeyres und Paasche bilden:

Index von Drobisch:

$$P_{Dro} = \frac{1}{2}(P_{Las} + P_{Pa}) \quad ; \quad Q_{Dro} = \frac{1}{2}(Q_{Las} + Q_{Pa}) \quad . \tag{3.-13}$$

Index von Fisher:

$$P_{Fi} = \sqrt{P_{Las} \cdot P_{Pa}} \quad ; \quad Q_{Fi} = \sqrt{Q_{Las} \cdot Q_{Pa}} \quad . \tag{3.-14}$$

Ein weiterer, allerdings weniger bekannter Index, der jedoch einige beachtliche Eigenschaften besitzt (vgl. z.B. VAN YZEREN, [136]; vgl. auch Abschnitt 3.3.1) ist der Index von Stuvel[6], der als Funktion des Preis- und Mengenindex von Laspeyres berechnet wird (vgl. STUVEL, [121], S. 31):

$$P_{Stu} = \frac{P_{Las} - Q_{Las}}{2} + \sqrt{\frac{(P_{Las} - Q_{Las})^2}{4} + \frac{\boldsymbol{p}^1 \cdot \boldsymbol{q}^1}{\boldsymbol{p}^0 \cdot \boldsymbol{q}^0}} \quad ; \tag{3.-15}$$

$$Q_{Stu} = \frac{Q_{Las} - P_{Las}}{2} + \sqrt{\frac{(Q_{Las} - P_{Las})^2}{4} + \frac{\boldsymbol{p}^1 \cdot \boldsymbol{q}^1}{\boldsymbol{p}^0 \cdot \boldsymbol{q}^0}} \quad . \tag{3.-16}$$

Ein Grund, warum die Stuvel-Indizes, aber auch zum Beispiel die Indizes von Paasche oder Fisher, in der Praxis nur wenig Beachtung finden, ist der Mangel an aktuellen Daten für die Mengengrößen. Wie in Kapitel 4 gezeigt wird, sind in den verschiedenen Sektoren des Gesundheitswesens – vor allem in den Bereichen der ambulanten Behandlung und der Arzneimittelversorgung – aktuelle Mengeninformationen jedoch durchaus verfügbar, so daß der Verwendung dieser Formeln zur Ermittlung von Indizes für das deutsche Gesundheitswesen grundsätzlich nichts entgegensteht.

3.3 Vergleich der Indexformeln hinsichtlich verschiedener Kriterien

In den folgenden Abschnitten sollen die vorgestellten Indexformeln bezüglich verschiedener Kriterien miteinander verglichen werden. Dabei soll zuerst anhand formaler Indexkriterien eine Vorauswahl getroffen werden. Dann werden die verbleibenden Indexformeln hinsichtlich ihrer Eignung zur Lösung ökonomischer Fragestellungen – Isolierung reiner Preis- bzw. Mengenänderungen und Deflationierung einer Wertgröße – untersucht.

[6] Daß der Preisindex von Stuvel die in Definition 3.-1 genannten Axiome erfüllt, zeigt OLT, [80], S. 156f., für einen verallgemeinerten Stuvel-Index.

3.3.1 Erfüllung formaler Indexkriterien

Zum Vergleich und zur Ermittlung einer „besten“ Indexformel wurden neben den zur Definition von Indizes herangezogenen Forderungen, die in der Literatur als „natürlich“ angesehen und deshalb in den Rang von Axiomen erhoben wurden, weitere Forderungen aufgestellt, die wünschenswerte Eigenschaften eines Index formulieren. Diese stehen historisch betrachtet am Anfang der axiomatischen Indextheorie und werden nach Irving Fisher als das „Fishersche Testsystem“ bezeichnet. Es besteht neben dem Proportionalitätstest und dem Kommensurabiltätstest (siehe S. 27) aus folgenden Forderungen[7] (vgl. FISHER, [43], S. 63ff., S. 270ff., S. 420; vgl. z.B. auch EICHHORN/VÖLLER, [36], S. 80f.):

Test 4 (Zeitumkehrtest) *Vertauscht man in $P(\boldsymbol{p}^0, \boldsymbol{q}^0, \boldsymbol{p}^1, \boldsymbol{q}^1)$ die Preise bzw. Mengen der Basisperiode 0 mit den Preisen bzw. Mengen der Berichtsperiode 1, so soll der reziproke Wert von $P(\boldsymbol{p}^0, \boldsymbol{q}^0, \boldsymbol{p}^1, \boldsymbol{q}^1)$ resultieren:*

$$P(\boldsymbol{p}^0, \boldsymbol{q}^0, \boldsymbol{p}^1, \boldsymbol{q}^1) \cdot P(\boldsymbol{p}^1, \boldsymbol{q}^1, \boldsymbol{p}^0, \boldsymbol{q}^0) = 1 \quad .$$

Test 5 (Faktorumkehrtest) *Multipliziert man den Preisindex $P(\boldsymbol{p}^0, \boldsymbol{q}^0, \boldsymbol{p}^1, \boldsymbol{q}^1)$ mit einem durch Vertauschen der Preise und Mengen hervorgegangenen Index $P(\boldsymbol{q}^0, \boldsymbol{p}^0, \boldsymbol{q}^1, \boldsymbol{p}^1)$, so soll der Umsatzindex resultieren:*

$$P(\boldsymbol{p}^0, \boldsymbol{q}^0, \boldsymbol{p}^1, \boldsymbol{q}^1) \cdot P(\boldsymbol{q}^0, \boldsymbol{p}^0, \boldsymbol{q}^1, \boldsymbol{p}^1) = \frac{\boldsymbol{p}^1 \cdot \boldsymbol{q}^1}{\boldsymbol{p}^0 \cdot \boldsymbol{q}^0} \quad .$$

Test 6 (Zirkularitätstest) *Betrachtet man die Veränderungen der Preise und Mengen der Güter von einer Periode 0 zu einer Periode 1 und entsprechend die Veränderungen dieser Größen von der Periode 1 zu einer Periode 2, dann soll sich der Preisindex bezüglich der Perioden 0 und 2 als Produkt der Preisindizes bezüglich der Perioden 0 und 1 und der Perioden 1 und 2 ergeben:*

$$P(\boldsymbol{p}^0, \boldsymbol{q}^0, \boldsymbol{p}^1, \boldsymbol{q}^1) \cdot P(\boldsymbol{p}^1, \boldsymbol{q}^1, \boldsymbol{p}^2, \boldsymbol{q}^2) = P(\boldsymbol{p}^0, \boldsymbol{q}^0, \boldsymbol{p}^2, \boldsymbol{q}^2) \quad .$$

Test 7 (Bestimmtheitstest) *Strebt ein beliebiges skalares Argument von $P(\boldsymbol{p}^0, \boldsymbol{q}^0, \boldsymbol{p}^1, \boldsymbol{q}^1)$ gegen Null, so soll der Funktionswert von $P(\boldsymbol{p}^0, \boldsymbol{q}^0, \boldsymbol{p}^1, \boldsymbol{q}^1)$ gegen eine positive reelle Zahl streben.*

Als abgeschwächte Form des Faktorumkehrtestes wird häufig noch folgender Test aufgeführt:

[7] Die Forderungen sind für Preisindizes formuliert und gelten für alle $(\boldsymbol{p}^0, \boldsymbol{q}^0, \boldsymbol{p}^1, \boldsymbol{q}^1) \in \mathbb{R}^{4n}_{++}$; für Mengenindizes können analoge Forderungen aufgestellt werden.

Test 5' (Produkttest) *Zu einem Preisindex P soll ein Mengenindex Q existieren, so daß die Multiplikation der beiden Indizes den Umsatzindex ergibt:*

$$P(\boldsymbol{p}^0, \boldsymbol{q}^0, \boldsymbol{p}^1, \boldsymbol{q}^1) \cdot Q(\boldsymbol{p}^0, \boldsymbol{q}^0, \boldsymbol{p}^1, \boldsymbol{q}^1) = \frac{\boldsymbol{p}^1 \cdot \boldsymbol{q}^1}{\boldsymbol{p}^0 \cdot \boldsymbol{q}^0} \quad .$$

Motiviert werden die Tests 4 bis 6 durch den Versuch, folgende Beziehungen zwischen Preis-, Mengen- und Umsatzmeßzahlen auf den mehrdimensionalen Fall zu übertragen (vgl. z.B. VOGT, [130], S. 61):

$$\frac{p_i^1}{p_i^0} \cdot \frac{p_i^0}{p_i^1} = 1; \qquad \frac{p_i^1}{p_i^0} \cdot \frac{q_i^1}{q_i^0} = \frac{p_i^1 q_i^1}{p_i^0 q_i^0}; \qquad \frac{p_i^1}{p_i^0} \cdot \frac{p_i^2}{p_i^1} = \frac{p_i^2}{p_i^0}.$$

Die eigentlich wünschenswerte Forderung der Zirkularität besitzt jedoch die unerwünschte Folge, daß eine Funktion P, die sowohl den Zirkularitätstest als auch den Identitätstest erfüllt, nur von den Preisen der Güter in der Basis- und Berichtsperiode und nicht von den Gütermengen abhängt (vgl. EICHHORN/VÖLLER, [37], S. 342f.). Da dies aber bei den betrachteten Indexformeln der Fall ist, erfüllt keiner der vorgestellten Indizes den Zirkularitätstest.
Der Bestimmtheitstest (Test 7) ist schließlich eine Relaxation der in Definition 3.-1 genannten Voraussetzung, daß die Preise und Mengen sämtlicher n Güter sowohl für die Basis- als auch für die Berichtsperiode bekannt und positiv sind.

Neben dem Fisherschen Testsystem sollen nun noch zwei Tests aufgeführt werden, die im Zusammenhang mit mehrstufig berechneten Indizes relevant sind. Solche Indizes werden mit Hilfe von Subindizes für Untergruppen des betrachteten Güteraggregates berechnet und stellen vor allem in der amtlichen Preisstatistik den Regelfall dar (vgl. z.B. Abschnitt 4.1). Da sich zum Beispiel auch ein „Gesamtindex für das Gesundheitswesen" aus Teilindizes für die ambulante, stationäre und Arzneimittelversorgung zusammensetzen sollte, sind diese Forderungen in der vorliegenden Arbeit von elementarer Bedeutung für die Auswahl einer geeigneten Indexformel.

Ausgehend von einer Partitionierung eines Aggregats A in K disjunkte Subaggregate A_k $(k = 1, \ldots, K)$ und folgenden Festlegungen

$$P = P(\boldsymbol{p}^0, \boldsymbol{q}^0, \boldsymbol{p}^1, \boldsymbol{q}^1) \quad \text{mit} \quad P : \mathbb{R}^{4n}_{++} \to \mathbb{R}_{++} \quad ,$$

$$P_k = P_k(\boldsymbol{p}_k^0, \boldsymbol{q}_k^0, \boldsymbol{p}_k^1, \boldsymbol{q}_k^1) \quad \text{mit} \quad P_k : \mathbb{R}^{4n_k}_{++} \to \mathbb{R}_{++} \quad \text{und}$$

$\boldsymbol{p}_k^t$ bzw. $\boldsymbol{q}_k^t$ $(t \in \{0; 1\})$: Preis- bzw. Mengenvektor der Güter des Sub-, aggregats A_k

n_k: Anzahl der Güter des Subaggregats A_k,

$$V^t = \sum_{i \in A} v_i^t = \sum_{i \in A} p_i^t \cdot q_i^t \quad (t \in \{0;1\}) \text{: Gesamtumsatz in der Periode } t \quad ,$$

$$V_k^t = \sum_{i \in A_k} v_i^t = \sum_{i \in A_k} p_i^t \cdot q_i^t \quad (t \in \{0;1\}) \text{: Umsatz im } k\text{-ten Subaggregat in der Periode } t,$$

läßt sich folgender Test formulieren[8] (vgl. BALK, [7], S. 85):

Test 8 (Aggregationskonsistenz) *Zwischen dem Index P des Aggregats A und den Indizes P_k der Subaggregate A_k ($k = 1, \ldots, K$) besteht die Beziehung*

$$\psi(P, V^0, V^1) = \sum_{k=1}^{K} \psi(P_k, V_k^0, V_k^1),$$

wobei $\psi : I\!R^3_{++} \to I\!R_{++}$ eine stetige und im ersten Argument streng monoton steigende Funktion ist.

Erfüllt ein Preisindex für jede beliebige Partitionierung eines Aggregats A diesen Test, so ist er aggregationskonsistent.

Eine weitere Forderung im Zusammenhang mit mehrstufig berechneten Indizes stellt der auf STUVEL ([121], S. 39) zurückgehende Equality-Test dar, der im Prinzip eine Übertragung der Forderung der Proportionalität auf die Beziehungen zwischen den Indizes der Subaggregate und dem Gesamtindex darstellt (vgl. auch BALK, [7], S. 86; OLT, [80], S. 58):

Test 9 (Equality) *Nehmen die Preisindizes P_k der Subaggregate A_k ($k = 1, \ldots, K$) denselben Wert λ an, dann soll der Wert des Preisindex P für das Aggregat A ebenfalls λ betragen:*

$$P_k = \lambda \quad \forall k = 1, \ldots, K \quad \Rightarrow \quad P = \lambda \quad (\forall \lambda \in I\!R_{++}) \quad .$$

Welche der aufgeführten Forderungen von den in Abschnitt 3.2 vorgestellten Indizes erfüllt (+) bzw. nicht erfüllt (−) werden, ist in Tabelle 3.-1 angegeben[9].

Man erkennt, daß von den betrachteten Indizes nur die Preisindizes[10] von Laspeyres, Paasche und Stuvel die Aggregationskonsistenz erfüllen. Der häufig als „ideal" bezeichnete Index von Fisher sowie die Indizes von Marshall/Edgeworth und Drobisch erweisen sich damit als unterlegen und werden nicht weiter berücksichtigt.

[8] Eine andere (verbale) Formulierung der Aggregationskonsistenz findet sich zum Beispiel bei OLT, [80], S. 55.

[9] Zum Nachweis der Eigenschaften der verschiedenen Indizes vgl. z.B. STUVEL, [121], S. 36ff.

[10] Analoge Aussagen lassen sich auch für Mengenindizes machen.

Tabelle 3.-1: Übersicht über die Eigenschaften der Indizes

	Zeit-umkehr	Faktor-umkehr	Produkt-test	Zirku-larität	Bestimmt-heitstest	Aggreg.-konsistenz	Equality
P_{Las}	–	–	+	–	+	+	+
P_{Pa}	–	–	+	–	+	+	+
P_{ME}	+	–	+	–	+	–	–
P_{Dro}	–	–	+	–	+	–	+
P_{Fi}	+	+	+	–	+	–	–
P_{Stu}	+	+	+	–	+	+	+

(*Quelle:* OLT, [80], S. 63ff.; STUVEL, [121], S. 51)

Beim Vergleich der Indizes von Laspeyres, Paasche und Stuvel erscheint aus statistischer Hinsicht der Stuvel-Index überzeugender, da dieser neben dem Bestimmtheitstest und dem Equality-Test zusätzlich sowohl den Faktorumkehr- als auch den Zeitumkehrtest erfüllt[11], während die Indizes von Laspeyres und Paasche neben dem Bestimmtheitstest und dem Equality-Test nur den Produkttest erfüllen:

$$P_{Las} \cdot Q_{Pa} = U \quad \text{bzw.} \quad P_{Pa} \cdot Q_{Las} = U \quad .$$

Die Frage, ob der Stuvel-Index für die Lösung ökonomischer Problemstellungen geeigneter ist als der Laspeyres- bzw. Paasche-Index, soll in den nächsten beiden Abschnitten untersucht werden.

3.3.2 Isolierung reiner Preis- bzw. Mengenänderungen

Ein Erkenntnisziel der Ermittlung von Preis- bzw. Mengenindexzahlen ist die Messung reiner Preis- bzw. Mengenänderungen eines Güteraggregats zwischen der Basis- und der Berichtsperiode. Dieser Aufgabe können sowohl die Laspeyres- als auch die Paasche-Indizes gerecht werden, da Unterschiede zwischen den Wertsummen im Zähler und Nenner des jeweiligen Index allein auf die Preise bzw. Mengen zurückzuführen sind. Die beiden Indizes unterscheiden sich nur bezüglich des zugrundegelegten Warenkorbs: Die Laspeyres-Indizes messen die Preis- bzw. Mengenänderungen zwischen Basis- und Berichtsperiode für den Warenkorb der Basisperiode, während bei den Paasche-Indizes diese Änderungen bezüglich des Warenkorbes der Berichtsperiode gemessen werden (vgl. z.B. ANDERSON, [2], S. 99). Für die Verwendung des Laspeyres-Index spricht in die-

[11] Die häufig zu einer – im Vergleich zu Definition 3.-1 enger gefaßten – Definition eines Preisindex herangezogene Forderung der Linearen Homogenität (vgl. z.B. EICHHORN/VÖLLER, [35], S. 24), wird zwar von den Laspeyres- und Paasche-Indizes erfüllt, nicht jedoch vom Stuvel-Index.

sem Zusammenhang dessen relativ geringer Erhebungsaufwand, da nur die Preise (Mengen) und nicht auch die Mengen (Preise) der Berichtsperiode erhoben werden müssen. Der Stuvel-Index kann aufgrund seiner „Vermischung" von Laspeyres-Preisindex und Laspeyres-Mengenindex nicht in einer solch anschaulichen Weise interpretiert werden.

Sollen nicht nur die Preis- bzw. Mengenänderungen zwischen der Basisperiode und einer Berichtsperiode sondern auch die Änderungen zwischen verschiedenen Berichtsperioden gemessen werden, weist der Index von Laspeyres den Vorzug auf, daß aufgrund seines konstanten Wägungsschemas die Werte einer fortlaufenden Indexreihe in dem Sinne vergleichbar sind, als Unterschiede nur auf die Entwicklung der Preise bzw. Mengen in den Berichtsperioden zurückzuführen sind (vgl. z.B. ANDERSON, [2], S. 100). Betrachtet man zum Beispiel eine Preisindexreihe mit aufeinanderfolgenden Berichtsperioden $t = 1, 2, 3, \ldots$ und jeweils der Basisperiode 0

$$\frac{\boldsymbol{p}^1 \cdot \boldsymbol{q}^0}{\boldsymbol{p}^0 \cdot \boldsymbol{q}^0}, \quad \frac{\boldsymbol{p}^2 \cdot \boldsymbol{q}^0}{\boldsymbol{p}^0 \cdot \boldsymbol{q}^0}, \quad \frac{\boldsymbol{p}^3 \cdot \boldsymbol{q}^0}{\boldsymbol{p}^0 \cdot \boldsymbol{q}^0}, \quad \ldots, \tag{3.-17}$$

so gibt das Verhältnis zweier Preisindizes mit den Berichtsperioden t bzw. $t-1$ und jeweils der Basisperiode 0

$$P^{(0)(t-1,t)} = \frac{P_{Las}^{0,t}}{P_{Las}^{0,t-1}} = \frac{\dfrac{\boldsymbol{p}^t \cdot \boldsymbol{q}^0}{\boldsymbol{p}^0 \cdot \boldsymbol{q}^0}}{\dfrac{\boldsymbol{p}^{t-1} \cdot \boldsymbol{q}^0}{\boldsymbol{p}^0 \cdot \boldsymbol{q}^0}} = \frac{\boldsymbol{p}^t \cdot \boldsymbol{q}^0}{\boldsymbol{p}^{t-1} \cdot \boldsymbol{q}^0} \tag{3.-18}$$

die (durchschnittliche) Preisänderung der Güter des Warenkorbes der Basisperiode 0 zwischen Periode $t-1$ und Periode t an. Da es sich hierbei nicht mehr um einen Preisindex von Laspeyres handelt, wird $P^{(0)(t-1,t)}$ auch als „indirekter Preisindex" bezeichnet (vgl. STUVEL, [121], S. 58).
Bei den Indizes von Paasche und Stuvel gehen bei einer solchen Betrachtung jeweils auch die aktuellen Mengen q_t^i bzw. Preise p_t^i $(t = 1, \ldots, T)$ in die Berechnung ein, so daß in der Zeit auftretende Unterschiede zwischen den Indexzahlen nicht nur durch Preisänderungen (Mengenveränderungen) von Periode zu Periode verursacht werden[12] (vgl. z.B. SCHAFFRANEK, [95], S. 70).

Der Laspeyres-Index hat durch seinen fixierten Güterkorb allerdings den Nachteil, daß veränderte Verbrauchsstrukturen, die vor allem mit wachsendem Abstand zwischen Berichts- und Basisperiode auftreten, unberücksichtigt bleiben.

[12] Beim Paasche-Index kann die zeitliche Vergleichbarkeit in jeder neuen Berichtsperiode durch die Rückrechnung der vorangegangenen Werte – unter Verwendung des jeweils aktuellen Warenkorbes – hergestellt werden, was allerdings sehr arbeitsaufwendig ist (vgl. ANDERSON, [2], S. 100f).

Es muß deshalb von Zeit zu Zeit auf eine neue Basisperiode umgestellt werden. Um trotzdem lange, vergleichbare Indexreihen zu erhalten, wird häufig das Verfahren der Indexverknüpfung[13] angewendet, wodurch die Reihe mit der alten Basis fortgeschrieben bzw. die Reihe mit der aktuelleren Basis zurückgerechnet werden kann. Zum Beispiel sei $P_{Las}^{0,k}$ ein Laspeyres-Preisindex zur Basis 0 für die Verknüpfungsperiode k und $P_{Las}^{k,t}$ entsprechend ein Index für die Berichtsperiode t mit der Basisperiode k. Der verknüpfte Index $P_{Las}^{(0,t)^*}$ bzw. $P_{Las}^{(k,t)^*}$ ergibt sich dann gemäß (vgl. z.B. SCHAICH/SCHWEITZER, [96], S. 93ff.)

$$\begin{aligned} P_{Las}^{(0,t)^*} &= P_{Las}^{0,k} \cdot P_{Las}^{k,t} && \text{mit} \quad t = k+1, k+2, \ldots \quad \text{bzw.} \\ P_{Las}^{(k,t)^*} &= \frac{P_{Las}^{0,t}}{P_{Las}^{0,k}} && \text{mit} \quad t = 1, 2, \ldots, k-1 \quad . \end{aligned} \tag{3.-19}$$

Da diese Vorgehensweise die Gültigkeit des Zirkularitätstestes voraussetzt, liefert sie jedoch eine „methodisch nicht überzeugende *Notlösung* zur Gewinnung langer Indexreihen“ (SCHAICH/SCHWEITZER, [96], S. 94).

Eine andere Möglichkeit, eine fortlaufende Anpassung des Warenkorbes zu realisieren, stellt die Ermittlung eines sogenannten Kettenindex dar. Dabei stellt man jährlich auf eine neue Basis um und verknüpft anschließend die so ermittelten Indizes (vgl. z.B. NEUBAUER, [77], S. 59). Mit $I^{t-1,t}$ soll ein (beliebiger) Preisbzw. Mengenindex zwischen der Basisperiode $t-1$ und der Berichtsperiode t bezeichnet werden. Ein Kettenindex $I_K^{0,t}$ läßt sich dann folgendermaßen berechnen:

$$I_K^{0,t} = I^{0,1} \cdot I^{1,2} \cdot \ldots \cdot I^{t-2,t-1} \cdot I^{t-1,t} \quad . \tag{3.-20}$$

Da hier wiederum die Erfüllung des Zirkularitätstestes unterstellt wird, stimmen die Werte eines Kettenindex $I_K^{0,t}$ in der Regel nicht mit denen eines auf fester Basis ermittelten Index $I^{0,t}$ überein. Ein (Laspeyres- oder Paasche-) Kettenindex gibt somit also nicht die reine Preisänderung (Mengenänderung) eines festen Warenkorbes zwischen Berichts- und Basisperiode an. Nehmen zum Beispiel alle Preise (Mengen) eines Güterbündels nach einigen Perioden, in denen Variationen auftraten, wieder die Werte der Basisperiode an, so nimmt ein Kettenindex nicht zwangsläufig den Wert 1 an. Außerdem wird die Forderung der Monotonie (vgl. Axiom 1) nicht notwendigerweise erfüllt (vgl. SCHMIDT, [98], S. 54ff.).

Insgesamt läßt sich feststellen, daß zur Isolierung der reinen Preis- bzw. Mengenänderung eines Güteraggregats zwischen zwei Perioden nur die Laspeyres-

[13] In der Literatur wird diese Vorgehensweise (fälschlicherweise) zum Teil auch als Verkettung bezeichnet, die jedoch der fortlaufenden Anpassung der Gewichtungsschemata an neue Gegebenheiten dient und durch die Multiplikation einer Folge von Indizes $I^{0,1}, I^{1,2}, I^{2,3}, \ldots$ erreicht wird (vgl. auch Gleichung 3.-20).

und Paasche-Indizes geeignet sind; der Stuvel-Index hingegen erfüllt diese Aufgabe nicht. Sollen die Änderungen des Preis- bzw. Mengenniveaus von Periode zu Periode betrachtet werden, ist der Laspeyres-Index (mit fester Basisperiode) zu präferieren.

3.3.3 Deflationierung einer Wertgröße

Unter dem Begriff der Deflationierung versteht man die Ermittlung einer „realen“ Komponente durch Eliminierung der Preiskomponente aus einem nominalen Wertaggregat. Dabei kommen unterschiedliche Methoden zur Anwendung, je nachdem, was unter dem Begriff „real“ verstanden werden soll. Die Interpretation dieses Begriffes wiederum hängt von der Art des Wertaggregats ab (vgl. NEUBAUER, [77], S. 198).

Betrachtet man ein Wertaggregat V, dem eine Mengenstruktur mit N Gütern zugrunde liegt und das sich deshalb darstellen läßt als $V = \sum_{i=1}^{N} p_i q_i$, dann besteht die Aufgabe der Deflationierung darin, aus der Veränderung dieses Aggregats zwischen Basis- und Berichtsperiode die Preisveränderung P zu eliminieren, so daß die Veränderung der realen Komponente (zweiter Term auf der rechten Seite der Gleichung (3.-21)) allein auf die Veränderung der Mengen zurückzuführen ist:

$$\frac{\sum_{i=1}^{N} p_i^1 q_i^1}{\sum_{i=1}^{N} p_i^0 q_i^0} = P \cdot \frac{\sum_{i=1}^{N} p_i^0 q_i^1}{\sum_{i=1}^{N} p_i^0 q_i^0} \quad . \tag{3.-21}$$

Werden in dem Deflator P Preisänderungen, die auf Qualitätsänderungen zurückzuführen sind, eliminiert (vgl. dazu Abschnitt 3.4), so mißt die resultierende reale Komponente nicht nur Veränderungen der Mengen, sondern auch der Qualitäten, also insgesamt Veränderungen der „physischen Komponente“ oder des „Volumens“. Man spricht bei dieser Art der Deflationierung deshalb auch von volumenorientierter Deflationierung (vgl. NEUBAUER, [76], S. 116).

Wie aus Gleichung (3.-21) ersichtlich, gibt es zwei Möglichkeiten, die Veränderung der realen Komponente zu ermitteln. Auf direktem Weg kann die gesuchte Größe als ein Mengenindex nach Laspeyres berechnet werden:

$$Q_{Las} = \frac{\sum_{i=1}^{N} p_i^0 q_i^1}{\sum_{i=1}^{N} p_i^0 q_i^0} \quad .$$

Außerdem erhält man die Änderung der realen Komponente, wenn man den Umsatzindex durch einen Preisindex nach Paasche dividiert:

$$\frac{\sum_{i=1}^{N} p_i^1 q_i^1}{\sum_{i=1}^{N} p_i^0 q_i^0} : \frac{\sum_{i=1}^{N} p_i^1 q_i^1}{\sum_{i=1}^{N} p_i^0 q_i^1} = \frac{\sum_{i=1}^{N} p_i^0 q_i^1}{\sum_{i=1}^{N} p_i^0 q_i^0} \quad .$$

Sind die Preise und Mengen aller N Güter sowohl in der Basis- als auch in der Berichtperiode bekannt, sind beide Methoden äquivalent. In der Praxis liegen diese Daten zumeist jedoch nicht vor. Es wird deshalb in der Regel ein Preisindex mit $n < N$ Güter zur Deflationierung des Wertaggregats V herangezogen. Diese Vorgehensweise liefert dann eine gute Näherung für die Entwicklung der Mengen der N Güter, wenn der verwendete Paasche-Preisindex die Preisänderungen der Waren und Dienstleistungen der übergeordneten Gütergesamtheit geeignet repräsentiert. Größere Verzerrungen können vermieden werden, indem das Gesamtaggregat in homogene Teilgruppen untergliedert wird, für die Subindizes existieren, die die Preis- bzw. Mengenentwicklungen in den Teilgruppen befriedigend messen (vgl. SCHAFFRANEK, [95], S. 75f.).

Da in der Praxis die benötigten Daten zur Ermittlung eines Preisindex nach Paasche häufig nicht vorliegen, wird anhand eines Preisindex nach Laspeyres deflationiert. Man erhält dadurch einen Mengenindex nach Paasche, dessen Werte im Zeitablauf allerdings nicht vergleichbar sind (vgl. Abschnitt 3.3.2). Auch hier liefert die Aufspaltung des Gesamtaggregats in Teilaggregate, die mit einem entsprechenden Laspeyres-Preisindex deflationiert werden, und anschließende Aufsummierung der deflationierten Teilaggregate eine Näherungslösung. Der (implizite) Preisindex für das Gesamtaggregat ergibt sich dann als gewogenes harmonisches Mittel der Laspeyres-Preisindizes der Subaggregate:

$$P^* = \frac{\sum_{k=1}^{K} \sum_{i=1}^{n_k} p_i^1 q_i^1}{\sum_{k=1}^{K} \left(\frac{1}{P_{Las}^k} \cdot \sum_{i=1}^{n_k} p_i^1 q_i^1 \right)} \quad . \tag{3.-22}$$

Dieser „verpaaschte Laspeyres-Index“ kommt dem eigentlichen Paasche-Index umso näher, je tiefer man das Gesamtaggregat aufgliedert. Im Extremfall, wenn die Anzahl der Subaggregate der Anzahl der Güter des Gesamtaggregats entspricht, geht der verpaaschte Index in den Paasche-Index über (vgl. NEUBAUER, [77], S. 112f.).

Als „Nachteil" der volumenorientierten Deflationierung wird angeführt, daß nicht nur das Preisniveau, sondern auch die Preisstruktur des Güteraggregats rechnerisch konstant gehalten wird und die reale Komponente somit nicht eine Größe bei konstantem Preisniveau, sondern bei konstanten Preisen darstellt. Dies ist jedoch nur dann sinnvoll, wenn man wirklich an einer reinen Mengen- bzw. Volumenrechnung interessiert ist.

Bei der fallspezifischen Deflationierung (vgl. NEUBAUER, [76], S. 118f. und S. 157) wird dagegen ein bestimmtes interessierendes Güteraggregat, das sich aus verschiedenen Teilaggregaten zusammensetzt, zwar weiterhin volumenorientiert deflationiert, die Teilaggregate werden jedoch mit dem Preisindex des übergeordneten gesamten Warenkorbes deflationiert. Dadurch werden die Änderungen der realen Austauschverhältnisse zwischen den einzelnen Gütergruppen nicht mehr aus der Mengenkomponente herausgerechnet. Der Strukturänderungskoeffizient

$$S_k = \frac{P_k}{P} \tag{3.-23}$$

gibt dann an, ob ein positiver ($S_k < 1$) oder ein negativer ($S_k > 1$) Preisstruktureffekt vorliegt, und damit, ob die so gemessene reale Komponente kleiner oder größer ist als die reale Komponente bei konstanten Preisen.
Um auch hier für das Gesamtaggregat eine reale Komponente im Sinne von $\boldsymbol{p}^0 \cdot \boldsymbol{q}^1$ bzw. für die Teilaggregate $S_k \cdot \boldsymbol{p}_k^0 \cdot \boldsymbol{q}_k^1$ zu erhalten, muß die Deflationierung anhand eines Paasche-Preisindex erfolgen. Eine Näherungslösung liefert wiederum die Verwendung des verpaaschten Laspeyres-Index (3.-22).

Sollen auch die realen Austauschrelationen zwischen dem betrachteten Güteraggregat und allen anderen Güteraggregaten einer Volkswirtschaft berücksichtigt werden, d.h. ist der „Deflationierungshorizont" bei Anwendung der fallspezifischen Deflationierung zu eng gesteckt, oder liegen Wertaggregate vor, denen weder von der Entstehungs- noch von der Verwendungsseite her eine Mengenstruktur zugrunde liegt, so sind die bisher betrachteten Deflationierungsmethoden nicht anwendbar. Die Aufgabe der Deflationierung besteht in diesen Fällen darin, die nominalen Ausgaben bzw. Umsätze von einer allgemeinen gesamtwirtschaftlichen Preisniveauveränderung zu bereinigen. Man spricht in diesem Zusammenhang auch von realwertorientierter Deflationierung. Hier wird nicht wie bei der volumenorientierten Deflationierung für jedes Aggregat ein spezifischer Preisindex benötigt, sondern es wird auf alle Aggregate ein und derselbe „Einheitsdeflator" – zumeist ein Laspeyres-Preisindex dessen Warenkorb sich sowohl auf den privaten Verbrauch als auch auf die Bruttoanlageinvestitionen bzw. auf die letzte inländische Verwendung erstreckt – angewendet. Man erhält sodann statt einer Rechnung in konstanten Preisen eine Rechnung bei konstantem Preisniveau (vgl. NEUBAUER, [74, 76, 77], S. 241ff. bzw. S. 134ff. bzw. S. 117ff.).

Ist man nicht alleine an der realen Komponente, sondern gleichermaßen auch an der Preiskomponente eines Wertaggregats interessiert, so dürfen nicht mehr nur die Eigenschaften des (resultierenden) Mengenindex im Vordergrund stehen, sondern es müssen auch diejenigen des Preisindex berücksichtigt werden. Preis- und Mengenkomponente sollten dann also mit analog konstruierten Indizes ermittelt werden (vgl. NEUBAUER, [77], S. 138).

Verwendet man die Formel von Laspeyres zur Bestimmung der Preis- und Mengenkomponente, so läßt sich die Umsatzänderung nicht ohne Rest aufspalten, da der Laspeyres-Index den Faktorumkehrtest nicht erfüllt. Es gilt:

$$\frac{\boldsymbol{p}^1 \cdot \boldsymbol{q}^1}{\boldsymbol{p}^0 \cdot \boldsymbol{q}^0} = \frac{\boldsymbol{p}^1 \cdot \boldsymbol{q}^0}{\boldsymbol{p}^0 \cdot \boldsymbol{q}^0} \cdot \frac{\boldsymbol{p}^0 \cdot \boldsymbol{q}^1}{\boldsymbol{p}^0 \cdot \boldsymbol{q}^0} \cdot \underbrace{\frac{\boldsymbol{p}^1 \cdot \boldsymbol{q}^1}{\boldsymbol{p}^1 \cdot \boldsymbol{q}^0} \cdot \frac{\boldsymbol{p}^0 \cdot \boldsymbol{q}^0}{\boldsymbol{p}^0 \cdot \boldsymbol{q}^1}}_{\text{Residuum}} \quad . \tag{3.-24}$$

Unter Verwendung von Gleichung (3.-7) läßt sich diese Zerlegung der Umsatzänderung folgendermaßen darstellen (vgl. z.B. VOGT, [130], S. 43):

$$\frac{\boldsymbol{p}^1 \cdot \boldsymbol{q}^1}{\boldsymbol{p}^0 \cdot \boldsymbol{q}^0} = P_{Las} \cdot Q_{Las} \cdot \underbrace{\left(1 + r(p,q) \cdot \frac{\sigma_{(p)}}{P_{Las}} \cdot \frac{\sigma_{(q)}}{Q_{Las}}\right)}_{S} \quad . \tag{3.-25}$$

Sie umfaßt somit die drei Komponenten reine Preisänderung, reine Mengenänderung sowie Änderung der Preis- und Mengenstruktur, wobei die Residualgröße (Strukturkomponente) S aus der Korrelation zwischen Preis- und Mengenmeßzahlen sowie Änderungen der relativen Preise und der relativen Mengen resultiert.

Bei der Aufspaltung einer Wertänderung anhand der Paare P_{Las} und Q_{Pa} bzw. P_{Pa} und Q_{Las} ist S jeweils in der nach der Paasche-Formel ermittelten Komponente enthalten. Beim Stuvel-Index wird dadurch, daß er den Faktorumkehrtest erfüllt, diese „Einseitigkeit" der Erfassung von Strukturänderungen in nur einer Komponente vermieden. Manche Autoren (vgl. z.B. SCHIMMLER, [97]) vertreten allerdings die Ansicht, daß die Strukturkomponente neben der reinen Preis- und der reinen Mengenveränderung eine weitere, eigenständige Variable zur Erklärung der Wertänderung eines Güteraggregats darstellt. Aber auch wenn man nur an der Aufspaltung der Wertänderung eines Güteraggregats in eine Preis- und eine Mengenkomponente interessiert ist, kann die explizite Ermittlung dieser Komponente sinnvoll sein, da mit ihrer Hilfe Überlegungen über das Ausmaß möglicher Verzerrungen bei Verwendung der Laspeyres-Paasche-Indexpaare angestellt werden können. Außerdem kann die Strukturkomponente als Indikator für den „optimalen" Zeitpunkt eines Basiswechsels beim Laspeyres-Index herangezogen werden. Dieser wäre dann erreicht, wenn die Strukturkomponente einen vorgegebenen Wert übersteigt. Ein Basiswechsel wäre somit nicht notwendiger Weise nach einer festen Anzahl von Perioden durchzuführen (vgl. OLT, [80], S. 127).

3.4 Möglichkeiten der Berücksichtigung von Qualitätsänderungen

Ein Preisindex soll der Messung der reinen Preisänderungen der Güter eines Warenkorbes zwischen einer Basis- und einer Berichtsperiode dienen. Um dieser Aufgabe gerecht zu werden, müssen die Bedingungen, unter welchen die Güterpreise in der Basis- und der Berichtsperiode erhoben werden, vergleichbar sein. Die berücksichtigten Waren müssen also bezüglich der Mengeneinheit, der Art und Qualität sowie der Verkaufskonditionen übereinstimmen (vgl. z.B. DENEFFE, [31], S. 346ff.; RIEGEL, [91], S. 24ff.; SZENZENSTEIN, [122], S. 23). Da dies jedoch vor allem bei der Betrachtung längerer Zeiträume nur selten der Fall ist, müssen bei der Preisindexberechnung Korrekturen vorgenommen werden.

Während Änderungen der Mengeneinheit und der Verkaufskonditionen bei der Ermittlung von Preismeßzahlen bzw. Preisindizes meist ohne große Schwierigkeiten berücksichtigt werden können, bereitet vor allem das Messen von Qualität bzw. Qualitätsänderung Probleme (vgl. HORSTMANN, [60], S. 594f.). So kann schon der Qualitätsbegriff im subjektiven Sinne als Eignung des Gutes zur Bedürfnisbefriedigung des Konsumenten oder im objektiven Sinne als Gesamtheit der meßbaren Eigenschaften eines Gutes aufgefaßt werden (vgl. z.B. RIEGEL, [91], S. 42ff.). In der amtlichen Statistik wird der objektive Qualitätsbegriff noch dahingehend erweitert, als eine Qualitätsänderung nur bei Änderungen der Beschaffenheit eines Gutes vorliegt, die auch den Nutzwert dieses Gutes für den Verbraucher bzw. Käufer beeinflussen. Physikalisch-technische Eigenschaften eines Gutes werden deshalb nur dann zur Qualitätsmessung herangezogen, wenn sie tatsächlich den Kaufentscheidungen eines Konsumenten zugrunde liegen (vgl. KUNZ, [66], S. 24f.).

Hat man eine Qualitätsänderung eines Gutes erkannt, muß diese bei der Aufstellung der Preisreihen berücksichtigt werden. Die Aufnahme eines völlig neuartigen Gutes bzw. die Streichung eines alten, an Bedeutung verlierenden Gutes erfolgt dagegen in der Regel erst bei der Neuberechnung eines Index[14] (vgl. HORSTMANN, [60], S. 596).

In den folgenden Abschnitten werden verschiedene Möglichkeiten zur Berücksichtigung von Qualitätsänderungen und der damit einhergehenden unechten Preisänderungen erläutert. Dabei werden zuerst drei konventionelle Verfahren betrachtet, die in der amtlichen Statistik Anwendung finden. Anschließend wird die hedonische Regressionsanalyse erläutert, mit deren Hilfe sogenannte hedonische Preisindizes ermittelt werden können.

[14] Verfahren zur Streichung bzw. Hinzufügung von Elementen während einer laufenden Indexberechnung beschreibt z.B. RÜCKWARDT, [94], S. 135ff.

3.4.1 Konventionelle Methoden

In der deutschen amtlichen Statistik werden drei verschiedene Verfahren zur Qualitätsbereinigung angewendet, denen jeweils unterschiedliche Annahmen über das Ausmaß der durch eine Qualitätsänderung hervorgerufenen unechten Preisänderung zugrundeliegen.

Verkettung in einem überlappenden Zeitraum

Wird ein Gut A, dessen Preis bislang erhoben wurde, durch eine qualitativ veränderte Ausführung A' ersetzt und befinden sich beide Varianten über einen gewissen (längeren) Zeitraum hinweg gleichzeitig am Markt, kann das Verfahren der Verkettung in einem überlappenden Zeitraum zur Qualitätsbereinigung der Preisreihen herangezogen werden (vgl. z.B. NEUBAUER, [77], S. 20ff.; RIEGEL, [91], S. 108ff.; SZENZENSTEIN, [122], S. 27ff.). Voraussetzung für die Anwendung dieses Verfahrens ist, daß zumindest für einen Zeitpunkt k die Preise beider Ausführungen erhoben wurden. Der Preisunterschied wird dann als Ausdruck der Qualitätsänderung bewertet und die verkettete Preismeßzahl $PM_A^{(0,t)^*}$ der Berichtsperiode t und der Verkettungsperiode k ermittelt gemäß

$$PM_A^{(0,t)^*} = \frac{p_A^k}{p_A^0} \cdot \frac{p_{A'}^t}{p_{A'}^k} \quad . \tag{3.-26}$$

Es wird angenommen, daß es sich bei den Preisen der beiden Gütervarianten um Marktpreise handelt, der Preisunterschied also vom Nachfrager durch die veränderte Qualität als gerechtfertigt angesehen wird. Diese Annahme wird wohl noch am ehesten erfüllt sein, wenn die Verkettung zu einem Zeitpunkt geschieht, zu dem „die alte Ausführung n o c h und die neue Ausführung s c h o n marktgängig ist“ (HORSTMANN, [60], S. 595). Es darf sich deshalb weder um „Ladenhüter-Preise“ des Gutes A noch um Einführungspreise des Gutes A' handeln. Die Entscheidung, wann dieser Zeitpunkt erreicht ist, liegt allerdings weitgehend im Ermessen des Preisermittlers.

Trotz seiner problematischen Annahmen wird dieses einfache Verfahren in der amtlichen Statistik häufig angewendet. Liegen allerdings keine überlappenden Zeitreihen vor, so ist die Anwendung der Verkettung in der Regel ausgeschlossen[15].

[15] Eine Ausnahme stellt der Sonderfall der Verkettung dar, bei dem der Qualitätsunterschied mit der Preisdifferenz zwischen der alten Gütervariante in der Vorperiode und der neuen Variante in der laufenden Periode gleichgesetzt wird (vgl. z.B. RIEGEL, [91], S. 118ff.).

Direkter Vergleich

Beim Verfahren des direkten Preisvergleichs wird der Preis des veränderten Gutes A' direkt mit dem Preis der alten Gütervariante A verglichen (vgl. hierzu z.B. RIEGEL, [91], S. 123ff.; RÜCKWARDT, [94], S. 103ff; SZENZENSTEIN, [122], S. 29f.). Der Qualitätsunterschied zwischen den beiden Gütervarianten wird ignoriert. Die Preismeßzahl hat dann die Form

$$PM_A^{(0,t)^*} = \frac{p_{A'}^t}{p_A^0} \quad . \tag{3.-27}$$

Voraussetzung für eine verzerrungsfreie Anwendung dieses Verfahrens ist das Vorliegen eines nur geringfügigen Qualitätsunterschiedes, so daß ein unveränderter Nutzwert unterstellt werden kann. Allerdings existieren keine allgemeingültigen Regeln darüber, wann es sich um eine geringfügige Qualitätsänderung handelt. Liegt dem Preisermittler eine Güterspezifikation vor, die alle wichtigen Eigenschaften eines Gutes berücksichtigt, und genügt sowohl A als auch A' dieser Beschreibung, dann kann von einem unveränderten Nutzwert ausgegangen werden. Häufig existieren jedoch keine detaillierten Güterbeschreibungen, dann bleibt die Entscheidung im Ermessensspielraum des Ermittlers.

Dieses Verfahren erlaubt zwar eine schnelle und einfache Berechnung der Preismeßzahlen, es besteht jedoch neben den oben genannten Schwierigkeiten bei der Definition einer geringfügigen Qualitätsänderung die Gefahr, daß sich bei einem Gut mehrere kleinere Qualitätsänderungen über einen längeren Zeitraum zu einer wesentlichen Änderung kumulieren, die dann im Preisindex unberücksichtigt bleibt.

Ankettung mit Hilfe eines Korrekturfaktors

Liegen einerseits für die zwei Gütervarianten A und A' keine überlappenden Zeitreihen vor, kann also die Verkettung nicht angewendet werden, sind aber andererseits die Qualitätsunterschiede nicht als geringfügig anzusehen und ist damit der direkte Preisvergleich nicht anwendbar, so muß der Anteil der Qualitätsänderung an der Preisänderung und damit ein Korrekturfaktor g geschätzt werden (zu diesem Verfahren vgl. z.B. DENEFFE, [31], S. 351f.; KUNZ, [66], S. 28ff.; RÜCKWARDT, [94], S. 152ff.).

Orientiert sich ein Verbraucher beim Kauf eines Gutes hauptsächlich an einem (technisch-physikalischen) Merkmal des Gutes, so kann als Maßstab für eine Qualitätsänderung die Änderung dieses Merkmals herangezogen werden. Es werden somit nicht die Preise des Gutes an sich, sondern die Preise pro Einheit des Qualitätsmerkmals (QE) miteinander verglichen. Die Preismeßzahl wird also ermittelt gemäß

$$PM_A^{(0,t)*} = \frac{p_{A'}^t}{QE_{A'}} : \frac{p_A^0}{QE_A} = \frac{p_{A'}^t}{p_A^0} : \frac{QE_{A'}}{QE_A} = \frac{p_{A'}^t}{p_A^0} \cdot \frac{1}{g} \quad . \tag{3.-28}$$

Problematisch an diesem Ansatz ist neben der Annahme der Existenz eines einzigen qualitätsbestimmenden Merkmals, das alle anderen Qualitätsmerkmale dominiert, die Unterstellung einer proportionalen Beziehung zwischen der Qualitätsänderung (im Sinne einer Änderung des Nutzwertes) und der Merkmalsänderung.

Eine andere Möglichkeit, den Korrekturfaktor g zu schätzen, besteht im Vergleich der Herstellungskosten der Gütervarianten A und A'. Hier wird die Änderung der Herstellkosten als Maßstab für die Qualitäts- bzw. Nutzwertänderung herangezogen. Nimmt man diese wiederum nicht unproblematische Annahme einer proportionalen Beziehung zwischen Kosten und Qualität als gegeben hin, besteht eine weitere Schwierigkeit darin, vom Hersteller des Gutes eine korrekte Auskunft über die aus Qualitätsänderungen resultierende Kostenänderung zu erhalten.

Insgesamt läßt sich feststellen, daß die betrachteten Verfahren zwar einerseits relativ einfach anzuwenden sind, da die Messung der Qualitätsänderung anhand einer eindimensionalen Größe erfolgt und ein proportionaler Zusammenhang zwischen Qualitäts- und Preisänderung unterstellt wird, jedoch andererseits diese Annahmen in der Realität nicht immer als erfüllt angesehen werden können. Die in der amtlichen Preisstatistik ausgewiesenen Preisreihen bzw. Preisindizes werden also von Qualitätsänderungen nicht vollständig bereinigt sein. In welche Richtung die Indizes verzerrt sind, also die Frage, ob eher eine Über- oder eine Unterschätzung der reinen Preisentwicklung ausgewiesen wird, läßt sich allerdings nicht beantworten (vgl. KUNZ, [66], S. 32f.).

3.4.2 Hedonische Regressionsanalyse

Im folgenden soll nun noch in einem kurzen Überblick eine Alternative zu den konventionellen Verfahren der Qualitätsbereinigung, der sogenannte „hedonic approach" oder „characteristics approach" (vgl. GRILICHES, [48], S. 4), beschrieben werden.

Geht man von der „hedonischen"[16] Hypothese aus, daß ein Konsument nicht ein Gut an sich, sondern ein Bündel (nutzenstiftender) Eigenschaften kauft, so ist der Preis einer speziellen Ausführung l ($l = 1, \ldots, L$) des (heterogenen) Gutes i eine

[16] Der Begriff ist der griechischen Philosophie der Hedonisten angelehnt, die in den schönen Seiten des Lebens, also der Lebensqualität, den eigentlichen Sinn des Lebens sahen.

Zusammenfassung der „Preise" der einzelnen Charakteristika[17] (vgl. Triplett, [126], S. 630). Preisunterschiede zwischen den einzelnen Ausführungen des Gutes lassen sich dann durch deren jeweilige Eigenschaften erklären. Der Zusammenhang zwischen dem Preis einer Güterausführung l und den Ausprägungen der m Qualitätscharakteristika x_j $(j = 1, \ldots, m)$, jeweils zum Zeitpunkt t, läßt sich anhand der hedonischen Funktion (vgl. Griliches, [49], S. 58)

$$p_l^t = f_t(x_{1l}^t, x_{2l}^t, \ldots, x_{ml}^t, u_l^t) \qquad (3.\text{-}29)$$

darstellen (wobei u den Störterm bezeichnet) und mit Hilfe der multiplen Regressionsanalyse schätzen.

Bei der praktischen Anwendung der hedonischen Regressionsanalyse treten vor allem drei Problemfelder auf (vgl. z.B. Griliches, [48], S. 5ff., Griliches, [49], S. 58ff.; Harhoff, [52], S. 46ff.):

(1) Welche Qualitätscharakteristika sind relevant und sollen in die Regression mitaufgenommen werden?

(2) Welche funktionale Beziehung besteht zwischen dem Preis des Gutes und dessen Eigenschaften?

(3) Wie kann die reine Preisänderung, der hedonische Preisindex[18], aus den Ergebnissen der Regression bestimmt werden?

Zu (1): Die Frage, welche Eigenschaften eines Gutes relevant sind, ist nicht allgemeingültig zu beantworten, sondern muß von Fall zu Fall entschieden werden. Es läßt sich jedoch festhalten, daß die Merkmale, die sowohl durch qualitative als auch quantitative Variablen erfaßt werden können, in einer plausiblen Beziehung zum Nutzwert des Gutes stehen oder zumindest als Proxyvariable eine schwer meßbare Einflußgröße abbilden sollten. Außerdem sollten sie einen signifikanten Beitrag zur Erklärung der Varianz der Preise leisten sowie möglichst wenig Multikollinearität aufweisen.

Zu (2): Die Wahl der funktionalen Form der Beziehung zwischen dem Preis p_l und den Qualitätsmerkmalen x_j $(j = 1, \ldots, n)$ erfolgt weniger unter theoretischen Aspekten als vielmehr hinsichtlich der Anpassung an die Daten. Üblicherweise wird ein linearer, ein semi-logarithmischer oder ein doppel-logarithmischer Ansatz gewählt:

---

[17] Da sich die folgenden Überlegungen nur auf das Gut i beziehen, wird das Subskript i nicht weiter aufgeführt.

[18] Da die reine Preisänderung nur *eines* Gutes ermittelt werden soll, handelt es sich hier streng genommen um eine Preismeßzahl.

$$
\begin{aligned}
p_l &= \beta_0 + \beta_1 \cdot x_{1l} + \ldots + \beta_m \cdot x_{ml} + u_l \\
\ln p_l &= \beta_0 + \beta_1 \cdot x_{1l} + \ldots + \beta_m \cdot x_{ml} + u_l \\
\ln p_l &= \ln \beta_0 + \beta_1 \cdot \ln x_{1l} + \ldots + \beta_m \cdot \ln x_{ml} + \ln u_l \quad .
\end{aligned}
$$

Die Schätzwerte b_j sind dann jeweils unterschiedlich zu interpretieren: Beim linearen Ansatz können die Parameter als (absolute) Preisaufschläge oder als „implizite Preise" einer zusätzlichen Einheit des j-ten Merkmals interpretiert werden. Beim semi-logarithmischen Ansatz geben die Koeffizienten einen Schätzwert der relativen Preisänderung an, die aus einer Erhöhung von x_j um eine Einheit resultiert. Beim doppel-logarithmischen Ansatz ist b_j eine Elastizität, d.h. der Koeffizient gibt die relative Preisänderung bei einer einprozentigen Änderung von x_j an.

Zu (3): Auch für die Ermittlung des hedonischen Preisindex aus den Ergebnissen der Regressionsanalyse existieren verschiedene Möglichkeiten. Eine Vorgehensweise besteht darin, eine Regressionsgleichung aus Beobachtungen mehrerer Perioden zu schätzen, wobei die Zuordnung der Beobachtungen zu den verschiedenen Perioden anhand von Dummy-Variablen D_t erfolgt („Zeitvariablenmethode"). Beispielsweise wird bei einem semi-logarithmischen Ansatz mit Beobachtungen aus zwei Perioden folgende Gleichung aufgestellt:

$$
\ln p_l = \beta_0 + \beta_1 \cdot x_{1l} + \ldots + \beta_m \cdot x_{ml} + \delta \cdot D + u_l \quad ,
$$

wobei D in der ersten Periode den Wert Null und in der zweiten Periode den Wert Eins annimmt. Aus den geschätzten Koeffizienten d_t der Dummy-Variablen kann dann der „‚unexplained-by-specification-change average price change'" (GRILICHES, [48], S. 7) zwischen dem Referenzjahr und den jeweiligen Berichtsjahren t direkt ermittelt werden[19]. Die geschätzten Koeffizienten b_j der Qualitätsmerkmale sind hier für alle Perioden gleich. Ist diese Annahme der Zeitinvarianz der Parameter nicht haltbar, was vor allem bei weiter auseinanderliegenden Perioden der Fall sein kann, so besteht eine weitere Möglichkeit der Ermittlung eines hedonischen Preisindex zum Beispiel darin, für jedes Jahr getrennt eine hedonische Gleichung zu bestimmen. Für den Zwei-Perioden-Fall könnten also beispielsweise folgende Gleichungen aufgestellt werden:

$$
\begin{aligned}
p_l^0 &= \beta_0^0 + \beta_1^0 \cdot x_{1l}^0 + \ldots + \beta_m^0 \cdot x_{ml}^0 + u_l^0 \quad , \\
p_l^1 &= \beta_0^1 + \beta_1^1 \cdot x_{1l}^1 + \ldots + \beta_m^1 \cdot x_{ml}^1 + u_l^1 \quad .
\end{aligned}
$$

Ein hedonischer Preisindex läßt sich dann beispielsweise dadurch ermitteln, daß mit Hilfe der geschätzten Koeffizienten der Berichtsperiode ein hypothetischer

[19] Sind die Beobachtungen der verschiedenen Perioden z.B. hinsichtlich der einbezogenen Modelle sehr unterschiedlich, so können die Koeffizienten der Dummy-Variablen jedoch verzerrte Schätzungen der reinen Preisänderung liefern (vgl. GRILICHES, [48], S. 7f.).

Preis für die durchschnittliche Qualität des Gutes in der Basisperiode ermittelt und zum geschätzten Preis der durchschnittlichen Qualität des Gutes in der Basisperiode in Beziehung gesetzt wird (vgl. z.B. HARHOFF, [52], S. 49). Im betrachteten Beispiel kann ein solcher Index also folgendermaßen bestimmt werden:

$$P = \frac{b_0^1 + b_1^1 \cdot \bar{x}_1^0 + \ldots + b_m^1 \cdot \bar{x}_m^0}{b_0^0 + b_1^0 \cdot \bar{x}_1^0 + \ldots + b_m^0 \cdot \bar{x}_m^0} \quad .$$

Dabei ist $\bar{x}_j^0 = \frac{1}{L}\sum_{l=1}^{L} x_{jl}^0$ der aus den L Beobachtungen (Ausführungen) ermittelte durchschnittliche Wert des Qualitätsmerkmals x_j in der Periode 0.

Hat man anhand des hedonischen Verfahrens einen Preisindex bzw. eine Preismeßzahl für ein Gut ermittelt, kann diese als Schätzwert der reinen Preisänderung des entsprechenden Gutes zum Beispiel in einen nach der Laspeyres-Formel berechneten Preisindex der Lebenshaltung eingebracht werden, falls man bei der Ermittlung der Meßzahl das gleiche Basisjahr wie beim Laspeyres-Index wählt.

Da die Probleme auf jeder der drei Stufen nicht eindeutig gelöst werden können, ist auch dieser Ansatz nicht frei von subjektiven Einflüssen. Außerdem können solche Qualitätsänderungen, die auf völlig neue Eigenschaften eines Gutes zurückzuführen sind, nicht erfaßt werden. Auch bei standardisierten Produkten oder Produkten, deren Qualität auf subjektiven Beurteilungen der Konsumenten beruht, ist das Verfahren nur schwer anwendbar (vgl. z.B. KUNZ, [66], S. 32). Weiterhin erfordert die Ermittlung eines hedonischen Preisindex im Vergleich zu den konventionellen Verfahren einen relativ hohen Erhebungs- und Rechenaufwand. In der deutschen Statistik hat dieses Verfahren deshalb bisher noch sehr wenig Berücksichtigung gefunden. Als Beispiel sei eine Studie des Statistischen Bundesamtes über die Entwicklung der Computerpreise in den Jahren 1985/86 angeführt (vgl. GNOSS, [46]). In anderen Ländern – vor allem in den USA – wurde das Verfahren der hedonischen Preisindizes bisher hauptsächlich in Studien über langlebige Gebrauchsgüter wie Automobile, Kühlschränke, Waschmaschinen, Elektrogeräte und Computer eingesetzt (vgl. z.B. GRILICHES, [48], S. 3f. und die dort angegebenen Literaturquellen; vgl. auch HARHOFF, [52], S. 51ff.). Im Bereich der Waren und Dienstleistungen des Gesundheitswesen könnte die hedonische Regression jedoch auch Anwendung finden (vgl. Abschnitt 6.2.1).

Kapitel 4

Verfügbare Indizes für die Waren und Dienstleistungen des deutschen Gesundheitswesens

Sowohl vom Statistischen Bundesamt als auch von Instituten der Krankenkassen bzw. der Kassenärztlichen Vereinigungen werden Preis- bzw. Mengenindizes für die Waren und Dienstleistungen der ambulanten Versorgung, der stationären Versorgung und der Arzneimittelversorgung berechnet. Die Vorgehensweise dieser Institutionen bei der Aufstellung der Wägungsschemata, der Erhebung der Preise bzw. Mengen und der Ermittlung der Indizes sollen nachfolgend erläutert werden. Außerdem wird die zeitliche Entwicklung dieser Indexzahlen dargestellt. Eine Bewertung der Indizes hinsichtlich ihrer Eignung zur Isolierung der reinen Preis- bzw. Mengenänderungen der Güter der in Abschnitt 2.2 vorgestellten Versorgungsbereiche wird im nachfolgenden Kapitel durchgeführt.

4.1 Preisindizes der amtlichen Statistik

Im Rahmen der Berechnung von Verbraucherpreisindizes werden vom Statistischen Bundesamt Teilindizes ausgewiesen, die Waren und Dienstleistungen des Gesundheitswesens berücksichtigen. Zum einen sind die „Waren und Dienstleistungen für die Körper- und Gesundheitspflege“ eine Hauptgruppe des Preisindex für die Lebenshaltung, zum anderen werden innerhalb des Index der Einzelhandelspreise – je nach zugrundeliegender Gliederung (siehe unten) – Teilindizes für die Hauptgruppen „Apotheken, Facheinzelhandel mit medizinischen, orthopädischen und kosmetischen Artikeln“, „Wasch-, Putz-, Körperpflegemittel, medizinische Erzeugnisse und Arzneimittel“ und „Waren für die Gesundheits- und Körperpflege“ ausgewiesen.

Für den Arzneimittelsektor werden außerdem sowohl auf der Erzeugerstufe als auch auf der Ebene des Großhandels Preisindizes ermittelt: So wird beim Index der Erzeugerpreise gewerblicher Produkte ein Subindex für pharmazeutische Erzeugnisse veröffentlicht, worunter unter anderem ein Index für pharmazeutische Spezialitäten – unterteilt nach Apothekenmarkt und Krankenhausbedarf – ausgewiesen wird. Beim Index der Großhandelsverkaufspreise wird ein Subindex für den Großhandel mit pharmazeutischen, kosmetischen und ähnlichen Erzeugnissen ermittelt. Da in dieser Arbeit die Stufe der Endverbraucher und deren Ausgaben im Vordergrund stehen sollen, werden diese Indizes nicht weiter betrachtet. Hinweise zur Ermittlung sowie Veröffentlichungen der Indexwerte findet man in der Fachserie 17, Reihe 2 bzw. Reihe 6 (vgl. STATISTISCHES BUNDESAMT, [116, 117]).

Im folgenden soll für die beiden Verbraucherpreisindizes jeweils zuerst kurz die allgemeine Vorgehensweise zur Berechnung vorgestellt und dann speziell die Teilindizes, die das Gesundheitswesen betreffen, einer genaueren Betrachtung unterzogen werden. Dabei beziehen sich die Ausführungen zum Preisindex für die Lebenshaltung einerseits hauptsächlich auf den Preisindex für alle privaten Haushalte, da sich die Methodik der Berechnung des Index bei den verschiedenen Haushaltstypen[1] nicht unterscheidet, und andererseits auf die Preisindizes für das frühere Bundesgebiet, da ein tiefgegliedertes Wägungsschema für Deutschland insgesamt nicht vorliegt. Es wird jedoch seit der Indexumstellung auf die Basis 1991 zusätzlich sowohl für die neuen Bundesländer als auch für Deutschland ein Preisindex für die Lebenshaltung aller privaten Haushalte berechnet. Der Index der Einzelhandelspreise wird seit der Neuberechnung auf Basis 1991 nur noch für Deutschland ausgewiesen.

4.1.1 Subindizes des Preisindex für die Lebenshaltung

Der Preisindex für die Lebenshaltung mißt die durchschnittliche Preisentwicklung der Güter für die Lebenshaltung von privaten Haushalten. Er wird nach der Formel von Laspeyres berechnet, wobei als Gewichte der Preismeßzahlen die Ausgabenanteile in der Basisperiode verwendet werden. Rechnerisch liegt dem Index die Ausgabenstruktur eines durchschnittlichen (fiktiven) Haushaltes[2], des sog. Indexhaushaltes, zugrunde. Diese Ausgabenstruktur und damit der Rohentwurf für das Wägungsschema, das für eine repräsentative Auswahl von Lebens-

[1] 4-Personen-Haushalte von Beamten und Angestellten mit höherem Einkommen, 4-Personen-Haushalte von Arbeitern und Angestellten mit mittlerem Einkommen und 2-Personen-Haushalte von Renten- und Sozialhilfeempfängern mit geringem Einkommen.

[2] Durchschnitt aus der Gesamtheit der privaten Haushalte in der Bundesrepublik Deutschland im jeweiligen Basisjahr – allerdings ohne private Haushalte von Ausländern, ohne Anstaltshaushalte und ohne Haushalte mit einem Monatseinkommen von 25 000 DM und mehr (vgl. ELBEL, [38], S. 804f.).

haltungsgütern den jeweiligen Ausgabenanteil am gesamten privaten Verbrauch eines Haushalts im Basisjahr angibt, wird aus den Ergebnissen der Einkommens- und Verbrauchsstichprobe (EVS) abgeleitet. Dabei werden je nach dem zeitlichen Abstand zwischen der letzten EVS und dem Basisjahr zusätzliche Korrekturen mit Hilfe der Ergebnisse der laufenden Wirtschaftsrechnungen durchgeführt (vgl. z.B. Rasch, [85], S. 47f.).

Die Gliederung des Wägungsschemas folgt größtenteils der „Systematik der Einnahmen und Ausgaben der Privaten Haushalte, Ausgabe 1983" (SEA 1983), die sich vorwiegend am Verwendungszweck der Güter orientiert. In Tabelle 4.-1 sind die Hauptgruppen der SEA 1983 sowie die jeweiligen Wägungsanteile (in Promille) für das Basisjahr 1991 angegeben.

Tabelle 4.-1: Wägungsanteile 1991 der Hauptgruppen des Preisindex für die Lebenshaltung aller privaten Haushalte (früheres Bundesgebiet)

SEA Nr.	Ware Leistung	Wägungs-anteil (in ‰)
	Gesamtlebenshaltung	1000
1	Nahrungsmittel, Getränke, Tabakwaren	224,90
2	Bekleidung, Schuhe	73,83
3	Wohnungsmieten, Energie (ohne Kraftstoffe)	245,34
4	Möbel, Haushaltsgeräte u. a. Güter für die Haushaltsführung	76,99
5	Güter für die Gesundheits- und Körperpflege	53,53
6	Güter für Verkehr und Nachrichtenübermittlung	167,85
7	Güter für Bildung, Unterhaltung, Freizeit	91,66
8	Güter für die persönliche Ausstattung, Dienstleistungen des Beherbergungsgewerbes sowie Güter sonstiger Art	65,90

(*Quelle:* Elbel, [38], S. 766*)

Man erkennt, daß für die beiden Hauptgruppen Nahrungsmittel, Getränke, Tabakwaren sowie Wohnungsmieten und Energie fast die Hälfte der Ausgaben anfallen. Die Hauptgruppe der Güter für die Gesundheits- und Körperpflege stellt dagegen die kleinste Gruppe dar, wobei deren Wägungsanteil seit 1980 bis zur Indexumstellung auf das Basisjahr 1991 relativ konstant bei etwa 40‰ lag (vgl. z.B. Rasch, [85], S. 49) und dann um über 30 Prozent auf 53,53‰ anstieg.

Die Hauptgruppen werden nach dem Verwendungszweck weiter untergliedert in Gruppen und Untergruppen. Die kleinsten Gütergesamtheiten, für die noch Wägungsanteile ermittelt werden, sind die sogenannten Indexpositionen. Dabei handelt sich um Güterarten, die in verschiedenen Variationen auf dem Markt angeboten werden. Zur Ermittlung eines Preises einer Indexposition werden sogenannte Preisrepräsentanten ausgewählt, die die Preisentwicklung der jeweiligen Indexposition geeignet repräsentieren sollen. Die Gesamtheit aller Indexpositionen, der sogenannte Warenkorb, umfaßt etwa 750 Waren und Dienstleistungen (vgl. ELBEL, [38], S. 805).

Die Erhebung der Preise für die im Warenkorb berücksichtigten Güter erfolgt im Rahmen der Statistik der Verbraucherpreise in der Regel jeweils zur Monatsmitte in 118 ausgewählten Berichtsgemeinden der früheren Bundesrepublik (vgl. z.B. BURGER, [28], S. 78ff. oder NEUBAUER, [75], S. 220). In jeder Berichtsgemeinde werden unter Berücksichtigung der örtlichen Gegebenheiten mehrere Berichtsstellen ausgewählt, wobei mit der Gemeindegröße die Anzahl der ausgewählten Berichtsstellen zunimmt. Ist bei einer Berichtsstelle für eine Indexposition ein geeigneter Preisrepräsentant gefunden, wobei dies die dort gegenwärtig und voraussichtlich auch zukünftig am meisten gekaufte Ware bzw. Dienstleistung sein sollte, muß dieser so lange wie möglich beibehalten werden[3]. Muß ein Preisrepräsentant aufgrund von Änderungen der Qualität oder der Lieferbedingungen gewechselt werden, so werden Methoden zur Eliminierung unechter Preisänderung angewendet (vgl. hierzu Abschnitt 3.4).
Die in den Berichtsstellen erhobenen Preise werden schließlich folgendermaßen zu einem Preisindex zusammengefaßt (vgl. z.B. HESKE, [58], S. 140ff. und S. 150ff.): Aus den bei den Berichtsstellen erhobenen Preisen wird auf der Ebene der Berichtsgemeinden ein ungewichtetes arithmetisches Mittel – der Gemeindedurchschnittspreis – gebildet. Aus diesen Gemeindedurchschnittspreisen für eine Indexposition wird wiederum ungewichtet für jedes Bundesland ein Landesdurchschnittspreis ermittelt. Wird dieser durch den jeweiligen Landesdurchschnittspreis des Basisjahres dividiert, erhält man die Landesmeßzahl. Die Landesmeßzahlen einer Indexposition werden schließlich durch Bildung eines gewichteten arithmetischen Mittels zu einer Bundesmeßzahl zusammengefaßt. Als Gewichte fungieren die Anteile der Bevölkerung des jeweiligen Bundeslandes an der Gesamtbevölkerung im Basisjahr. Mit Hilfe der Bundesmeßzahlen und der Wägungsanteile der Indexpositionen wird schließlich anhand der Formel von Laspeyres der Preisindex für die Lebenshaltung aller privaten Haushalte bzw. Preisindizes für Gruppen und Untergruppen der Gütersystematik oder für bestimmte definierte Bereiche ermittelt.

[3] Die in der Praxis auftretenden Probleme bei den Verbraucherpreiserhebungen beschreibt zum Beispiel GUNZERT, [51].

Für die „Güter für die Gesundheits- und Körperpflege“, also für die unter der SEA-Nummer 5 geführte Hauptgruppe des Preisindex für die Lebenshaltung, werden Subindizes in folgenden Bereichen ermittelt:

SEA-Nr.	**Gruppe**
51	Verbrauchsgüter für die Gesundheitspflege,
52	Gebrauchsgüter für die Gesundheitspflege,
53	Dienstleistungen von Ärzten und anderen medizinischen Fachkräften, fremde Reparaturen an Gebrauchsgütern für die Gesundheitspflege,
54	Dienstleistungen der Krankenhäuser, Sanatorien, Pflegeheime und ähnliches (stationäre Behandlung),
56	Verbrauchsgüter für die Körperpflege,
57	Gebrauchsgüter für die Körperpflege,
58	Dienstleistungen für die Körperpflege, fremde Reparaturen an Gebrauchsgütern für die Körperpflege.

Waren und Dienstleistungen, die in den in Abschnitt 2.2 vorgestellten Versorgungsbereichen angeboten werden, werden nur in den Gruppen mit den SEA-Nummern 51, 53 und 54 erfaßt. In Tabelle 4.-2 wird für diese Gruppen das tiefgegliederte Wägungsschema auf Basis des Jahres 1991 für das frühere Bundesgebiet angegeben. In den Veröffentlichungen des Statistischen Bundesamtes zu aktuellen Werten des Preisindex für die Lebenshaltung (vgl. STATISTISCHES BUNDESAMT, [118]) werden jedoch nicht für die einzelnen Indexpositionen sondern nur für die Gruppen Subindizes ausgewiesen. Eine Ausnahme stellt die Gruppe 51 „Verbrauchsgüter für die Gesundheitspflege“ dar, bei der sowohl für die Untergruppen 511 (Arzneimittel) und 515 (Verbandsstoffe und andere Verbrauchsgüter für die Gesundheitspflege) als auch für die Positionen Medikamente (Zusammenfassung der Positionen (rezeptfreie) Präparate zur inneren Anwendung, Melissengeist und Vitamin-C-Brausetabletten) und Rezeptgebühr Indizes veröffentlicht werden. Aufgrund der engeren Abgrenzung und damit der größeren Übereinstimmung der im Index berücksichtigten Güter mit den im Rahmen der Arzneimittelversorgung betrachteten Fertigarzneimitteln (vgl. Abschnitt 2.2.3) steht für den Arzneimittelsektor im weiteren Verlauf der Arbeit zumeist der Index für Medikamente im Vordergrund.

Neben den Wägungsanteilen der Positionen im Preisindex für die Lebenshaltung aller privaten Haushalte werden in Tabelle 4.-2 auch die Wägungsanteile bei den drei verschiedenen Haushaltstypen angegeben, da sich hier deutliche Unterschiede zeigen.

Tabelle 4.-2: Wägungsanteile spezieller Gruppen und Untergruppen der „Güter für die Gesundheits- und Körperpflege" des Preisindex für die Lebenshaltung auf Basis 1991 (früheres Bundesgebiet)

SEA Nr.	Ware Leistung	Alle privaten Haushalte	4-Personen-HH von Beamten und Angestellten mit höherem Eink.	4-Personen-HH von Arbeitern und Angestellten mit mittlerem Eink.	2-Personen-HH von Renten- und Sozialhilfeempf. mit geringem Eink.
		Wägungsanteil in ‰			
5	**Güter für die Gesundheits- und Körperpflege**	**53,53**	**65,44**	**36,33**	**49,54**
51	Verbrauchsgüter für die Gesundheitspflege	7,11	6,94	4,04	11,60
511	Arzneimittel (ohne solche für Tiere)	6,69	6,67	3,76	11,12
5111110	Präparate zur inneren Anwendung	5,21	6,01	–	–
5111130	Rezeptfreie Präparate zur inneren Anwendung	–	–	0,65	1,96
5111310	Melissengeist	0,13	0,12	0,05	0,15
5111350	Vitamin-C-Brausetabletten	0,07	0,06	0,04	0,08
5111510	Rezeptgebühr	1,28	0,45	3,02	8,93
515	Verbandstoffe u.a. Verbrauchsgüter für die Gesundheitspflege	0,42	0,27	0,28	0,48
53	Dienstleistungen von Ärzten u.a. med. Fachkräften, fremde Reparaturen an Gebrauchsgütern für die Gesundheitspflege	18,32	31,91	8,49	10,19
531	Arztleistungen (ambulante Behandlung)	6,27	20,67	1,36	0,49
5311110	Praktischer Arzt, Beratung	1,49	4,88	0,30	0,11
5311130	Praktischer Arzt, Hausbesuch	0,31	1,03	0,07	0,03
5311300	Augenarzt, Sprechstundenbesuch	4,47	14,76	0,99	0,35
533	Zahnarztleistungen (Privatpatienten)	10,76	10,07	6,50	8,31
535	Dienstleistungen von anderen med. Fachkräften	1,29	1,17	0,63	1,57
54	Dienstleistungen der Krankenhäuser, Sanatorien, Pflegeheimen u.ä. (stationäre Behandlung)	4,58	4,39	0,35	1,97
5411100	Krankenhausaufenthalt	2,60	2,49	0,19	1,11
5413100	Blinddarmoperation	1,98	1,90	0,16	0,86

(*Quelle:* STATISTISCHES BUNDESAMT)

So ist zum Beispiel bei den 4-Personen-Haushalten von Beamten und Angestellten der Wägungsanteil der Dienstleistungen von Ärzten im Verhältnis zum Wägungsanteil der Hauptgruppe 5 mehr als doppelt so hoch wie bei den anderen Haushaltstypen. Auch die Aufteilung auf Arztleistungen und Zahnarztleistungen verhält sich bei den Haushalten von Beamten und Angestellten anders. Auffällig ist außerdem der relativ große Anteil der Verbrauchsgüter für die Gesundheitspflege bei den 2-Personen-Haushalten von Renten- und Sozialhilfeempfängern sowie der sehr kleine Anteil der Dienstleistungen der Krankenhäuser bei den 4-Personen-Haushalten von Arbeitern und Angestellten.

Diese Unterschiede in den Wägungsanteilen bei den verschiedenen Haushaltstypen lassen sich durch die Erfassungsmodalitäten der Ausgaben für die betrachteten Güter erklären: Laut Auskunft des Statistischen Bundesamtes fließen bei privatversicherten Personen – wozu vermutlich ein Großteil der in den 4-Personen-Haushalten von Beamten und Angestellten mit höherem Einkommen erfaßten Personen zählt – alle Ausgaben in die Berechnung ein (auch jene, welche später von der Krankenversicherung oder einer anderen Stelle zurückerstattet werden), während bei gesetzlich versicherten Personen nur die Rezeptgebühren, Eigenbeteiligungsanteile und selbstgekaufte, nicht verschreibungsfähige Medikamente berücksichtigt werden. Da die so erfaßten Verbrauchsausgaben der Haushalte bei einer nahezu vollversicherten Bevölkerung die Gegebenheiten im Gesundheitswesen kaum repräsentieren können, wendet das Statistische Bundesamt bei der Ermittlung der Wägungsanteile der Waren und Dienstleistungen des Gesundheitswesens ein Kompromißverfahren an: So entsprechen die Gewichte, mit denen die Subindizes für die Dienstleistungen von Ärzten und Krankenhäuser sowie der Subindex für Verbrauchsgüter für die Gesundheitspflege in den Gesamtindex der Lebenshaltungspreise einfließen, zwar den tatsächlichen (erfaßten) Verbrauchsausgaben der Haushalte für diese Güter. Den in diese Subindizes eingehenden Positionen werden jedoch Gewichte beigemessen, die in ihrer Relation die tatsächlichen Strukturen in diesen Bereichen wiederspiegeln. So werden zum Beispiel zur Ermittlung des Subindex für Medikamente die Preismeßzahlen von etwa 450 marktgängigen Arzneimitteln mit ihren Umsatzanteilen gewichtet (vgl. ULRICH, [127], S. 101 und S. 107).

Im Subindex für die Dienstleistungen von Ärzten werden – wie in Tabelle 4.-2 aufgeführt – neben den Dienstleistungen von anderen medizinischen Fachkräften, wofür Preise für die Hebammenhilfe erhoben werden, Arzt- und Zahnarztleistungen für Privatpatienten erfaßt. Für die dort berücksichtigten Indexpositionen werden laut Meldebogen L zur monatlichen Statistik der Verbraucherpreise folgende Leistungen betrachtet, wobei als Mengeneinheit jeweils ein Besuch verwendet wird:

- Beratung eines Privatpatienten durch einen praktischen Arzt/Arzt für Allgemeinmedizin (erste Untersuchung in der Sprechstunde, mit eingehender klinischer Untersuchung, ohne Sonderleistungen),

- Besuch eines Privatpatienten (Hausbesuch) von einem praktischen Arzt/Arzt für Allgemeinmedizin am Tage (Wiederholungsbesuch, ohne Sonderleistungen, ohne Wegegebühren),

- Sprechstundenbesuch eines Privatpatienten (ab 40 Jahre) beim Augenarzt (Untersuchung des Auges, organisch und funktionell (einschließlich Messung des Augendrucks), mit eventuell nötiger Verordnung einer Brille),

- Sprechstundenbesuch eines Privatpatienten beim Zahnarzt (Entfernen eines Mehrwurzelzahnes, mit Anästhesie und Wundbehandlung).

Da es sich um Leistungen für Privatpatienten handelt, werden die Preise nach der Gebührenordnung für Ärzte (GOÄ) bzw. der Gebührenordnung für Zahnärzte (GOZ) erfaßt. Bis Dezember 1996 wurden diese Preise dezentral in den Erhebungsgemeinden – laut Meldebogen L sind das bei diesen Preisrepräsentanten die Landeshauptstädte und ausgewählte Großstädte – erfaßt. Aufgrund der bundesweit geltenden Gebührenordnungen und der Erfahrung der Statistischen Landesämter, daß meistens das 2,3-fache der Gebührensätze erhoben wird, werden die Preise dieser Positionen seit Januar 1997 zentral vom Statistischen Bundesamt erhoben. Dabei richtet sich die Periodizität dieser neuen Erhebungsweise der Gebühren nun nach den Änderungen der GOÄ bzw. GOZ.

Der Preisindex für die Dienstleistungen der Krankenhäuser setzt sich aus den Positionen Krankenhausaufenthalt und Blinddarmoperation zusammen. Bis Dezember 1995 wurde als Preisrepräsentant für den Krankenhausaufenthalt der allgemeine Krankenhauspflegesatz pro Tag (einschließlich Zuschlag für ein Zweibettzimmer) und für die Blinddarmoperation das Arzthonorar für die eigentliche Operation (ohne Nebenleistungen und ohne Sach- und Pflegekosten) gemäß GOÄ erhoben. Mit der Einführung der Sonderentgelte und Fallpauschalen wurde in der Verbraucherpreisstatistik im Januar 1996 auf eine Näherungsrechnung umgestellt: Es werden nun jährlich in repräsentativ ausgewählten Krankenhäusern der Berichtsgemeinden sowohl das Sonderentgelt als auch die Fallpauschale für eine Blinddarmoperation bei Versorgung durch die Hauptabteilung erhoben. Die Kosten für den reinen Krankenhausaufenthalt werden dann als Differenz zwischen der Fallpauschale und dem Sonderentgelt ermittelt. Als Preis für die Position „Blinddarmoperation“ wird das Sonderentgelt verwendet. Es ist jedoch laut Auskunft des Statistischen Bundesamtes geplant, diese Erhebungspositionen durch typischere Krankenhausleistungen zu ersetzen.

In Abbildung 4.-1 ist für die Jahre 1992 bis 1997 sowohl die Entwicklung des Preisindex für die Lebenshaltung aller privaten Haushalte als auch die Entwicklung der oben erläuterten Subindizes abgetragen.

Abbildung 4.-1: Entwicklung des Preisindex für die Lebenshaltung aller privaten Haushalte und ausgewählter Subindizes (früheres Bundesgebiet; 1991 = 100)

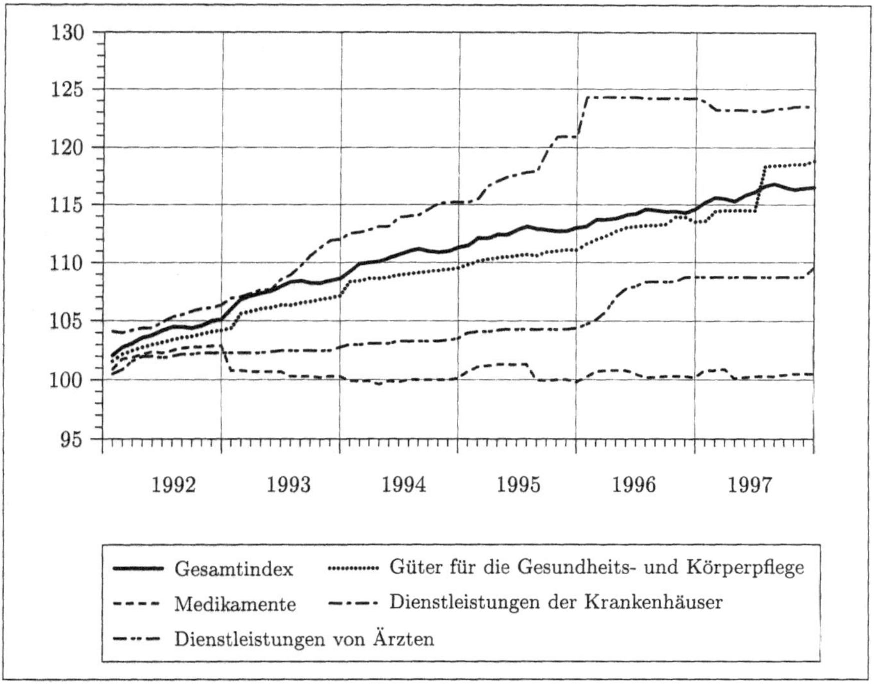

(*Quelle:* STATISTISCHES BUNDESAMT, [118])

Man erkennt, daß der Preisindex für die Güter der Gesundheits- und Körperpflege bis Mitte 1997 etwas unterhalb aber relativ ähnlich wie der Gesamtindex verläuft. Der folgende relativ steile Anstieg des Preisindex für die Güter der Gesundheits- und Körperpflege kann durch die Erhöhung der Zuzahlungen zu Arzneimitteln um 5 DM infolge des am 1. Juli 1997 in Kraft getretenen Zweiten Gesetzes zur Neuordnung von Selbstverwaltung und Eigenverantwortung in der gesetzlichen Krankenversicherung erklärt werden (2. GKV-NOG, Artikel 1, Nr. 9, Buchstabe b, [149]). Weiterhin wird ersichtlich, daß der Preisindex für Medikamente und

der Preisindex für die Dienstleistungen von Ärzten weniger stark gestiegen sind als der Preisindex für die Lebenshaltung insgesamt bzw. als der Preisindex der Güter für die Gesundheits- und Körperpflege. Bei den Medikamenten hat sich der Preisindex von 1991 bis 1997, abgesehen von einigen kleineren Schwankungen, sogar kaum verändert. Die Preisentwicklung bei den Dienstleistungen der Ärzte verläuft bis Anfang des Jahres 1996 moderat. Der relativ starke Anstieg danach kann – zumindest zu einem gewissen Grade – mit der Novellierung der GOÄ, die am 1. Januar 1996 in Kraft trat und die eine Erhöhung des Punktwertes um 3,6% von 11 Pfennig auf 11,4 Pfennig und eine Aufwertung der Beratungen, Untersuchungen und Besuche um 40% mit sich brachte (vgl. THIEL, [123], S. 320), erklärt werden. Seit Januar 1997 verläuft der Index für die Dienstleistungen der Ärzte aufgrund der veränderten Erhebungsmodalitäten fast konstant.
Die Preise für die Dienstleistungen der Krankenhäuser sind in dem betrachteten Zeitraum am stärksten gestiegen. Bestimmend für diese Entwicklung war bis Ende 1995 der Preisauftrieb beim Krankenhausaufenthalt. Für diese Position (allgemeiner Krankenhauspflegesatz) wies das Statistische Bundesamt bis dahin eine Meßzahl aus, die im Dezember 1995 einen Wert von 134,1 (1991=100) annahm (vgl. STATISTISCHES BUNDESAMT, [119], S. 155). Seit Januar 1996, also seit der Umstellung auf die Erhebung von Fallpauschalen und Sonderentgelten, verläuft die Preisentwicklung relativ konstant.

4.1.2 Subindizes des Index der Einzelhandelspreise

Der nach der Formel von Laspeyres berechnete Einzelhandelspreisindex mißt die durchschnittliche Entwicklung der Verkaufspreise (einschließlich Mehrwertsteuer) von Waren des Einzelhandels; Dienstleistungen werden nicht erfaßt. Als Einzelhandel werden diejenigen Unternehmen bezeichnet, deren wirtschaftliche Tätigkeit überwiegend darin besteht, Handelsware an private Letztverbraucher weiterzuverkaufen (vgl. z.B. HESKE, [58], S. 155).

Die Erhebung der Preise für die berücksichtigten Waren erfolgt wie beim Preisindex für die Lebenshaltung im Rahmen der Statistik der Verbraucherpreise, so daß beiden Indizes im Prinzip dasselbe Preismaterial zugrunde liegt. Seit der Indexumstellung auf Basis 1991, seit der nur noch ein Index für Deutschland insgesamt veröffentlicht wird, werden jedoch zusätzlich 72 Berichtsgemeinden in den neuen Ländern in die Preisermittlung miteinbezogen. Die Ermittlung der Bundesmeßzahlen erfolgt wiederum analog zum Preisindex für die Lebenshaltung. Unterschiede ergeben sich bei der Ermittlung des Wägungsschemas. Grundlage hierfür ist derzeit die Umsatzstruktur des Einzelhandels im Jahr 1991, die unter anderem aus der Handels- und Gaststättenzählung 1993 abgeleitet wurde (vgl. ELBEL, [38], S. 808).

Die Gliederung des Index der Einzelhandelspreise erfolgt sowohl nach Waren als auch nach Wirtschaftszweigen: Als Systematik für die Gliederung nach Waren wird seit der Indexumstellung auf die Basis 1991 wie beim Preisindex für die Lebenshaltung die „Systematik der Einnahmen und Ausgaben der Privaten Haushalte – SEA (Ausgabe 1983)“ verwendet. Außerdem erfolgt eine Warengliederung nach dem „Warenverzeichnis für die Binnenhandelsstatistik (Ausgabe 1978)“. Die institutionelle Gliederung des Index der Einzelhandelspreise erfolgt seit Umstellung auf das Basisjahr 1991 nach der „Klassifikation der Wirtschaftszweige (Ausgabe 1993)“ (vgl. RASCH, [86], S. 206; STATISTISCHES BUNDESAMT, [118], S. 8).

Beim Index der Einzelhandelspreise werden, wie oben erwähnt, Dienstleistungen nicht erfaßt. Für den Bereich des Gesundheitswesens bedeutet dies, daß hier nur für die Arzneimittelversorgung Indizes zur Verfügung stehen. In Tabelle 4.-3 werden die Wägungsanteile der Subindizes für die Arzneimittelversorgung angegeben, die je nach zugrunde liegender Gliederung im Rahmen des Index der Einzelhandelspreise ermittelt werden.

Tabelle 4.-3: Wägungsanteile (in ‰) spezieller Gruppen und Untergruppen des Index der Einzelhandelspreise auf Basis 1991 (Deutschland)

Gliederung nach der Klassifikation der Wirtschaftszweige	
Apotheken, Facheinzelhandel mit medizinischen, orthopädischen und kosmetischen Artikeln	67,99
Apotheken	50,33
Einzelhandel mit medizinischen und orthopädischen Artikeln	2,23
Einzelhandel mit kosmetischen Artikeln und Körperpflegemitteln	15,43
Gliederung nach der SEA 1983	
Waren für die Gesundheits- und Körperpflege	80,73
Gliederung nach dem Warenverzeichnis für die Binnenhandelsstatistik	
Wasch-, Putz- und Körperpflegemittel, medizinische Erzeugnisse, Arzneimittel	88,32

(*Quelle:* STATISTISCHES BUNDESAMT, [119], S. 14ff.)

In diese Indizes gehen im Prinzip dieselben Waren ein wie in den Subindex „Güter für die Gesundheits- und Körperpflege“ des Preisindex für die Lebenshaltung, allerdings mit jeweils unterschiedlicher Gewichtung. Es werden also neben den in Tabelle 4.-2 unter den SEA-Nummern 511 und 515 aufgeführten Arzneimitteln und Verbandsstoffen Güter wie zum Beispiel Heizdecken, Brillen, Fieberthermometer, Haarwaschmittel, Rasierwasser, Papiertaschentücher usw. berücksichtigt.

In Abbildung 4.-2 ist für die Jahre 1992 bis 1997 die Entwicklung der Preisindizes der in Tabelle 4.-3 vorgestellten Haupt- bzw. Wirtschaftsgruppen und die Entwicklung des Subindex für die spezielle Wirtschaftsuntergruppe „Apotheken" abgetragen. Zum Vergleich wurde außerdem der Preisindex für Medikamente, ein Subindex des Preisindex für die Lebenshaltung aller privaten Haushalte (früheres Bundesgebiet) mit aufgenommen.

Abbildung 4.-2: Entwicklung ausgewählter Subindizes des Index der Einzelhandelspreise (Deutschland; 1991 = 100)

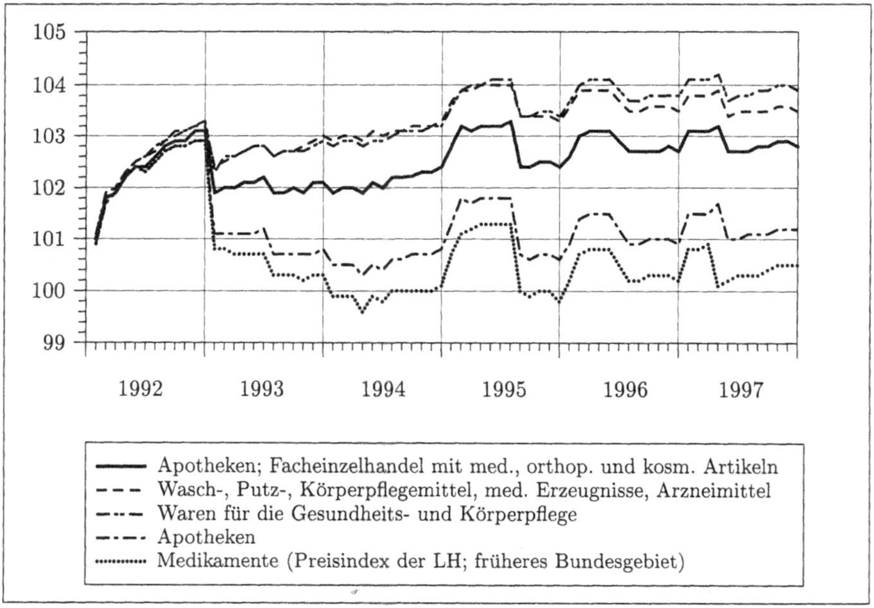

(*Quelle:* STATISTISCHES BUNDESAMT, [118])

Man erkennt, daß sich alle betrachteten Indizes bis Ende 1992 ähnlich entwickelten. Danach nehmen sie zwar weiterhin einen relativ gleichförmigen Verlauf an, allerdings auf unterschiedlichem Niveau: Die beiden nach Waren gegliederten Subindizes des Einzelhandelspreisindex liegen mit Werten zwischen etwa 102,5 und 104 höher als der Subindex für Apotheken, Facheinzelhandel mit medizinischen, orthopädischen und kosmetischen Artikeln, der Werte zwischen etwa 102 und 103 annimmt. Mit Werten zwischen 100,5 und 102 liegt der Index für Apotheken – abgesehen vom Preisindex für Medikamente, der durchgängig um etwa 0,5

Punkte niedriger liegt, sich allerdings auf das frühere Bundesgebiet bezieht – am niedrigsten. Diese Niveauunterschiede sind damit zu erklären, daß die zu Beginn des Jahres 1993 stattgefundenen Preissenkungen für Arzneimitteln bei den Indizes für die Haupt- bzw. Wirtschaftsgruppen aufgrund des relativ niedrigeren Gewichts dieser Waren weniger stark durchschlagen als bei den Indizes für die Untergruppen. Der angesprochene Preisrückgang bei Arzneimitteln zu Beginn des Jahres 1993 und der Preisanstieg Anfang 1995 können durch eine Regelung des GSG, das Preismoratorium, erklärt werden. Nach dieser Regelung mußte der Apothekenabgabepreis am 1.1.1993 bei rezeptfreien Arzneimitteln um 2% und bei verschreibungspflichtigen Arzneimitteln um 5% – bezogen auf den Preisstand am 1.5.1992 – gesenkt werden. Die Regelung endete am 31.12.1994, so daß seit Anfang 1995 die Preise wieder deutlich ansteigen konnten (vgl. z.B. LITSCH, [67, 69], S. 402 bzw. S. 443f.). Die Preissenkungen jeweils etwa zur Mitte der Jahre 1995 bis 1997 sind vermutlich auf Festbetragsabsenkungen zurückzuführen, auf die die Hersteller häufig mit Senkungen der Preise auf die Höhe des Festbetragsniveaus reagieren[4].

4.2 Indizes des Wissenschaftlichen Institutes der AOK

Das Wissenschaftliche Institut der AOK (WIdO) ermittelt im Rahmen des 1980 aufgebauten Projektes „GKV-Arzneimittelindex" mit Hilfe des Konzepts der statistischen Komponentenzerlegung volkswirtschaftlicher Änderungsraten Preis-, Mengen- und Strukturindizes für den Arzneimittelbereich. Im Vordergrund steht dabei eine differenzierte Analyse der Strukturkomponente, mit deren Hilfe Aussagen über die Entwicklung der pharmakologisch-therapeutischen Verordnungsstruktur möglich werden. Dieses Konzept wurde vom WIdO sowohl auf die stationäre als auch auf die ambulante Versorgung übertragen: Im Krankenhausbereich wurde die Komponentenzerlegung in der Studie „Krankenhausindex" aus dem Jahre 1986 angewendet, die allerdings nicht weiter verfolgt wurde. Im ambulanten Sektor wird mit dem 1986 vorgestellten Projekt „Leistungsreport Ärzte" das Leistungsgeschehen für die wichtigsten Arztgruppen untersucht.

Die methodische Vorgehensweise bei der Komponentenzerlegung soll nun zuerst für den Arzneimittelbereich, für den sie ursprünglich entwickelt wurde, dargestellt werden, bevor kurz auf die Studie des „Krankenhausindex" und den „Leistungsreport Ärzte" eingegangen wird.

[4] Zu diesem Ergebnis kam eine Studie über die Auswirkungen der Einführung der Arzneimittelfestbeträge (vgl. LITSCH/REICHELT/SELKE, [70], S. 14ff.).

4.2.1 Der GKV-Arzneimittelindex

Das Konzept des GKV-Arzneimittelindex, das vom WIdO im Auftrag der Spitzenverbände der GKV, der KBV und der Bundesvereinigung Deutscher Apothekerverbände (ABDA) durchgeführt wird, wurde im Jahre 1980 für die Analyse der Entwicklung der Ausgaben der GKV für Fertigarzneimittel entwickelt.

Ausgangspunkt der Analyse ist die Aufspaltung der relativen Änderung U der GKV-Fertigarzneimittelausgaben zweier aufeinanderfolgender Jahre in eine Preiskomponente P und eine Mengenkomponente Q. Hierfür wird der Preisindex nach Laspeyres und der Mengenindex nach Paasche verwendet (vgl. REICHELT, [89], S. 9):

$$U = P_{Las} \cdot Q_{Pa} \quad . \qquad (4.\text{-}1)$$

Zur Ermittlung der Wägungsschemata dieser Indizes wird eine systematische Stichprobe[5] aus allen von den Vertragsärzten zu Lasten der GKV ausgestellten Rezeptblättern gezogen. Der durchschnittliche Auswahlsatz beträgt seit 1996 vier Promille, davor lag er bei einem Promille. Erfaßt werden neben der Artikelnummer (ABDA-Zentralnummer) des verordneten Medikamentes unter anderem patientenbezogene Daten (Geburtsjahr, Geschlecht, Versichertenstatus) und die Fachgruppe des behandelnden Arztes. Angaben über die Indikationsgruppe, die Apotheken- oder Rezeptpflicht und den Hersteller eines Artikels stehen über die Medikamenten-Datei des WIdO zur Verfügung (vgl. WIDO, [133], S. 4ff., S. 31ff.).

Die Erhebung der Preise erfolgt jeweils am 15. eines Monats anhand der WIdO-Medikamentendatei. Diese Datei umfaßt die Preise für ca. 95 000 Arzneimittel und wird halbmonatlich aktualisiert. Grundlage hierfür ist die Große Deutsche Spezialitäten-Taxe, die sogenannte Lauer-Taxe (vgl. WIDO, [135]). Bei Arzneimitteln, für die ein Festbetrag existiert, wird laut Auskunft des WIdO dieser als Preis verwendet.

Aus diesen Angaben wird sowohl ein Monats- als auch ein Jahres-Preisindex ermittelt. Beim monatlich berechneten Preisindex wird unter Verwendung der monatlich erhobenen Preise für einen Zeitraum von etwa 2,5 Jahren eine fortlaufende Indexreihe auf der Basis der Verordnungen eines Kalenderjahres ermittelt. Bis August 1998 bildeten die GKV-Arzneiverordnungen des Jahres 1996 im gesamten Bundesgebiet das Wägungsschema. Seit September 1998 werden nun die Verordnungen des Jahres 1997 als neues Wägungsschema verwendet, wobei der Preisindex auf dieser neuen Basis bis Januar 1997 zurückgerechnet wurde. Die Ermittlung des Jahres-Preisindex P_{Las} erfolgt durch die Verwendung von

[5] Zur detaillierten Anlage der Stichprobe vgl. WIDO, [133], S. 31ff.

Jahresdurchschnittspreisen und mit jährlich wechselndem Warenkorb, so daß die Darstellung einer fortlaufenden Indexreihe nicht möglich ist. Außerdem wird ein Jahres-Preisindex $P_{Las}^{\varnothing}$ als ungewichtetes Mittel aus den monatlich berechneten Preisindizes bestimmt. Abweichungen zwischen diesen beiden Indizes werden in einer Korrekturgröße, der sogenannten „Warenkorbkomponente" W, gesondert ausgewiesen, so daß gilt:

$$P_{Las} = P_{Las}^{\varnothing} \cdot W \quad . \qquad (4.\text{-}2)$$

Werte von W ungleich Eins können unter anderem darauf zurückzuführen sein, daß Neueinführungen bzw. vom Markt abgegangene Produkte in der monatlichen Berechnung nicht berücksichtigt werden (vgl. REICHELT, [89], S. 49f.). In der jährlichen Preisindexberechnung wird dieser Warenkorbveränderung dadurch Rechnung getragen, daß für neue bzw. ausgeschiedene Güter fiktive Preise eingeführt werden:

- fiktiver Preis für Neuzugänge: $p_i^0 = \frac{p_i^1}{P_x}$
- fiktiver Preis für Marktabgänge: $p_i^1 = p_i^0 \cdot P_x$

P_x Preisindex ähnlicher Produkte (i.d.R. Preisindex des Standardaggregats[6] dem das Produkt i angehört).

Als fiktiver Preis wird also jener Preis angesetzt, der sich ergeben hätte, wenn der Preis des neuen bzw. ausgeschiedenen Produkts sich wie die Preise ähnlicher Produkte, die kontinuierlich am Markt vorhanden waren, verhalten hätte (vgl. BERG ET AL., [10], S. 307).

In Abbildung 4.-3 ist die Entwicklung des monatlich berechneten Preisindex des GKV-Arzneimittelindex von Januar 1996 bis August 1998 abgetragen. Die Entwicklung des Jahres-Preisindex ist – zusammen mit der Entwicklung der anderen Komponenten – am Ende dieses Abschnitts in Abbildung 4.-5 angegeben. Man erkennt, daß der Preisindex bis April 1997 relativ konstant verläuft. Der starke Rückgang des Index im Mai 1997 (von 100.1 auf 98.7 Punkte) ist – laut Auskunft des WIdO – durch eine in diesem Monat vorgenommene Festbetragsabsenkung zu erklären. Der folgende moderate Preisanstieg im Gesamtmarkt ist dagegen hauptsächlich auf Preissteigerungen im Nicht-Festbetragsmarkt zurückzuführen (vgl. WIDO, [135]).

[6] Zur Begriffserläuterung vgl. S. 68.

Abbildung 4.-3: Entwicklung des WIdO-Preisindex (Deutschland, Januar 1996 = 100)

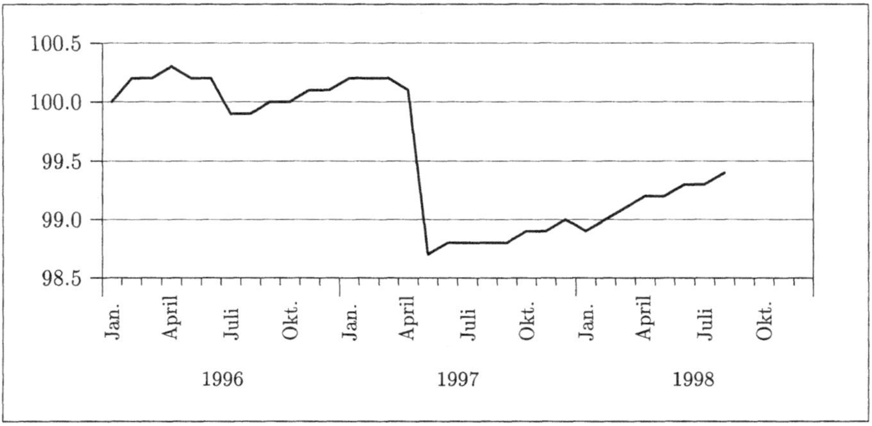

(*Quelle:* WISSENSCHAFTLICHES INSTITUT DER AOK, [135])

Die zweite Komponente der Umsatzentwicklung, der Paasche-Mengenindex, wird nur in der Jahresanalyse und nicht monatlich ermittelt, wobei diese Komponente selbst keine große Beachtung findet, sondern nur ihre beiden Teilkomponenten Verordnungszahl I_V und Struktur I_S (vgl. BERG ET AL., [10], S. 296ff.):

$$Q_{Pa} = I_V \cdot I_S \quad . \tag{4.-3}$$

Der „Stückzahlindex“ oder auch „Verordnungszahlindex“ I_V ist eine ungewichtete Meßzahl der Summe der Verordnungszahlen q_i aus Berichts- bzw. Basisperiode und gibt die Umsatzänderung an, die allein aus einer Veränderung der Gesamtmenge der Verordnungen resultiert:

$$I_V = \frac{\sum_{i=1}^{n} q_i^1}{\sum_{i=1}^{n} q_i^0} \quad . \tag{4.-4}$$

Die Strukturkomponente I_S stellt einen um die Entwicklung der Verordnungshäufigkeit „bereinigten“ Mengenindex bzw. einen preisgewichteten Index der Verordnungszahlenanteile der einzelnen Artikel dar:

$$I_S = \frac{\sum_{i=1}^{n} p_i^1 \cdot q_i^1}{\sum_{i=1}^{n} p_i^1 \cdot q_i^0 \cdot \frac{\sum_{i=1}^{n} q_i^1}{\sum_{i=1}^{n} q_i^0}} = \frac{\sum_{i=1}^{n}\left(p_i^1 \cdot \frac{q_i^1}{\sum_{i=1}^{n} q_i^1}\right)}{\sum_{i=1}^{n}\left(p_i^1 \cdot \frac{q_i^0}{\sum_{i=1}^{n} q_i^0}\right)} \quad . \tag{4.-5}$$

Sie mißt die Umsatzänderung, die allein auf die Veränderung des Verordnungsspektrums zurückzuführen ist. Sind in der Berichtsperiode vermehrt relativ teure Produkte verordnet worden, so nimmt I_S einen Wert größer als eins an, sind vermehrt relativ billige Produkte verordnet worden, ist I_S kleiner als eins[7]. Als Ursachen für ein verändertes Verordnungsverhalten der Ärzte und damit für eine veränderte Verordnungsstruktur können zum Beispiel Änderungen des Krankheitsspektrums, der Therapiemöglichkeiten oder des Angebots an Arzneimitteln genannt werden (vgl. PAFFRATH, [81], S. 290).

Insgesamt kann Formel (4.-1) nun in der Form

$$U = P_{Las} \cdot I_V \cdot I_S \tag{4.-6}$$

geschrieben werden. Durch Zusammenfassung von P_{Las} und I_S läßt sich eine weitere Komponente I_W ableiten, die die Veränderung des durchschnittlichen Verordnungswertes angibt:

$$I_W = P_{Las} \cdot I_S \quad . \tag{4.-7}$$

I_W weist nicht nur dann einen von eins verschiedenen Wert auf, wenn sich die Preise ändern, sondern auch dann, wenn sich bei unverändertem Preisniveau ($P_{Las} = 1$) die Verordnungsstruktur ändert. Die Strukturkomponente läßt sich somit interpretieren als ein Index, der die Entwicklung des durchschnittlichen Werts je Verordnung mißt, die nicht durch Preisänderungen verursacht ist (vgl. REICHELT, [89], S. 14f.).

Um die pharmakologisch-therapeutische Verordnungsstruktur einer genaueren Analyse zu unterziehen, wird die Strukturkomponente weiter differenziert. Hierfür hat das WIdO eine Fertigarzneimittel-Systematik aufgestellt (vgl. REICHELT, [89], S. 16ff. und BERG/PAFFRATH/REICHELT, [10], S. 299ff.): Auf der ersten Stufe der Systematik wird die Klassifikation der vom Bundesverband

[7] Eine genaue Erläuterung dessen, was die Strukturkomponente und ihre Teilkomponenten – siehe unten – messen, gibt REICHELT, [88].

der Pharmazeutischen Industrie herausgegebenen „Roten Liste“ verwendet, die die einzelnen Artikel nach Hauptanwendungsgebiet in 87 sogenannte Indikationsgruppen einteilt. In jeder Indikationsgruppe werden Artikel mit gleichem Handelsnamen und gleicher Wirkstoffkombination in sogenannten Standardaggregaten[8] zusammengefaßt. Innerhalb eines Standardaggregats werden Präparate, die neben der gleichen Zusammensetzung der Wirkstoffe die gleiche Wirkstärke und Darreichungsform aufweisen, sich also nur noch in der Größe der Packung unterscheiden, als Subaggregate bezeichnet. Insgesamt lassen sich damit Arzneimittel wie in Abbildung 4.-4 dargestellt systematisieren.

Abbildung 4.-4: Fertigarzneimittelsystematik des WIdO

<table>
<tr><td colspan="7">⋮</td></tr>
<tr><td colspan="7">Indikationsgruppe i</td></tr>
<tr><td>...</td><td colspan="5">STANDARDAGGREGAT a</td><td>...</td></tr>
<tr><td rowspan="2"></td><td>...</td><td colspan="3">Darreichungsform/Stärke (Subagg.) d</td><td>...</td><td rowspan="2"></td></tr>
<tr><td></td><td>...</td><td>Packungsgröße z</td><td>...</td><td></td></tr>
<tr><td colspan="7">⋮</td></tr>
</table>

(*Quelle:* In Anlehnung an REICHELT, [89], S. 21)

Auf jeder Ebene dieser Systematik – außer auf der bisher betrachteten Ebene der einzelnen Artikel – läßt sich eine „Inter-Strukturkomponente“ und eine „Intra-Strukturkomponente“ angeben (vgl. REICHELT, [89], S. 22ff.). Die Inter-Komponente mißt die Umsatzeffekte derjenigen Verschiebungen in der Verordnungsstruktur, die sich zwischen den Elementen einer Hierarchiestufe vollziehen. Die Intra-Komponente gibt dagegen diejenigen Struktureffekte an, die aus den Verordnungsverschiebungen innerhalb eines Elements einer Hierarchiestufe resultieren. Diese Effekte lassen sich aus folgenden Überlegungen ableiten: Nimmt man an, daß es sich bei den einzelnen Elementen einer Hierarchiestufe um einzelne homogene Produkte mit jeweils einheitlichem Preis handelt, so entspricht der für diese Ebene berechnete „Gesamtstruktureffekt“ dem Inter-Effekt dieser Ebene. Der Unterschied zwischen diesem Wert und der Strukturkomponente I_S des tatsächlichen Gesamtmarktes wird dann in der entsprechenden Intra-Komponente erfaßt.

[8] Im GKV-Arzneimittelindex des WIdO werden Standardaggregate auch mit dem Begriff „Arzneimittel“ belegt; die einzelnen Präparate werden als „Artikel“ bezeichnet (vgl. WIDO, [133], S. 8).

Da nicht auf jeder Hierarchiestufe die Werte solcher Inter- und Intra-Komponenten einer inhaltlich aussagefähigen Interpretation zuzuführen sind, bildet im GKV-Arzneimittelindex des WIdO die Ebene der Standardaggregate die Ausgangsbasis für die weitere Differenzierung des Gesamtstruktureffekts (vgl. REICHELT, [89], S. 27ff.): Hier wird die Gesamtstrukturkomponente I_S aufgespalten in den Intermedikamenteneffekt ${}_MI_S^{inter}$ und den als Quotienten aus I_S und ${}_MI_S^{inter}$ ermittelten Intramedikamenteneffekt ${}_MI_S^{intra}$:

$$ {}_MI_S^{inter} = \frac{\sum_{a=1}^{agg} (p_a^1 \cdot q_a^1) \cdot \sum_{a=1}^{agg} q_a^0}{\sum_{a=1}^{agg} (p_a^1 \cdot q_a^0) \cdot \sum_{a=1}^{agg} q_a^1} , \tag{4.-8} $$

$$ {}_MI_S^{intra} = \frac{I_S}{{}_MI_S^{inter}} , \tag{4.-9} $$

mit

agg Anzahl der Standardaggregate

q_a Anzahl der Verordnungen des Standardaggregats a $(a = 1, \ldots, agg)$

p_a mengengewichteter Durchschnittspreis des Standardaggregats a

$$ p_a^1 = \frac{\sum_{k=1}^{m_a} q_{ak}^1 \cdot p_{ak}^1}{\sum_{k=1}^{m_a} q_{ak}^1} $$

m_a : Anzahl der Artikel innerhalb des Standardaggregats a

p_{ak} : Preis des k-ten Artikels $(k = 1, \ldots, m_a)$ des Standardaggregats a

q_{ak} : Anzahl der Verordnungen des k-ten Artikels $(k = 1, \ldots, m_a)$ des Standardaggregats a .

Der Intermedikamenteneffekt mißt also die Umsatzeffekte, die aus Verschiebungen der Verordnungen zwischen den verschiedenen Standardaggregaten resultieren, der Intramedikamenteneffekt gibt dagegen die Umsatzänderungen an, die auf Verschiebungen innerhalb eines Standardaggregats zurückzuführen sind. Beide Komponenten lassen sich jeweils in zwei weitere Komponenten differenzieren:

$$
\begin{aligned}
{}_M I_S^{inter} &= {}_I I_S^{inter} \cdot {}_I^a I_S^{intra} && (4.\text{-}10)\\
{}_M I_S^{intra} &= I_S^{Dar} \cdot I_S^{Pak} \quad . && (4.\text{-}11)
\end{aligned}
$$

Beim Intermedikamenteneffekt ${}_M I_S^{inter}$ sind die Verschiebungen zwischen den Standardaggregaten zum Teil auch solche zwischen Standardaggregaten unterschiedlicher Indikationsgruppen. Letztere werden durch den Interindikationsgruppeneffekt ${}_I I_S^{inter}$ erfaßt, der analog zu Gleichung (4.-8) auf der Ebene der Indikationsgruppen ermittelt werden kann. Die (restlichen) Verschiebungen zwischen den Standardaggregaten innerhalb der Indikationsgruppen können somit als abgeleitete, d.h. nicht als Komplement zum Gesamtstruktureffekt berechnete Intraindikationsgruppenkomponente ${}_I^a I_S^{intra}$ aufgefaßt werden:

$$
{}_I^a I_S^{intra} = \frac{{}_M I_S^{inter}}{{}_I I_S^{inter}} \quad . \qquad (4.\text{-}12)
$$

Der Intramedikamenteneffekt ${}_M I_S^{intra}$ gibt den Umsatzeffekt derjenigen Verschiebungen an, die innerhalb der einzelnen Standardaggregate stattfinden, resultiert also daraus, daß von einem Medikament andere Darreichungsformen, Wirkstärken oder Packungsgrößen verordnet wurden. Er läßt sich bezüglich der Ebene der Subaggregate, in der sich eine Inter- und eine Intrasubaggregatkomponente ${}_S I_S^{inter}$ und ${}_S I_S^{intra}$ analog zu den Gleichungen (4.-8) und (4.-9) ermitteln lassen, folgendermaßen ausdifferenzieren: ${}_S I_S^{inter}$ mißt die Ausgabenwirkung der Verschiebungen zwischen den einzelnen Subaggregaten. Wiederum werden die Verschiebungen über die Grenzen der Standardaggregate hinaus bereits durch ${}_M I_S^{inter}$ erfaßt. Die Ausgabenwirkungen der restlichen Verschiebungen zwischen den Subaggregaten innerhalb der Standardaggregate werden dann in einer abgeleiteten Intra-Komponente zusammengefaßt:

$$
{}_M^a I_S^{intra} = \frac{{}_S I_S^{inter}}{{}_M I_S^{inter}} = I_S^{Dar} \quad . \qquad (4.\text{-}13)
$$

Sie gibt die Umsatzeffekte an, die durch die Verordnung anderer Darreichungsformen und Wirkstärken eines Medikaments zustandekommen und wird deshalb auch als Darreichungsformen-/Stärkenkomponente I_S^{Dar} bezeichnet.
Die Intrasubaggregatekomponente ${}_S I_S^{intra}$ mißt die Ausgabenwirkung der Verordnung anderer Packungsgrößen eines Subaggregats, weshalb sie auch als Packungsgrößenkomponente I_S^{Pak} bezeichnet wird.

Die vollständige Differenzierung des Umsatzindex U in P_{Las}, I_V und I_S sowie (mit Einschränkungen) die Aufgliederung des Strukturindex ist nicht nur auf der Ebene des Gesamtmarkts, sondern auch für jede einzelne Indikationsgruppe und jedes einzelne Standardaggregat möglich (vgl. REICHELT, [89], S. 52).

Um der Marktdynamik Rechnung zu tragen, wird im GKV-Arzneimittelindex eine weitere Unterteilung von I_S betrachtet (vgl. REICHELT, [89], S. 41ff.): Hierfür wird der Gesamtmarkt in die drei Teilmengen

kon: Menge der Produkte, die kontinuierlich am Markt vorhanden sind,
neu: Menge der neu eingeführten Produkte,
alt: Menge der Produkte, die aus dem Markt ausgeschieden sind,

aufgeteilt, und es wird gefragt, welchen Wert die Strukturkomponente angenommen hätte, wenn sich nur die Verordnungen aus einer der drei Teilmengen dem tatsächlichen Verlauf entsprechend entwickelt hätten, während die Verordnungen der beiden anderen Teilmengen unverändert geblieben wären. Werden die Verordnungsmengen des jeweiligen Restmarktes aus versetzten Berichts- und Basisperioden verwendet, so läßt sich die Gesamtstrukturkomponente darstellen als[9]

$$I_S = I_S^{kon} \cdot I_S^{neu} \cdot I_S^{alt} \quad ; \qquad (4.\text{-}14)$$

I_S^{kon} Beitrag des kontinuierlichen Marktes zur Strukturkomponente,
I_S^{neu} Beitrag der Neueinführungen zur Strukturkomponente,
I_S^{alt} Beitrag der Marktabgänge zur Strukturkomponente.

Auch hier ist eine weitere Differenzierung dieser drei Strukturkomponenten auf der Ebene der vertikalen Marktgliederung möglich. Da hauptsächlich die Komponente I_S^{neu} interessiert, wird nur diese im GKV-Arzneimittelindex weiter differenziert (vgl. hierzu REICHELT, [89], S. 46ff.).

Die vollständige Differenzierung des Umsatzindex U des Gesamtmarkts erfolgt schließlich nach folgenden beiden Möglichkeiten:

$$\begin{aligned} U &= P_{Las} \cdot I_V \cdot I_S \\ &= P_{Las} \cdot I_V \cdot {}_M I_S^{inter} \cdot {}_M I_S^{intra} \\ &= P_{Las} \cdot I_V \cdot {}_I I_S^{inter} \cdot {}^a_I I_S^{intra} \cdot I_S^{Dar} \cdot I_S^{Pak} \quad \text{bzw.} \end{aligned} \qquad (4.\text{-}15)$$

$$\begin{aligned} U &= P_{Las} \cdot I_V \cdot I_S \\ &= P_{Las} \cdot I_V \cdot I_S^{kon} \cdot I_S^{alt} \cdot I_S^{neu} \quad . \end{aligned} \qquad (4.\text{-}16)$$

Die Ergebnisse dieser Komponentenzerlegung werden – neben den Resultaten anderer Analysen – jährlich im sogenannten Arzneiverordnungsreport (vgl. SCHWABE, [102] bzw. SCHWABE/PAFFRATH, [103]) angegeben, und zwar sowohl für den Gesamtmarkt als auch für jede einzelne Indikationsgruppe.

[9] Zur detaillierten formalen Darstellung dieser Komponenten vgl. REICHELT, [89], S. 42.

Die Entwicklung der Gesamtmarkt-Komponenten U, P_{Las}, Q_{Pa}, I_V und I_S wird anhand der jährlichen Veränderungsraten von 1992 bis 1996 in Abbildung 4.-5 dargestellt.

Abbildung 4.-5: Entwicklung der Komponenten des GKV-Arzneimittelindex (Deutschland; Veränderung gegenüber dem Vorjahr in %)

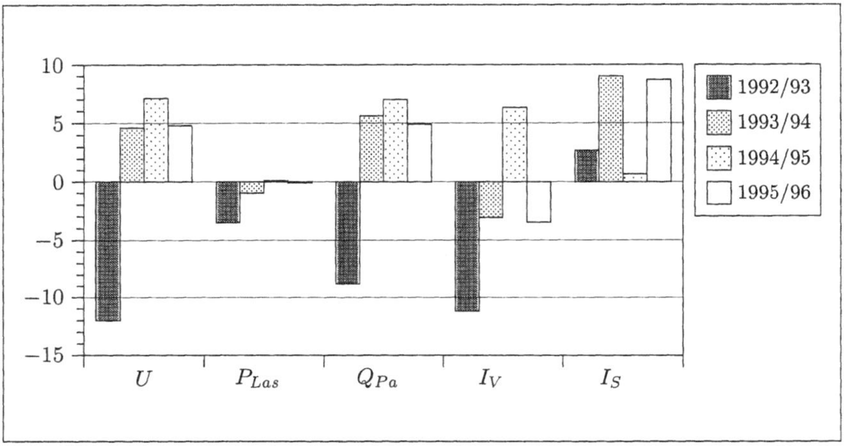

(*Quelle:* SCHWABE, [102]; SCHWABE/PAFFRATH, [103])

Man erkennt, daß die Umsatzänderung zweier aufeinanderfolgender Jahre, die bis auf den Vergleich 1992/93 (Auswirkung des GSG) positive Werte annimmt, hauptsächlich auf die Mengenveränderung zurückzuführen ist; die Preise sind – außer im Vergleich 1992/93 (Preismoratoriumsregelung des GSG; vgl. S. 63) – relativ stabil. Zu den jeweiligen Mengenkomponenten der verschiedenen Jahresvergleiche haben abwechselnd die Veränderung der Verordnungszahlen (1992/93 und 1994/95) und die Veränderung der Verordnungsstruktur (1993/94 und 1995/96) hauptsächlich beigetragen. Dabei nimmt I_V nur im Vergleich 1994/95 einen positiven Wert an, der wahrscheinlich zum Teil auf Grippewellen im Jahr 1995 zurückzuführen ist (vgl. SCHWABE, [102], S. 587). Die Veränderungsrate der Strukturkomponente nimmt dagegen in jedem der betrachteten Jahre einen Wert größer Null an. Somit sind in diesen Jahren vermehrt relativ teure Präparate verordnet worden. Wie sich die Strukturkomponente jeweils aus den verschiedenen Inter- und Intra-Komponenten zusammensetzt, ist der Tabelle 4.-4 zu entnehmen.

Tabelle 4.-4: Strukturkomponenten der Umsatzentwicklung des GKV-Fertigarzneimittelmarktes von 1992 bis 1996

Komponente	1992/93	1993/94	1994/95	1995/96
Gesamtstruktur	2,7	9,0	0,7	8,7
Intermed.-effekt	0,9	5,4	-0,7	6,7
Intramed.-effekt	1,9	3,4	1,5	1,9
Dar.-form/Stärke	0,9	1,2	0,8	0,9
Packungsgröße	1,0	2,1	0,6	1,0
Interind.-effekt	0,4	1,6	-1,2	1,8
Intraind.-effekt	0,5	3,7	0,5	4,8

(*Quelle:* SCHWABE, [102]; SCHWABE/PAFFRATH, [103])

In den Jahren 1992/93 und 1994/95 resultiert die Strukturkomponente hauptsächlich aus der vermehrten Verordnung teurerer Medikamente innerhalb eines Standardaggregats, die in etwa zu gleichen Teilen auf vermehrte Verordnung teurerer Darreichungsformen bzw. größerer Packungen eines Arzneimittels aufgeteilt werden kann. Die Strukturkomponente der Jahre 1993/94 und 1995/96 ist größtenteils auf Verschiebungen der Verordnungen hin zu teureren Standardaggregaten zurückzuführen, wobei diese Arzneimittel zumeist derselben Indikationsgruppe angehören.

4.2.2 Die Studie des Krankenhausindex

Das für den GKV-Arzneimittelindex entwickelte Konzept der Komponentenzerlegung kann im Prinzip auf alle Märkte übertragen werden, die hinreichend homogen sind und die sowohl in vertikaler als auch in horizontaler Richtung sinnvoll untergliedert werden können (vgl. REICHELT, [89], S. 68).
Mit seiner 1985 begonnenen und vom Bundesministerium für Arbeit und Sozialordnung finanzierten Studie „Krankenhausindex“ hat das WIdO dieses Konzept auf den stationären Sektor des deutschen Gesundheitswesens angewendet. Allerdings wird die Komponentenzerlegung aktuell im Krankenhausbereich nicht durchgeführt, das Konzept soll dennoch kurz vorgestellt werden.

Die Übertragung des Konzepts der Komponentenzerlegung vom Arzneimittelbereich auf den Krankenhaussektor erfolgte formal derart, daß für jedes betrachtete Krankenhaus die Mengengröße durch die Anzahl der Pflegetage und die Preise durch den Pflegesatz angegeben wurden (vgl. REICHELT, [89], S. 69). Die Preise wurden weiter differenziert in allgemeine und besondere Pflegesätze, und ent-

sprechend die Pflegetage in Pflegetage, die durch allgemeine bzw. besondere Pflegesätze finanziert werden. Neben diesem sogenannten Budgetbereich existierte noch der Sonderentgeltbereich, für den als Mengenangabe die Anzahl der erbrachten Leistungen und als Preise die einzelnen Sonderentgelte verwendet wurden (vgl. auch S. 14). Für jeden dieser drei Sektoren ließen sich dann Preis- und Mengenkomponenten (Veränderung der Anzahl der Pflegetage bzw. der Leistungszahl) ermitteln; Strukturkomponenten konnten für den Budgetbereich und den Sonderentgeltbereich getrennt angegeben werden. Die Strukturkomponente des Budgetbereichs wurde weiter aufgespalten in einen „Inter-Effekt", der die Ausgabenwirkung von Verschiebungen zwischen den mit dem allgemeinen Pflegesatz abgerechneten Tagen und den mit besonderen Pflegesätzen finanzierten Tagen angibt, und einen „Intra-Effekt", der die Ausgabeneffekte der Verschiebungen innerhalb dieser beiden Teilbereiche mißt (vgl. PAFFRATH/ROSCHE, [82], S. 405f.).
Neben den Komponenten der Ausgabenänderung wurden auch Komponenten der Kostendynamik ausgewiesen: Die Veränderung der Gesamtkosten wurde untergliedert in eine Sachkosten- und eine Personalkostenkomponente, letztere wurde weiter differenziert in eine Komponente der Zahl der Vollkräfte und eine Komponente der Kosten je Vollkraft.
Diese Komponentenzerlegungen konnten sowohl für den Gesamtkrankenhausbereich als auch differenziert nach Trägerschaft, Fachabteilungen und Krankenhausgröße durchgeführt werden (vgl. PAFFRATH/ROSCHE, [82], S. 406f.).

Der Krankenhausindex, für den im Juni 1988 der Projektbericht vorgelegt wurde, wurde jedoch nicht weitergeführt. Die letzten veröffentlichten Zahlenangaben für die einzelnen Komponenten bezogen sich auf den Zeitraum 1986/87 (vgl. PAFFRATH/ROSCHE, [82], S. 405).

Überlegungen, wie dieses Konzept auf die seit Inkrafttreten des GSG veränderte Situation im Krankenhausbereich übertragen werden kann, sollen in Abschnitt 6.2.2 angestellt werden.

4.2.3 Das Konzept des Leistungsreport Ärzte

Im Bereich der ambulanten Versorgung versucht das WIdO mit Hilfe des Konzepts des „Leistungsreport Ärzte", das 1986 vorgestellt wurde, das ärztliche Leistungsspektrum zu analysieren. Auch hier soll mit Hilfe der Methode der Komponentenzerlegung die Änderung der Ausgaben der GKV für die ambulante Versorgung in eine Preis-, Mengen- und Strukturkomponente differenziert werden. Dabei wird die Preisänderung zusätzlich aufgespalten in eine Punktzahl- und eine Punktwertänderung und die Mengenänderung (Änderung der Zahl der abgrechneten Einzelleistungen) in eine Änderung der Fallzahl[10] und eine Änderung der Zahl der Leistungen je Fall. Zur Ermittlung der Strukturkomponente werden die Einzelleistungen zum Beispiel nach den Kapiteln des BMÄ in Gruppen zusammengefaßt. Änderungen der Relation der erbrachten Einzelleistungen innerhalb einer Gruppe werden dann im Intragruppeneffekt, Änderungen der Relation der erbrachten Einzelleistungen zwischen den Gruppen im Intergruppeneffekt ausgewiesen(vgl. VON STACKELBERG, [109], S. 19ff.).

Im 1993 vom WIdO veröffentlichten Kompendium „Leistungsreport Ärzte“ (vgl. KLOSE, [63]) werden die vier Komponenten Mengen-, Bewertungs-, Punktwert- und Strukturänderung für die wichtigsten Facharztgruppen für die Jahre 1988 bis 1991 angegeben. Diese Daten stammen aus dem Abrechnungs-Informations-System (AIS) des Zentralinstituts für die kassenärztliche Versorgung (ZI), das ebenfalls eine Komponentenzerlegung der GKV-Ausgaben für die ambulante Behandlung durchführt. Das Konzept dieser Komponentenzerlegung wird im nächsten Abschnitt vorgestellt.

Im Leistungsreport Ärzte wird außerdem – neben anderen Inhalten, die zur Entwicklung von „Arztprofilen“ herangezogen werden – ein sogenanntes „Magisches Quadrat“ zur Erklärung der Honorarentwicklung der einzelnen Arztgruppen angegeben. In diesem Quadrat werden die Veränderungsraten verschiedener Komponenten (Grundlohnsumme, Honorarvolumen, Punktzahl, Fallzahl, Originalscheine, Anspruchsberechtigte, Mitglieder, Ärzte) sowie die Veränderungsraten der aus den Komponenten gebildeten Beziehungszahlen angegeben (vgl. KLOSE, [63], S. 16f.; vgl. auch BERG/EBERLE/PAFFRATH, [9]). Datengrundlage für die Berechnungen bilden wiederum die AIS-Berichte des ZI sowie die Ergebnisse des vom WIdO und ZI gemeinsam getragenen Projektes „Frühinformation zur Fallzahlenentwicklung“ (vgl. hierzu z.B. KEREK-BODDEN/KLOSE, [62]).

4.3 Indizes des Zentralinstitutes für die kassenärztliche Versorgung

Das ZI stellt in seinem gemeinsam mit den Bundesverbänden der GKV und der KBV getragenen Projekt „Abrechnungs-Informations-System“ (AIS) Informationen über die vertragsärztlichen Leistungen von Ärzten in freier Praxis zur Verfügung. Dabei werden je nach der den Abrechnungen zugrundegelegten Gebührenordnung gesonderte Berichte – AIS/BMÄ und AIS/E-GO – erstellt (vgl. ZENTRALINSTITUT FÜR DIE KASSENÄRZTLICHE VERSORGUNG, [139, 140]).

[10] Unter Fallzahl versteht man die Anzahl der in einem Quartal abgerechneten Krankenscheine (Original- und Überweisungsscheine). Konsultiert ein Patient einen Arzt während eines Quartals mehrmals (auch wegen verschiedenen Symptomen), so zählt dies nur als ein Fall.

Ziel der Analyse, die auf den Abrechnungsergebnissen aller Kassenärztlichen Vereinigungen Deutschlands basiert und nach Arztgruppen bzw. nach Leistungsgruppen differenziert durchgeführt wird, ist unter anderem die Quantifizierung der zur Umsatzänderung[11] (Honoraränderung) beitragenden Einflußgrößen. Hierfür werden einerseits zum Beispiel Änderungen des Leistungsbedarfs (mit den Punktzahlen der Einzelleistungen bewertete Leistungsmenge), der Fallzahlen und der Arztzahlen ausgewiesen. Andererseits wird die Umsatzänderung U zweier aufeinanderfolgender Jahre in die vier Komponenten Mengenänderung I_Q, Punktwertänderung I_{PW}, Bewertungsänderung I_{PZ} (Änderung der in den Gebührenordnungen verzeichneten Punktzahlen) und Strukturänderung I_S aufgegliedert. Für diese Komponentenzerlegung werden laut Auskunft des ZI folgende Berechnungsformeln verwendet:

$$U = \frac{\sum_{i=1}^{n} q_i^1 \cdot pz_i^1 \cdot pw_i^1}{\sum_{i=1}^{n} q_i^0 \cdot pz_i^0 \cdot pw_i^0} \tag{4.-17}$$

$$I_Q = \frac{\sum_{i=1}^{n} q_i^1}{\sum_{i=1}^{n} q_i^0} \tag{4.-18}$$

$$I_{PW} = \frac{\sum_{i=1}^{n} q_i^1 \cdot pz_i^1 \cdot pw_i^1}{\sum_{i=1}^{n} q_i^1 \cdot pz_i^1 \cdot pw_i^0} \tag{4.-19}$$

$$I_{PZ} = \frac{\sum_{i=1}^{n} q_i^1 \cdot pz_i^1}{\sum_{i=1}^{n} q_i^1 \cdot pz_i^0} \tag{4.-20}$$

$$I_S = \frac{U}{I_Q \cdot I_{PZ} \cdot I_{PW}} \quad . \tag{4.-21}$$

Die Mengenänderung I_Q wird also durch eine einfache Meßzahl der Summe aller abgerechneten Einzelleistungen gemessen. Die Punktwertänderung ist ein mit dem Leistungsbedarf $q_i \cdot pz_i$ gewichteter Paasche-Index der Punktwerte pw_i

[11] Als Umsatz wird die mit fiktiven Punktwerten multiplizierte Honoraranforderung (Zahl der abgerechneten, in Punkten bewerteten Gebührenziffern) bezeichnet und kann von der tatsächlich ausgezahlten Vergütung abweichen (vgl. ZENTRALINSTITUT FÜR DIE KASSENÄRZTLICHE VERSORGUNG, [139, 140], Abschnitt „Errechnung der (ausgezahlten) Gesamtvergütung).

und die Bewertungsänderung ein mit der Abrechnungshäufigkeit q_i gewichteter Paasche-Index der Punktzahlen pz_i. Die Strukturkomponente ergibt sich schließlich als Quotient aus der Umsatzänderung und dem Produkt aus den ersten drei Komponenten und stellt somit im Prinzip eine Restgröße dar.

Das ZI hat also das im GKV-Arzneimittelindex vorgestellte Konzept einer auf einer ersten Stufe durchgeführten Aufspaltung der Umsatzänderung in einen Preisindex und einen Mengenindex und anschließende weitere Differenzierung dieser Komponenten aufgegeben. Das Produkt $I_{PW} \cdot I_{PZ}$ kann nicht in geschlossener Form dargestellt werden, so daß sich eine Gesamtpreisänderung nicht angeben läßt. Entsprechend ergibt das Produkt $I_Q \cdot I_S$ keinen Mengenindex im Sinne der Definition 3.-2. In Abschnitt 6.1 soll deshalb unter anderem ein Vorschlag für eine konsistente Aufgliederung der Umsatzänderung im ambulanten Sektor unterbreitet werden.

Die Entwicklung des in der früheren Bundesrepublik mit den Leistungen der Gebührenordnung BMÄ erzielten Umsatzes der Ärzte in freier Praxis und der vier Komponenten I_Q, I_{PW}, I_{PZ} und I_S von 1991 bis 1995, dargestellt als jährliche Veränderungsraten, ist in Abbildung 4.-6 wiedergegeben. Abbildung 4.-7 enthält entsprechend die Entwicklung des von den Ärzten in freier Praxis mit den Leistungen der Gebührenordnung E-GO erzielten Umsatzes. Die Bewertung der über die Gebührenordnung E-GO abgerechneten Leistungen erfolgte bis zum 2. Quartal 1993 in DM und nicht in Punkten, so daß erst für den AIS-Bericht 1994 ein Punktwertindex ausgewiesen wurde. Davor wurde die Preisänderung insgesamt bzw. eine Bewertungsänderung (Änderung der Punktzahlen im EBM und Änderung der vertraglich festgelegten Punktwerte) und eine Quotenänderung (Änderung der Auszahlungsquote bei den der Pauschalierung unterliegenden Leistungsbereichen) ermittelt (vgl. ZENTRALINSTITUT FÜR DIE KASSENÄRZTLICHE VERSORGUNG, [140]). In Abbildung 4.-7 wird deshalb nur die Preisänderung insgesamt dargestellt. In beiden Gebührenordnungsbereichen verläuft die Entwicklung der Komponenten sehr ähnlich: Die Umsatzsteigerungen sind seit 1993 an die Änderung der beitragspflichtigen Einnahmen der Mitglieder der GKV gekoppelt und damit gedeckelt (vgl. §85 Abs. 3a SGB V, [146]). Die in jedem Jahr und bei beiden Gebührenordnungen festzustellende Ausweitung der Zahl der erbrachten Einzelleistungen hat deshalb zu einer relativ starken Preissenkung (Gebührenordnung E-GO) bzw. zu einem relativ starken Punktwertverfall (Gebührenordnung BMÄ) geführt. Die Änderung der Punktzahl-Bewertung der BMÄ-Einzelleistungen besitzt in dem betrachteten Zeitraum dagegen eine eher untergeordnete Bedeutung. Auch die Strukturkomponenten nehmen – vor allem in den Jahresvergleichen 1993/94 und 1994/95 – relativ niedrige Werte an.

Abbildung 4.-6: Entwicklung der Komponenten der Änderung der an die Vertragsärzte ausgezahlten Vergütung; Gebührenordnung: BMÄ (früheres Bundesgebiet; Veränderung gegenüber dem Vorjahr in %)

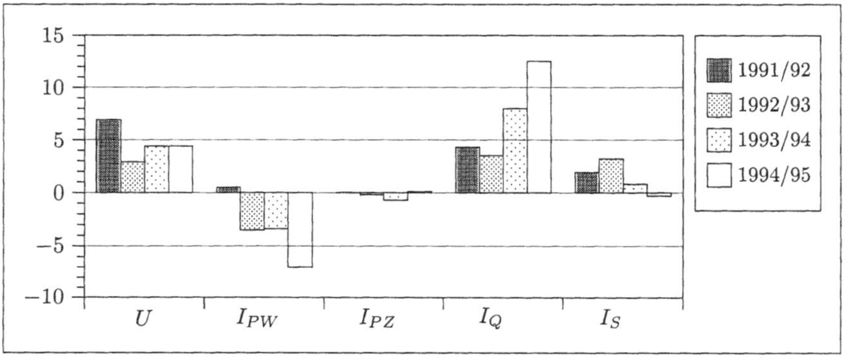

(*Quelle:* ZENTRALINSTITUT FÜR DIE KASSENÄRZTLICHE VERSORGUNG, [139])

Abbildung 4.-7: Entwicklung der Komponenten der Änderung der an die Vertragsärzte ausgezahlten Vergütung; Gebührenordnung: E-GO (früheres Bundesgebiet; Veränderung gegenüber dem Vorjahr in %)

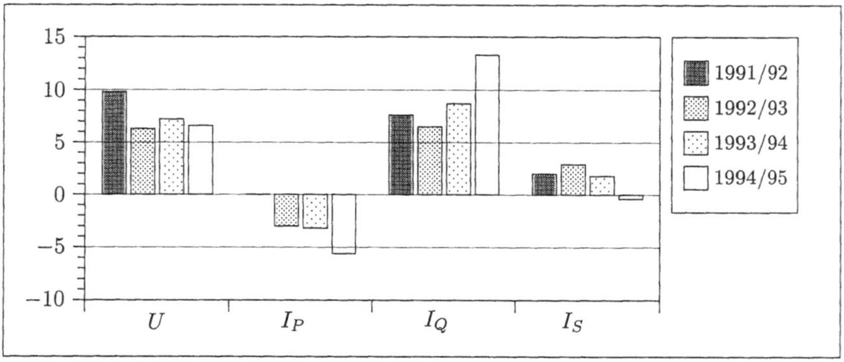

(*Quelle:* ZENTRALINSTITUT FÜR DIE KASSENÄRZTLICHE VERSORGUNG, [140])

Kapitel 5

Bewertung der gegenwärtig ermittelten Indizes für das deutsche Gesundheitswesen

Im vorangegangenen Kapitel wurden die Indizes vorgestellt, die in Deutschland für die Güter der ambulanten und stationären Behandlung sowie der Arzneimittelversorgung ermittelt werden. Nun soll überlegt werden, inwieweit diese Indizes dafür geeignet sind, über einen gewissen Zeitraum hinweg die reinen Preis- bzw. Mengenänderungen der Waren und Dienstleistungen des deutschen Gesundheitswesens zu messen. Da für manche Versorgungsbereiche explizit keine Mengenindizes ermittelt werden bzw. die berechneten Mengenindizes zur Isolierung der reinen Mengen- bzw. Volumenänderung nur mit Einschränkungen geeignet sind, man aber trotzdem an der Entwicklung der realen Komponente dieser Sektoren interessiert ist, soll außerdem untersucht werden, inwieweit die Preisindizes zur Deflationierung der Ausgaben für Gesundheit herangezogen werden können. Hierfür sollen nur die Behandlungsausgaben der GKV betrachtet werden, da vor allem diese im Blickpunkt des öffentlichen Interesses stehen.

5.1 Eignung zur Isolierung reiner Preis- bzw. Mengenänderungen

Wie in Abschnitt 3.3.2 gezeigt, ist ein Erkenntnisziel der Ermittlung von Preis- bzw. Mengenindexzahlen die Messung reiner Preis- bzw. Mengenänderungen eines Güteraggregats zwischen der Basis- und der Berichtsperiode. Hierfür ist neben der Anwendung einer geeigneten Indexformel vor allem auch darauf zu achten, daß die berücksichtigten Güter in beiden Perioden vergleichbar sind und eventuell auftretende Qualitätsänderungen aus der Preisindexberechnung eliminiert werden[1]. Sollen nicht nur Aussagen über die Preis- und Mengenentwicklung der in den Warenkorb aufgenommenen Güter gemacht werden, sondern die Entwicklungen der Preise und Mengen eines übergeordneten Güteraggregats gemessen werden, müssen die berücksichtigten Güter in ihrer Preis- bzw. Mengenentwicklung für dieses Güteraggregat repräsentativ sein. Im folgenden soll nun zuerst untersucht werden, inwieweit die in Kapitel 4 behandelten Indizes den formeltechnischen Anforderungen genügen und inwieweit Qualitätsänderungen berücksichtigt werden, bevor auf ihre Validität eingegangen wird.

5.1.1 Technische Anforderungen

Zur Isolierung der reinen Preis- bzw. Mengenänderungen eines Güterbündels zwischen einer Basisperiode und einer Berichtsperiode können sowohl nach der Formel von Laspeyres als auch nach der Formel von Paasche berechnete Indizes herangezogen werden. Bei beiden Indexformeln sind Unterschiede zwischen den Wertaggregaten im Zähler und Nenner des Index jeweils nur auf die Änderung einer Größe zurückzuführen (vgl. Formeln (3.-2) bis (3.-5)).

Aus formeltechnischer Hinsicht sind somit alle betrachteten Preis- und Mengenindizes zur Messung der zwischen zwei Perioden eingetretenen Preis- bzw. Mengenänderungen der in dem jeweiligen Warenkorb berücksichtigten Güter geeignet: Sowohl die Preisindizes des Statistischen Bundesamtes als auch der Preisindex des GKV-Arzneimittelindex werden nach der Formel von Laspeyres berechnet; der Mengenindex des GKV-Arzneimittelindex sowie die Preisindizes des ZI (Punktwert- und Punktzahlindex) werden nach der Paasche-Formel ermittelt. Der Verordnungszahlindex I_V des GKV-Arzneimittelindex und der Mengenindex I_Q des ZI sind Meßzahlen der Gesamtzahl der verordneten Arzneimittel bzw. der Gesamtzahl der erbrachten Einzelleistungen und geben damit in formaler Hinsicht die Veränderung dieser Größen zwischen Berichts- und Basisperiode korrekt wieder.

Sollen nicht nur die Güterpreise bzw. -mengen der Basisperiode mit denen einer Berichtsperiode verglichen werden, sondern auch die Änderungen der Preise bzw. Mengen zwischen verschiedenen Berichtsperioden untersucht werden, so ist die Formel von Laspeyres (mit festem Basisjahr) zu präferieren, da die Werte einer Zeitreihe dieser Preisindizes vergleichbar sind in dem Sinne, als Unterschiede nur auf Preis- bzw. Mengenänderungen zwischen den jeweiligen Perioden zurückzuführen sind (vgl. auch S. 37f.).

[1] Eine Qualitätsbereinigung bei Mengenindizes wird nicht vorgenommen. Man spricht in diesem Zusammenhang deshalb auch von der Messung der Veränderung der physischen Komponente bzw. des Volumens.

Der WIdO-Mengenindex sowie der Punktwert- und der Punktzahlindex des ZI – jeweils Paasche-Indizes mit jährlich wechselnder Basisperiode – liefern somit für diese Fragestellung keine aussagekräftigen Ergebnisse.
Der für die Jahresanalyse berechnete (Laspeyres-)Preisindex des GKV-Arzneimittelindex ist für längerfristige Vergleiche der Preisentwicklung ebenfalls nur bedingt geeignet, da jedes Jahr auf einen neuen Warenkorb umgestellt wird. Um eine fortlaufende Indexreihe mit konstantem Basisjahr zu erhalten, müssen die jährlich ermittelten Indizes verkettet werden. Der resultierende Laspeyres-Kettenindex (vgl. Gleichung (3.-20)) hängt jedoch aufgrund der vom Laspeyres-Index nicht erfüllten Zirkularitätsbedingung nicht nur von den Preisen und Mengen der Basis- und der aktuellen Berichtsperiode, sondern von denen aller dazwischen liegenden Perioden ab. Damit sind Änderungen der Indexwerte von Jahr zu Jahr nicht mehr nur auf Preisänderungen, sondern auch auf Mengenänderungen zurückzuführen.
Beim monatlich ermittelten Laspeyres-Preisindex des GKV-Arzneimittelindex ist zumindest für etwa 2,5 Jahre ein konstantes Wägungsschema gegeben, so daß für diesen Zeitraum ein reiner Preisvergleich der betrachteten Güter möglich ist. Entsprechendes gilt für die Preisindizes der amtlichen Statistik, für die in der Regel nur etwa alle 5 Jahre auf einen neuen Warenkorb umgestellt wird und für die deshalb (mit Rückrechnung) für etwa acht Jahre eine fortlaufende Indexreihe zur Verfügung steht.
Schließlich sind auch die beiden Meßzahlen I_V und I_Q für die Messung der Änderung der Gesamtzahl der verordneten Arzneimittel bzw. der Gesamtzahl der erbrachten Einzelleistungen im Zeitablauf geeignet. Sie werden zwar mit jährlich wechselnder Basisperiode berechnet, durch Verkettung kann jedoch jeweils ein Index zu einer festen Basisperiode ermittelt werden.

5.1.2 Berücksichtigung von Qualitätsänderungen

Neben der Verwendung einer geeigneten Formel ist für einen intertemporalen Vergleich der Preise eine korrekte Erfassung und Eliminierung von Qualitätsänderungen der betrachteten Güter von Bedeutung. Die Methoden zur Qualitätsbereinigung bei Preisindizes wurden in Abschnitt 3.4 bereits erläutert.

Im Rahmen des Preisindex für die Lebenshaltung werden bei den Dienstleistungen von Ärzten und anderen medizinischen Fachkräften bzw. den Dienstleistungen der Krankenhäuser Preisänderungen aufgrund von Änderungen der Qualität zumeist nicht eliminiert, da in der Regel nicht beurteilt werden kann, ob und gegebenenfalls in welchem Umfang eine Preisänderung auf Qualitätsänderungen zurückzuführen ist. Erfolgen Preisänderungen in der GOÄ/GOZ bzw. werden die Punktzahlen oder Punktwerte der Fallpauschalen und Sonderentgelte verändert, werden die Preise der jeweiligen Positionen aus der Berichts- und der Basisperiode somit direkt miteinander verglichen. Vor Januar 1997, als die Preise für die Dienstleistungen von Ärzten noch monatlich dezentral in den Berichtsgemeinden erhoben wurden, wurde bei einer Preisänderung, die nicht auf eine Änderung der Gebührenordnung zurückzuführen war, angenommen, daß diese aus der Hinzunahme einer weiteren Einzelleistung gemäß GOÄ bzw. GOZ zu einem im Meldebogen ausgewiesenen Preisrepräsentanten resultierte, und somit eine Qualitätsänderung darstellte, die mittels Verkettung ausgeschlossen wurde. Bei Änderungen der Abrechnungssätze der GOÄ bzw. GOZ wurde auch früher der direkte Preisvergleich angewendet. Inwieweit durch diese Vorgehensweise die Werte des Preisindex für die Dienstleistungen der Ärzte verzerrt sind, läßt sich jedoch nicht ohne weiteres beurteilen.

Bei den Dienstleistungen der Krankenhäuser wurden auch vor der Umstellung auf die Erhebung von Sonderentgelten und Fallpauschalen die Preise der Indexpositionen direkt miteinander verglichen und somit unterstellt, daß sich die Qualität dieser Leistungen nicht verändert hat. Die Annahme eines im Zeitablauf pro Tag und Patient unveränderten Ressourcenverbrauchs ist jedoch vor dem Hintergrund des medizinisch-technischen Fortschritts in den Bereichen der Diagnostik als auch der Therapie nur schwer haltbar (vgl. auch KRÄMER, [65], S. 403f.). Damit wird die Preissteigerung im stationären Sektor durch den Preisindex für die Dienstleistungen der Krankenhäuser durch die Nichtberücksichtigung der Qualitätsänderungen vermutlich zu hoch ausgewiesen.

Bei den im Preisindex für Medikamente bzw. in den Subindizes des Index der Einzelhandelspreise berücksichtigten Arzneimitteln und anderen Verbrauchsgütern für die Gesundheitspflege wird bei erkannten Qualitätsänderungen das Verfahren der Verkettung angewendet. Bei Änderung der Packungsgröße eines Medikaments wird auf die sogenannte definierte Tagesdosis (DDD) umgerechnet, um unechte Preiserhöhungen auszuschalten. Damit sind zumindest die augenscheinlichsten Qualitätsänderungen in der Preisindexermittlung berücksichtigt.

Beim monatlich ermittelten Arzneimittelpreisindex des WIdO werden nur solche Artikel berücksichtigt, die sowohl in der Berichts- als auch in der Basisperiode in der Großen Deutschen Spezialitäten-Taxe (Lauer-Taxe) verzeichnet und durch die Pharmazentralnummer eindeutig zu identifizieren sind. Werden bei einem Artikel Änderungen in der Wirkstoffzusammensetzung vorgenommen und handelt es sich dabei nicht nur um marginale Unterschiede bei den Hilfsstoffen (nicht wirksame Bestandteile), so erhält dieses Produkt eine neue Pharmazentralnummer. Betrachtet man nur solche Wirkstoffänderungen als Qualitätsänderungen, so können bei diesem Index Fehler, die aus der Nichtberücksichtigung von Qualitätsänderungen resultieren, nahezu ausgeschlossen werden. Entsprechendes gilt für den als Durchschnitt aus den Monatswerten gebildeten Jahrespreisindex $P_{Las}^{\varnothing}$ des WIdO. Beim Jahrespreisindex P_{Las}, der aus Jahresdurchschnittspreisen berechnet wird, können sich die Verordnungen dagegen durchaus auf verschiedene Präparate beziehen, da die Stichproben aus verschiedenen Grundgesamtheiten – Gesamtheit der Verordnungen des Basisjahres bzw. Gesamtheit der Verordnungen des Berichtsjahres – gezogen werden. Für ausgeschiedene oder neu aufgenommene Artikel werden dann fiktive Preise verwendet. Die darauf zurückzuführenden Unterschiede zwischen $P_{Las}^{\varnothing}$ und P_{Las} werden jedoch in der gesondert ausgewiesenen Warenkorbkomponente mitberücksichtigt und können somit aus P_{Las} herausgerechnet werden.

Das ZI wendet in der Regel bei der Ermittlung seiner Preisindizes keine Methoden zur Qualitätsbereinigung an, wobei dies – in Anbetracht der Probleme bei der Definition und Erfassung von Qualitätsänderungen bei ärztlichen Behandlungsleistungen – bei einem Analysezeitraum von einem Jahr keine gravierenden Auswirkungen mit sich bringen dürfte. Allerdings bezieht sich die Analyse nicht nur auf die in beiden Perioden in den Gebührenordnungen verzeichneten Einzelleistungen, sondern auch auf Leistungen, die in einer Periode neu eingeführt bzw. gestrichen wurden. Eine Warenkorbkomponente, die – analog zur Warenkorbkomponente des GKV-Arzneimittelindex – die Umsatzwirkungen solcher Leistungen beziffert, wird nicht ausgewiesen. In einem gesonderten Kapitel des AIS werden jedoch der Umsatz, die Zahl der Leistungen und die Punkte angegeben, die auf Neueinführungen, Streichungen und die kontinuierlichen Einzelleistungen entfallen (vgl. z.B. ZENTRALINSTITUT FÜR DIE KASSENÄRZTLICHE VERSORGUNG, [139], 1995, S. 10 und S. 27f.).

5.1.3 Validität

Ein weiterer Aspekt bei der Analyse der Eignung der betrachteten Indizes zur Messung von Preis- bzw. Mengenänderungen der Güter des Gesundheitswesens ist die Validität der Indexzahlen, also die Frage, ob sie die latente Größe „durchschnittliche Preis- bzw. Mengenänderung der Güter eines Versorgungsbereiches zwischen einer Basis- und einer Berichtsperiode" geeignet repräsentieren. Diese Frage kann aufgrund eines fehlenden „wahren" Wertes nur tendenziell beantwortet werden. Als Ansatzpunkte zur Überprüfung der Validität sollen hier hauptsächlich die Auswahl des Warenkorbes und der Gültigkeitsbereich der Preise herangezogen werden. Da in einem Vollversicherungssystem wie in Deutschland für einen Großteil der Bevölkerung Preise für Arzt- und Krankenhausleistungen bzw. für (verschreibungspflichtige) Arzneimittel in einem gewissen Sinne nicht existieren, sondern mit den Beiträgen zur GKV abgegolten sind, sollen hier zumeist die Preise als repräsentativ bezeichnet werden, die der GKV in Rechnung gestellt werden (vgl. auch Abschnitt 2.2). Auf mögliche Fehler in der Preismessung durch die Nichtberücksichtigung von Qualitätsänderungen wird aufgrund fehlender Anhaltspunkte zu deren Abschätzung nicht eingegangen.

Bei den vom Statistischen Bundesamt veröffentlichten Preisindizes für die ambulante und stationäre Versorgung wird die Validität vor allem durch die geringe Anzahl der einbezogenen Güter beschränkt.
So wurde beim Preisindex für die Dienstleistungen der Krankenhäuser bis Ende 1995 neben dem allgemeinen Krankenhauspflegesatz pro Tag nur das Arzthonorar (gemäß GOÄ) für eine Blinddarmoperation erhoben. Seit 1996 werden nur noch die Fallpauschale bzw. das Sonderentgelt für die Behandlung bzw. die Operation einer Blinddarmentzündung erhoben. Von den innerhalb eines Jahres aus dem Krankenhaus entlassenen vollstationären Patienten weisen jedoch nur etwa 1 bis 2% die Hauptdiagnose Appendizitis auf; circa 10% wurden insgesamt wegen Krankheiten der Verdauungsorgane behandelt. Häufigeren Behandlungsanlaß gaben folgende Krankheitsklassen: Krankheiten des Kreislaufsystems (ca. 15%), Neubildungen (ca. 12%) und Verletzungen und Vergiftungen (ca. 11%) (vgl. STATISTISCHES BUNDESAMT, [113]).
Die Frage, ob nun die Entwicklung des Preisindex für die Dienstleistungen der Krankenhäuser die Preisentwicklung des Gutes „Krankenhausbehandlung", das in einem gewissen Sinne die eigentliche Dienstleistung eines Krankenhauses darstellt, korrekt wiedergibt, läßt sich nicht eindeutig beantworten. Als Vergleichskriterien können die beiden Größen durchschnittliche Krankenhauskosten je Fall und durchschnittliche Krankenhauskosten je Pflegetag[2] herangezogen werden. Das erste Kriterium kann als Proxyvariable für den Preis der Behandlung eines (durchschnittlichen) Falls betrachtet werden, das zweite als Proxyvariable für einen allgemeinen Krankenhauspflegesatz. Die Entwicklung dieser beiden Kostengrößen seit 1991 (früheres Bundesgebiet; 1991=100) ist zusammen mit den Jahresdurchschnittswerten des Preisindex für die Dienstleistungen der Krankenhäuser in nachfolgender Tabelle angegeben:

Jahr	1991	1992	1993	1994	1995	1996
Preisindex	100	105,1	109,1	113,9	118,1	124,3
Kosten je Fall	100	106,1	109,0	111,1	114,3	113,4
Kosten je Pflegetag	100	109,5	117,9	124,8	134,3	141,2

(*Quelle:* STATISTISCHES BUNDESAMT, [114, 119], S. 12 bzw. S. 62f.)

Die Meßzahl der Kosten je Pflegetag liegt stets deutlich über dem Wert des Preisindex, während die Meßzahl der Kosten je Fall zuerst ähnlich wie der Preisindex verläuft, dann jedoch weniger stark steigt. Durch die Kosten je Pflegetag

[2] Bereinigte Kosten der Krankenhäuser insgesamt dividiert durch die Anzahl der Fälle bzw. die Anzahl der Pflegetage innerhalb eines Jahres. Bereinigte Kosten sind die pflegesatzfähigen Kosten für allgemeine Krankenhausleistungen (vgl. STATISTISCHES BUNDESAMT, [114], S. 7f.).

wird die Preisentwicklung wahrscheinlich überzeichnet, da neben Kostensteigerungen auch das kontinuierliche Absinken der Anzahl der Pflegetage zu der hohen Steigerungsrate der rein rechnerischen Größe führen. Die Kosten je Fall erscheinen auch aus inhaltlicher Sicht ein besserer Indikator für die Preisentwicklung der Dienstleistungen der Krankenhäuser zu sein. Diese sind vor allem seit 1995 deutlich weniger stark gestiegen als der Preisindex, was vermutlich auf die Regelungen der neuen Bundespflegesatzverordnung – Begrenzung der Erhöhung des Budgets auf die Veränderungsrate der beitragspflichtigen Einnahmen der GKV-Mitglieder (§6 Absatz 1 BPflV 95) und Einführung neuer Vergütungsformen (§10 BPflV 95) – zurückzuführen ist. Die neuen Vergütungsformen wurden 1996 auch im Preisindex berücksichtigt. Allerdings ist durch den Übergang vom allgemeinen Krankenhauspflegesatz zur Differenz aus Fallpauschale und Sonderentgelt einer Blinddarmoperation der Preisrepräsentant für den reinen Krankenhausaufenthalt nun noch weniger umfassend. Aufgrund des Vergleichs mit den durchschnittlichen Fallkosten läßt sich vermuten, daß die Entwicklung des Preises einer Blinddarmbehandlung nicht mit derjenigen eines durchschnittlichen Behandlungsfalles übereinstimmt und somit der Preisindex seit 1995/96 die Preisentwicklung bei den Dienstleistungen der Krankenhäuser wahrscheinlich nicht korrekt widerspiegelt, sondern überzeichnet.

Beim Preisindex für die Dienstleistungen von Ärzten werden zwar mehr Positionen berücksichtigt als beim Preisindex für die Dienstleistungen der Krankenhäuser, allerdings wird auch hier nicht das gesamte Leistungsspektrum abgedeckt (vgl. auch S. 57): Erfaßt werden verschiedene Grundleistungen eines Arztes für Allgemeinmedizin, bestimmte Leistungen eines Augenarztes und bestimmte chirurgische Leistungen eines Zahnarztes. Dabei werden mit sämtlichen Leistungen der EBM-Gruppen Beratungen, hausärztliche Vergütung, Besuche, eingehende Untersuchungen und Augenheilkunde schätzungsweise nur 30 - 40% der Arztleistungen (ohne Zahnarztleistungen) abgedeckt[3]; die Leistung eines Zahnarztes „Entfernung eines Mehrwurzelzahnes" kann außerdem nicht als typische Leistung bezeichnet werden, da sie nur in relativ wenigen Fällen durchgeführt wird. Leistungen anderer Fachärzte oder auch Sonderleistungen (zum Beispiel Blutentnahmen, Verbände, sonographische Leistungen), physikalisch-medizinische Leistungen (zum Beispiel Krankengymnastik und Massagen) oder Laborleistungen werden nicht erfaßt. Damit werden vor allem die in verschiedenen Gebührenordnungsänderungen vorgenommenen Abwertungen der Punktzahlen für nicht zuwendungsintensive Leistungen wie die Laborleistungen – schätzungsweise 10 - 20% aller Leistungen – nicht berücksichtigt (vgl. z.B. BRENNER, [16], S. 42ff. und

[3] Die Schätzung beruht auf den Leistungszahlen der Kassenärzte in Westdeutschland (vgl. z.B. ZENTRALINSTITUT FÜR DIE KASSENÄRZTLICHE VERSORGUNG, [139, 140], 1995, S. 16 bzw. S. 18).

S. 48ff.; THIEL, [123], S. 320).
Da in den Preisindex für die Dienstleistungen von Ärzten außerdem die Preise für Privatpatienten (Preise der GOÄ bzw. GOZ) eingehen, die nur für etwa 10% der Bevölkerung relevant sind, erfährt die Repräsentativität des Index eine zusätzliche Einschränkung. Eine Übereinstimmung des Verlaufs der Preise der GOÄ mit den Preisen des EBM (Preise für die GKV-Versicherten) kann nicht unterstellt werden: Zwar weisen die Änderungen der Punktzahl-Bewertungen in beiden Gebührenordnungen dieselbe Tendenz auf, die im Rahmen der kassenärztlichen Versorgung erzielten Punktwerte sind jedoch deutlich gesunken, während in der GOÄ der Punktwert festgeschrieben und konstant ist bzw. 1996 sogar erhöht wurde. Umgekehrt sind im Bereich der zahnärztlichen Leistungen die Punktwerte der GOZ seit 1988 konstant, während die BEMA-Punktwerte kontinuierlich angestiegen sind. Damit ist zu vermuten, daß dieser Index für die Preisentwicklung der Dienstleistungen von Ärzten nur ein bedingt valides Maß darstellt.

Beim Preisindex für Medikamente, den das Statistische Bundesamt im Rahmen des Preisindex für die Lebenshaltung ermittelt, umfaßt der Warenkorb etwa 450 Preisrepräsentanten. Angesichts eines Fertigarzneimittelsortiments von über 90 000 Artikeln ist die Basis auch hier relativ schmal. Allerdings werden mit den 500 am häufigsten verordneten Arzneimittel etwa 50% des Gesamtumsatzes erzielt (vgl. z.B. SCHWABE, [102], S. 661), so daß bei geeigneter Wahl der Repräsentanten durchaus valide Ergebnisse erzielt werden können.
Aus dem Vergleich des Preisindex für Medikamente mit dem Preisindex des WIdO, der sich auf den gesamten GKV-Fertigarzneimittelmarkt bezieht, können weitere Vermutungen über die Validität des Index für Medikamente abgeleitet werden. Allerdings wird die Vergleichbarkeit dadurch eingeschränkt, daß der Preisindex des WIdO seit 1992/93 nur noch für das gesamte Bundesgebiet ermittelt wird. Da jedoch für verschreibungspflichtige Arzneimittel, die den Großteil des im GKV-Arzneimittelindex berücksichtigten Verordnungsspektrums bilden, bundeseinheitliche Abgabepreise bestehen, gilt zumindest approximativ ($q_i^{0(a)}$: Anzahl der Verordnungen des i-ten Arzneimittels in den alten Bundesländern; $q_i^{0(n)}$: Anzahl der Verordnungen des i-ten Arzneimittels in den neuen Bundesländern):

$$
\begin{aligned}
P_{Las} &\approx \frac{\sum \left(q_i^{0(a)} + q_i^{0(n)}\right) \cdot p_i^1}{\sum \left(q_i^{0(a)} + q_i^{0(n)}\right) \cdot p_i^0} \\
&\approx \frac{\sum q_i^{0(a)} \cdot p_i^1}{\sum q_i^{0(a)} \cdot p_i^0} \cdot \frac{\sum q_i^{0(a)} \cdot p_i^0}{\sum \left(q_i^{0(a)} + q_i^{0(n)}\right) \cdot p_i^0} \\
&\quad + \frac{\sum q_i^{0(n)} \cdot p_i^1}{\sum q_i^{0(n)} \cdot p_i^0} \cdot \frac{\sum q_i^{0(n)} \cdot p_i^0}{\sum \left(q_i^{0(a)} + q_i^{0(n)}\right) \cdot p_i^0} \quad .
\end{aligned}
$$

Der Preisindex für das gesamte Bundesgebiet ergibt sich also approximativ als gewogenes Mittel der Indizes der beiden Regionen. Als Gewichte fungieren die Umsatzanteile der jeweiligen Region. Aufgrund des relativ geringen Umsatzanteils der neuen Bundesländer (1996: etwa 20%) hat die dort gemessene Preisänderung kaum Einfluß auf den Gesamtindex. Unter der Annahme, daß der Preisindex des WIdO ein valides Maß für die gesamte Preisentwicklung bei Fertigarzneimitteln ist (vgl. S. 88f.), wird dieser Index also vermutlich auch die Entwicklung der Preise für Fertigarzneimittel in den alten Bundesländern in etwa widerspiegeln.
Betrachtet man beim Preisindex für Medikamente und beim Preisindex des WIdO jeweils die Veränderungen gegenüber dem Vorjahr (siehe nachfolgende Tabelle), so zeigt sich, daß der Index des Statistischen Bundesamtes zumeist dieselbe Tendenz wie der Index des WIdO aufweist, die Ausschläge jedoch zum Teil unterschiedlich groß sind.

Index	1991/92	1992/93	1993/94	1994/95	1995/96
PI für Med. (fr.BG)	+2,3	-1,8	-0,6	+0,8	-0,3
PI des WIdO (D)	+2,3	-3,6	-1,2	+0,2	0,0

(*Quelle:* STATISTISCHES BUNDESAMT, [119], S. 60f.; SCHWABE, [102]; SCHWABE/PAFFRATH, [103])

Zu berücksichtigen ist dabei allerdings, daß sich die Veränderungsraten des Index für Medikamente auf den Warenkorb des Basisjahres 1991 beziehen, während beim Preisindex des WIdO die relativen Preisänderungen jährlich wechselnder Warenkörbe ausgewiesen werden. Die Struktur der Verordnungen hat sich jedoch in Folge der Regelungen des GRG und GSG deutlich verändert (vgl. auch Tabelle 4.-4), so daß die Unterschiede der Veränderungsraten der beiden Preisindizes auch auf einen „veralteten" Warenkorb beim Index für Medikamente zurückgeführt werden können. Aus dem Vergleich der beiden Indizes läßt sich somit die Vermutung ableiten, daß der Preisindex für Medikamente die Preisentwicklung auf dem Arzneimittelmarkt eventuell in geringem Maße überzeichnet. Die Eigenschaft der Validität kann dem Index jedoch nicht abgesprochen werden.

Außer dem Preisindex für Medikamente berechnet das Statistische Bundesamt im Rahmen des Index der Einzelhandelspreise weitere Preisindizes für den Arzneimittelsektor, wobei hier der Index für Apotheken betrachtet werden soll. Der Warenkorb dieses Index umfaßt neben den Arzneimitteln und Verbandsstoffen auch andere Güter für die Gesundheits- und Körperpflege (vgl. Abschnitt 4.1.2). Damit ist er für einen Preisvergleich der auf dem Fertigarzneimittelmarkt gehandelten Güter eigentlich zu weit gefaßt. Da jedoch ein Großteil des Apothekenumsatzes mit Arzneimitteln erzielt wird, hat die Entwicklung der Arzneimittelpreise großen Einfluß auf die Höhe des Index. Diese Entwicklung kann durch den Wert des Index für Medikamente, den Subindex des Preisindex für die Lebenshaltung,

angegeben werden, da beiden Indizes dasselbe Preismaterial zugrundeliegt und auch beim Preisindex für Medikamente die Preismeßzahlen der berücksichtigten Arzneimittel mit ihren Umsatzanteilen gewichtet werden.
Der Vergleich der Werte des Index für Medikamente und des Index für Apotheken (vgl. auch Abbildung 4.-2) zeigt, daß letzterer stets oberhalb des Subindex des Preisindex der Lebenshaltung liegt. Zu beachten ist dabei allerdings die unterschiedliche regionale Abgrenzung der beiden Preisindizes. Es läßt sich dennoch die Vermutung ableiten, daß die Preissteigerung auf dem Arzneimittelmarkt durch den Preisindex für Apotheken etwas zu hoch ausgewiesen wird. Für die Preisentwicklung auf einem „erweiterten" Arzneimittelmarkt, also für Arzneimittel einschließlich Verbandsstoffe etc., könnte der Index für Apotheken jedoch ein valides Maß sein. Für eine Beurteilung der Validität dieses Index gibt es allerdings kaum Anhaltspunkte.

Ein weiterer Preisindex für den Arzneimittelsektor ist der Preisindex des WIdO. Da der Warenkorb dieses Index das gesamte Spektrum an Fertigarzneimitteln abdeckt und der Indexberechnung ein aktuelles Gewichtungsschema zugrundeliegt, wird er vermutlich die Preisentwicklung auf dem GKV-Fertigarzneimittelmarkt geeignet repräsentieren. Probleme ergeben sich eventuell durch die Ermittlung des Wägungsschemas aus einer systematischen Stichprobe und durch die Verwendung der Anzahl der Verordnungen eines Medikaments als Mengeneinheit.
Die durch die Stichprobenziehung resultierenden Stichprobenfehler der Indizes werden vom WIdO nicht ermittelt. In einer Vorstudie zum GKV-Arzneimittelindex wurde eine Abschätzung des Verhältnisses des Stichprobenfehlers bei einer einfachen Zufallsstichprobe und bei der vorliegenden zweistufigen systematischen Stichprobe vorgenommen. Aufgrund gegenläufiger Schichtungs- und Klumpeneffekte bei der durchgeführten Stichprobe war eine eindeutige Aussage jedoch nicht möglich (vgl. HENNING, [57], S. 17ff.). Aus der Annahme, daß der Stichprobenfehler in etwa dem einer einfachen Zufallsauswahl entspricht, wurde der Stichprobenumfang abgeleitet. Dabei ergab sich, daß bei einem Auswahlsatz von einem Promille repräsentative Ergebnisse erzielt werden (vgl. WISSENSCHAFTLICHES INSTITUT DER AOK, [133], S. 44ff.). Aufgrund dieser Untersuchungen ist somit zu vermuten, daß durch die Stichprobenziehung die Validität des Preisindex nur geringfügig eingeschränkt wird.
Durch die Verwendung der Anzahl der Verordnungen eines Medikaments als Mengeneinheit werden die Preise pro Packung und nicht pro Zähleinheit oder Tagesdosis verwendet. Wird – bei unverändertem Preis – der Packungsinhalt eines Artikels geändert, so wird ceteris paribus der WIdO-Preisindex keine Preisänderung ausweisen. Aus Sicht des Verbrauchers, der jetzt zum Beispiel durch eine Verringerung des Inhalts einer Packung pro Einheit mehr bezahlen muß, wäre jedoch eine Preiserhöhung angezeigt (vgl. z.B. RONNING, [92], S. 281f.). Wird nicht

der Inhalt einer Packung geändert, sondern wird in der Berichtsperiode vermehrt eine größere Packung bzw. eine andere Darreichungsform des Artikels verordnet, und haben sich die Preise beider Packungsgrößen/Darreichungsformen nicht verändert, so wird auch hier der WIdO-Preisindex ceteris paribus einen Wert von 1 annehmen. Ist jedoch der Preis pro Zähleinheit bei der größeren Packung bzw. anderen Darreichungsform niedriger, so sollte aus ökonomischer Sicht eine Preisreduktion ausgewiesen werden (vgl. z.B. ULRICH, [127], S. 89f.). Aus Sicht der Krankenkassen stellt allerdings die Verordnung und nicht die Zähleinheit die Mengengröße dar, so daß der Preisindex des WIdO aus diesem Blickwinkel als valides Maß für die Preisentwicklung auf dem GKV-Fertigarzneimittelmarkt bezeichnet werden kann.

Neben dem Preisindex ermittelt das WIdO auch Indizes für die Mengenentwicklung auf dem GKV-Arzneimittelmarkt. Für den Paasche-Mengenindex Q_{Pa} gelten im Prinzip analoge Aussagen wie für den Preisindex. Zusätzliche Probleme könnten jedoch daraus resultieren, daß die Stichproben in Berichts- und Basisperiode aus unterschiedlichen Grundgesamtheiten, die durch Marktzugänge und Marktabgänge zustande kommen, gezogen werden. Um trotzdem einen Mengenindex ermitteln zu können, werden für die ausgeschiedenen bzw. neueingeführten Produkte fiktive Preise ermittelt (vgl. S. 65). Verzerrungen, die sich aufgrund der Verwendung dieser fiktiven Preise als Gewichte ergeben, sind im Vergleich zur Nichtberücksichtigung der Marktdynamik in der Regel vernachlässigbar. Würde man sich nur auf den kontinuierlichen Markt beschränken, ergäbe sich „der paradoxe Fall, daß eine Mengenausweitung eventuell nur deshalb nicht ausgewiesen werden könnte, weil sie durch neu eingeführte Produkte getragen wird“ (REICHELT, [89], S. 33). Mit dem Verordnungszahlindex I_V ermittelt das WIdO einen weiteren Indikator für die Mengenentwicklung. Dabei können auch hier Verzerrungen aus der Stichprobenziehung und den unterschiedlichen Grundgesamtheiten in Basis- und Berichtsperiode resultieren. Diese Effekte dürften jedoch wiederum vernachlässigbar sein, so daß I_V für die Änderung der Gesamtzahl verordneter Arzneimittel als valider Indikator bezeichnet werden kann. Für die durchschnittliche Mengenänderung im Arzneimittelsektor ist I_V jedoch nicht repräsentativ, da hierfür neben der reinen Mengenentwicklung die relative Bedeutung eines Produkts herangezogen werden muß. So kann bei unveränderten Preisen und unveränderter Gesamtzahl verordneter Arzneimittel der Umsatzindex einen Wert ungleich eins annehmen, wenn in der Berichtsperiode vermehrt teurere bzw. günstigere Arzneimittel verordnet wurden. Diese Änderung wird beim Konzept des GKV-Arzneimittelindex in der Strukturkomponente erfaßt, die Teil des Paasche-Mengenindex ist. Nur dieser kann somit als ein valides Maß für die zwischen Basis- und Berichtsperiode eingetretene durchschnittliche Mengenänderung im GKV-Fertigarzneimittelsektor bezeichnet werden.

Die vom ZI für den ambulanten Sektor berechneten Indizes beruhen auf den Abrechnungsergebnissen der Ärzte in freier Praxis nach dem BMÄ bzw. der E-GO. Auf diese Arztgruppe entfielen 1995 etwa 90% des gesamten Umsatzes aus vertragsärztlichen Leistungen (vgl. ZENTRALINSTITUT FÜR DIE KASSENÄRZTLICHE VERSORGUNG, [139, 140], 1995, S. 5 bzw. S. 7f.). Die Ermittlung des Warenkorbes beruht somit fast auf einer Vollerhebung. Die Punktwerte der verschiedenen Leistungsgruppen werden allerdings nicht bei den Kassenärztlichen Vereinigungen erhoben, sondern werden als Quotient aus der Gesamtvergütung und der in Punkten ausgedrückten Honoraranforderung ermittelt. Die aus der Verwendung dieser fiktiven Punktwerte sich möglicherweise ergebenden Verzerrungen dürften jedoch vernachlässigbar sein. Die beiden Preisindizes können somit als valide Maße für die Änderung der Punktwerte bzw. Punktzahlen zwischen Basis- und Berichtsperiode bezeichnet werden. Die gesamte Preisänderung kann jedoch nicht angegeben werden, da das Produkt aus Punktwert- und Punktzahlindex keinen Preisindex liefert. Entsprechend liefert auch das Produkt aus dem Index I_Q, der die Gesamtzahl der erbrachten Leistungen in der Berichtsperiode zu denen in der Basisperiode in Beziehung setzt, und dem Strukturindex I_S keinen Mengenindex. I_Q gibt zwar korrekt die Änderung der Zahl der abgerechneten Leistungen an, liefert jedoch – wie der Verordnungszahlindex I_V des WIdO – aufgrund der fehlenden Gewichtung der Einzelleistungen keine validen Ergebnisse für die durchschnittliche Mengenentwicklung im ambulanten Sektor.

5.1.4 Zusammenfassung

In Tabelle 5.-1 werden die oben formulierten Ergebnisse bezüglich der Eignung der vorgestellten Preis- und Mengenindizes, die reinen Preis- bzw. Mengenänderungen eines Güterbündels zwischen zwei bzw. mehreren Perioden zu isolieren, nochmals zusammenfassend dargestellt.

Man erkennt, daß alle Indizes mehr oder weniger starke Defizite aufweisen. Die Preisindizes für die Arzneimittelversorgung schneiden insgesamt noch am besten ab. Im ambulanten Sektor weisen die Preisindizes entweder Mängel hinsichtlich der Validität (Preisindex für die Dienstleistungen der Ärzte) oder hinsichtlich der verwendeten Indexformel (Punktwert- und Punktzahlindex) auf. Für den stationären Sektor wird nur ein Preisindex ermittelt, der in Bezug auf die Validität und die Berücksichtigung von Qualitätsänderungen Defizite aufweist.
Vor allem werden jedoch zur Ermittlung der Mengenänderungen keine bzw. keine für einen längerfristigen Vergleich geeigneten Indizes berechnet. Im nächsten Abschnitt soll deshalb untersucht werden, ob die Deflationierung der Behandlungsausgaben anhand der vorgestellten Preisindizes zu einer validen Messung der Mengenentwicklung der Waren und Dienstleistungen im Gesundheitswesen führt.

Tabelle 5.-1: Eignung der vorgestellten Indizes zur Isolierung reiner Preis- bzw. Mengenänderungen

	formeltechn. Anforderungen		Berücksichtigung von Qualitätsänderungen	Validität
	einperiodiger Vergleich	mehrperiodiger Vergleich		
Preisindizes der amtlichen Statistik				
PI für die DL von Ärzten	+	+	–	(–)
PI für die DL der KH	+	+	–	(–)
PI für Medikamente	+	+	(+)	(+)
PI der Apotheken	+	+	(+)	(+)
GKV-Arzneimittelindex des WIdO				
Preisindex P_{Las}^{monat}	+	(+)	(+)	(+)
Preisindex $P_{Las}^{\varnothing}$	+	(–)	(+)	(+)
Mengenindex Q_{Pa}	+	–	×	(+)
Verordnungszahlindex I_V	(+)	(+)	×	(+/–)
Indizes des ZI für die ambulante Versorgung				
Punktwertindex I_{PW}	+	–	–	(+)
Punktzahlindex I_{PZ}	+	–	–	(+)
Mengenindex I_Q	(+)	(+)	×	(+/–)

Es bedeutet: + Anforderung erfüllt; (+) Anforderung zum Teil erfüllt; – Anforderung nicht erfüllt; (–) Anforderung eher nicht erfüllt; × Anforderung nicht relevant

5.2 Eignung der Preisindizes zur Deflationierung der GKV-Behandlungsausgaben

Neben der Quantifizierung der Preisentwicklung eines Güterbündels steht in ökonomischen Untersuchungen häufig die Ermittlung einer Mengen- oder realen Komponente im Vordergrund. Wie in den vorangegangenen Ausführungen gezeigt wurde, stehen jedoch für die verschiedenen Versorgungsbereiche keine bzw. keine für einen längerfristigen Vergleich geeigneten aussagekräftigen Mengenindizes zur Verfügung.

Neben der direkten Ermittlung der Mengenkomponente durch einen Laspeyres-Mengenindex besteht allerdings auch die Möglichkeit, die reale Komponente durch Deflationierung einer Wertgröße zu bestimmen (vgl. Abschnitt 3.3.3). So wurden beispielsweise in verschiedenen Studien über die Entwicklung der

Ausgaben für das Gesundheitswesen, speziell der Ausgaben für Behandlungsleistungen, die in Kapitel 4 betrachteten Preisindizes – mit mehr oder weniger großen Bedenken – zur Deflationierung verwendet (vgl. z.B. BUTTLER/FICKEL, [29], S. 159ff.; ESSIG/GAUCH/MÜLLER, [40], S. 69f.; ULRICH, [127], S. 91ff. oder auch ULRICH/WILLE, [128]).
In den folgenden Ausführungen soll nun untersucht werden, ob diese Preisindizes zur Deflationierung der GKV-Ausgaben für die ambulante Behandlung, für die stationäre Behandlung und für die Arzneimittelversorgung geeignet sind oder ob aus deren Anwendung verzerrte Werte für die reale Komponente resultieren. Die Eingrenzung des Betrachtungsgegenstandes auf die GKV ergibt sich aus der Bedeutung, die diesem Ausgabenträger in der Öffentlichkeit zukommt. So sind in Deutschland etwa 90% der Bevölkerung gesetzlich krankenversichert. Außerdem wird nahezu die Hälfte der Gesamtausgaben für das Gesundheitswesen von der GKV finanziert. Die Beschränkung auf einige spezielle Leistungsarten der GKV läßt sich damit begründen, daß nur für diese Sektoren Preisindizes mit entsprechenden Warenkörben existieren. Wie sich die Ausgaben der GKV zusammensetzen und wie sie sich seit 1991 entwickelt haben, soll im folgenden Abschnitt kurz erörtert werden.

5.2.1 Ausgaben der GKV für die ambulante Behandlung, die stationäre Behandlung und die Arzneimittelversorgung

In Abschnitt 2.3 wurde die vom Statistischen Bundesamt verwendete Abgrenzung der Ausgaben für Gesundheit vorgestellt. Hiernach werden die Ausgaben in fünf Hauptleistungsarten aufgeteilt. Die Ausgaben für Behandlung, die den größten Ausgabenblock bilden, werden weiter untergliedert in die Leistungsarten ambulante Behandlung, stationäre Behandlung, stationäre Kurbehandlung und Arzneien, Heil- und Hilfsmittel, Zahnersatz. Werden speziell die von der GKV zu tragenden Ausgaben betrachtet, sind weitere Untergliederungen möglich. Dabei existiert neben der Abgrenzung des Statistischen Bundesamtes (vgl. STATISTISCHES BUNDESAMT, [115], S. 80ff.) eine Gliederung der GKV-Ausgaben, wie sie der Bundesminister für Arbeit und Sozialordnung in seinem statistischen und finanziellen Bericht über die GKV vornimmt (vgl. BUNDESMINISTER FÜR ARBEIT UND SOZIALORDNUNG, [23], S. T164ff.). Die Untergliederung der von der GKV zu tragenden Ausgaben für die ambulante und stationäre Behandlung sowie für die Arzneimittelversorgung wie sie das Statistische Bundesamt vornimmt ist zusammen mit den korrespondierenden Kontenklassen der Arbeits- und Sozialstatistik in nachfolgender Übersicht angegeben.

Amtliche Statistik	Arbeits- und Sozialstatistik
Ambulante Behandlung	
Behandlung durch Ärzte	Ärztliche Behandlung
Behandlung durch Zahnärzte	Zahnärztliche Behandlung ohne Zahnersatz (Konservierend-chirurgische Behandlung; Kieferorthopädische Behandlung; Paradontose-Behandlung; sonstige zahnärztliche Leistungen)
Behandlung durch sonstige Heilpersonen	Leistungen von medizinischen Badebetrieben; Leistungen von Masseuren; Leistungen von Krankengymnasten; Behandlung durch sonstige Heilpersonen
Stationäre Behandlung	
Krankenbehandlung in Anstalten	Krankenhausbehandlung (einschließlich Behandlung durch Belegärzte)
Krankentransport	
Arzneien, Heil- und Hilfsmittel	
Arzneien, Heil- und Hilfsmittel aus Apotheken	Arznei-, Verband-, Heil- und Hilfsmittel aus Apotheken (ohne die besonderer Art; besonderer Art)
Arzneien, Heil- und Hilfsmittel von anderen Stellen	Heil- und Hilfsmittel von Fachärzten der Orthopädie; Heil- und Hilfsmittel von Orthopädietechnikern; Heil- und Hilfsmittel von Orthopädieschuhmachern; Sehhilfen von Optikern (ohne Kontaktlinsen); Kontaktlinsen; Hörhilfen; Dialyse; Verband-, Heil- und Hilfsmittel und Arzneien von Sonstigen

Der Vergleich der Ausgaben für die einzelnen Positionen der beiden Statistiken weist zum Teil deutliche Differenzen auf. Laut Auskunft des Statistischen Bundesamtes ist dies darauf zurückzuführen, daß in der amtlichen Statistik einige GKV-Konten, wie zum Beispiel „Sonstige Hilfen" oder „Leistungen im Ausland", nur in geschätzter Höhe auf die jeweils zutreffenden Positionen der Leistungsartengliederung aufgeteilt werden.

Im folgenden werden die Ausgaben in der Abgrenzung des Bundesministeriums betrachtet. Diese erlaubt aufgrund der zumeist tieferen Gliederung eine engere Abgrenzung der Ausgaben und liefert damit eine größere Übereinstimmung der zugrunde liegenden Leistungsstruktur mit den in den Preisindizes berücksichtigten Warenkörben. Außerdem stehen in dieser Abgrenzung bereits vorläufige Daten für das Jahr 1997 zur Verfügung.

In die Betrachtung einbezogen werden die Konten Ärztliche Behandlung, Zahnärztliche Behandlung ohne Zahnersatz, Krankenhausbehandlung (einschließlich Behandlung durch Belegärzte) und Arznei-, Verband-, Heil- und Hilfsmittel aus Apotheken. Für die in den restlichen Ausgabenpositionen berücksichtigten Güter existiert kein bzw. kein annähernd adäquater Preisindex.

In der nachfolgenden Tabelle 5.-2 wird von 1991 bis 1997 die Entwicklung der GKV-Ausgaben für die betrachteten Leistungsarten dargestellt. Diese Ausgaben sollen in den nächsten beiden Abschnitten herangezogen werden, um Unterschiede in der Entwicklung der realen Komponenten, wie sie bei der Deflationierung anhand verschiedener Indizes resultieren, aufzuzeigen.

Tabelle 5.-2: Entwicklung der Reinausgaben der GKV für ausgewählte Leistungsarten (früheres Bundesgebiet; in Mio. DM bzw. 1991=100)

Leistungsart	**1991**	**1992**	**1993**	**1994**	**1995**	**1996**	**1997**[a]
Ärztliche Behandlung	26 737 (100)	28 935 (108,2)	29 888 (111,8)	31 072 (116,2)	32 687 (122,3)	33 668 (125,9)	34 334 (128,4)
Zahnärztliche Behandlung	9 131 (100)	10 160 (111,3)	10 410 (114,0)	10 897 (119,3)	11 216 (122,8)	12 095 (132,5)	12 220 (133,8)
Krankenhausbehandlung	49 124 (100)	53 943 (109,8)	56 951 (115,9)	61 355 (124,9)	64 780 (131,9)	64 617 (131,5)	68 341 (139,1)
Arznei-, Verband-, H.u.H.-Mittel aus Apotheken	24 486 (100)	27 084 (110,6)	21 813 (89,1)	22 889 (93,5)	25 046 (102,3)	26 771 (109,3)	25 731 (105,1)
Summe	109 478 (100)	120 123 (109,7)	119 061 (108,8)	126 214 (115,3)	133 728 (122,2)	137 151 (125,3)	140 626 (128,5)

[a] vorläufige Ergebnisse

(*Quelle:* BUNDESMINISTERIUM FÜR ARBEIT UND SOZIALORDNUNG, [24, 25])

5.2.2 Eignung der Preisindizes zur Deflationierung der einzelnen Behandlungsausgaben

Zur Bestimmung der den GKV-Ausgaben zugrunde liegenden Mengen und deren Entwicklung im Zeitablauf kann das Verfahren der volumenorientierten Deflationierung angewendet werden (vgl. Abschnitt 3.3.3). Damit der Quotient aus Umsatz- und Preisindex einen Mengenindex liefert, der die Mengen- bzw. Volumenänderung eines Güteraggregats über die Zeit hinweg isoliert, sind an den Preisindex bestimmte Anforderungen zu stellen: Der Preisindex sollte anhand der Formel von Paasche ermittelt werden, da bei der Division eines Umsatzindex durch einen Paasche-Preisindex ein Laspeyres-Mengenindex resultiert. Dieser gewährleistet, daß auch beim Vergleich von Periode zu Periode die reinen Mengenänderungen der Güter der Basisperiode gemessen werden. Bei der Deflationierung anhand eines Laspeyres-Preisindex resultiert ein Paasche-Mengenindex, der diese Eigenschaft nicht besitzt (vgl. Abschnitt 3.3.2). Außerdem muß gewährleistet sein, daß der dem Preisindex zugrunde liegende Warenkorb mit dem die Ausgaben bildenden Güteraggregat übereinstimmt oder zumindest dessen durchschnittliche Preisentwicklung geeignet repräsentiert. Nur dann wird der resultierende Mengenindex ein valides Maß für die durchschnittliche Mengenentwicklung des Güteraggregats darstellen.

Ist bei den in den Index einbezogenen Gütern zwischen Basis- und Berichtsperiode eine Qualitätsänderung aufgetreten, so wird die daraus resultierende Umsatzänderung meist der Mengenkomponente zugerechnet, die dann die sogenannte Volumenänderung mißt. Um bei der Deflationierung einer Wertgröße einen solchen Volumenindex zu erhalten, muß ein Preisindex verwendet werden, der von Qualitätsänderungen bereinigt ist. Da bei den meisten der hier betrachteten Preisindizes Qualitätsänderungen nicht oder zumindest nicht vollständig eliminiert werden (vgl. Abschnitt 5.1.2) und keine Anhaltspunkte über den Anteil von Qualitätsänderungen in der Preis- bzw. Mengenkomponente vorliegen, wird im weiteren Verlauf der Analyse die Unterscheidung zwischen Mengenindex und Volumenindex nicht weiter berücksichtigt.

Untersucht man die in Kapitel 4 vorgestellten Preisindizes hinsichtlich ihrer formalen Eignung zur Deflationierung der Ausgaben, so stellt man fest, daß nur die vom ZI berechneten Punktwert- und Punktzahlindizes nach der Formel von Paasche ermittelt werden. Unter diesem Gesichtspunkt ist somit allein für den Bereich der ambulanten Versorgung durch Ärzte (ohne Zahnärzte) eine volumenorientierte Deflationierung möglich. Auch die Validität der beiden Indizes läßt auf eine Eignung zur Deflationierung der GKV-Ausgaben schließen (vgl. Abschnitt 5.1.3). Probleme treten hier jedoch dadurch auf, daß aus dem Punktzahl- und dem Punktwertindex theoretisch kein Index für die gesamte Preisänderung ermittelt werden kann (vgl. Formel (4.-19) und (4.-20)). Ignoriert man diese Tatsache und deflationiert die Ausgaben mit dem Produkt aus Punktwert- und Punktzahlindex, so ergibt sich ein nicht in geschlossener Form darstellbarer und nicht als Mengenindex interpretierbarer Ausdruck I_Q^*:

$$I_Q^* = \frac{\dfrac{\sum_{i=1}^{n} q_i^1 \cdot pz_i^1 \cdot pw_i^1}{\sum_{i=1}^{n} q_i^0 \cdot pz_i^0 \cdot pw_i^0}}{\dfrac{\sum_{i=1}^{n} q_i^1 \cdot pz_i^1 \cdot pw_i^1}{\sum_{i=1}^{n} q_i^1 \cdot pz_i^1 \cdot pw_i^0} \cdot \dfrac{\sum_{i=1}^{n} q_i^1 \cdot pz_i^1}{\sum_{i=1}^{n} q_i^1 \cdot pz_i^0}} = \frac{\dfrac{\sum_{i=1}^{n} q_i^1 \cdot pz_i^1 \cdot pw_i^0}{\sum_{i=1}^{n} q_i^0 \cdot pz_i^0 \cdot pw_i^0}}{\dfrac{\sum_{i=1}^{n} q_i^1 \cdot pz_i^1}{\sum_{i=1}^{n} q_i^1 \cdot pz_i^0}} \quad . \qquad (5.\text{-}1)$$

Betrachtet man nur den Zähler des in Gleichung (5.-1) auf der rechten Seite stehenden Terms, so läßt sich dieser in einem gewissen Sinne als Mengenindex interpretieren: Wird als Mengengröße nicht die Anzahl der Abrechnungen einer Einzelleistung q_i verwendet, sondern der Leistungsbedarf $pz_i \cdot q_i$, so kann

$$I_{LB} = \frac{\sum_{i=1}^{n} q_i^1 \cdot pz_i^1 \cdot pw_i^0}{\sum_{i=1}^{n} q_i^0 \cdot pz_i^0 \cdot pw_i^0} \qquad (5.\text{-}2)$$

als Laspeyres-Leistungsbedarfsindex bezeichnet werden. Diesen Index erhält man bei der Deflationierung mit dem Punktwertindex I_{PW}. Allerdings wird durch die Berechnung des Punktwertindex mit jährlich wechselndem Basisjahr die Aussagekraft des resultierenden Mengenindex eingeschränkt. Um eine Preisindexreihe mit festem Basisjahr zu erhalten, müssen die Indizes verkettet werden. Werden die Ausgaben mit einem Ketten-Punktwertindex I_{PW}^k deflationiert, hängt der resultierende „Ketten-Mengenindex" I_{LB}^k jedoch nicht mehr nur von der Leistungsbedarfsänderung zwischen Basis- und Berichtsperiode ab, sondern auch von den Preis- und Mengenänderungen der dazwischen liegenden Perioden.

Deflationiert man die GKV-Ausgaben für die Behandlung durch Ärzte mit dem verketteten Punktwertindex[4], so resultiert für die Jahre 1991 bis 1995 – aktuellere Werte für den Punktwertindex stehen derzeit nicht zur Verfügung – folgendes Ergebnis:

Index	1991	1992	1993	1994	1995
I_{LB}^k	100,0	107,7	115,3	124,0	136,2

Die Ausgaben bei konstanten Punktwerten sind somit seit 1993 aufgrund des Punktwertverfalls noch stärker gestiegen als die nominalen Ausgaben.

[4] Verwendet wird der Punktwertindex, den das ZI im Rahmen des AIS/BMÄ ermittelt. Dieser Index kann als repräsentativ für die Preis- bzw. Punktwertentwicklung im gesamten Bereich der ambulanten Versorgung bezeichnet werden (vgl. Abbildungen 4.-6 und 4.-7).

Zur Überprüfung der Validität dieser Werte können weitere Daten aus dem AIS/BMÄ herangezogen werden. Dort wird jährlich die Entwicklung des Leistungsbedarfs, untergliedert nach Leistungsgruppen, dargestellt (vgl. ZENTRALINSTITUT FÜR DIE KASSENÄRZTLICHE VERSORGUNG, [139], jeweils Tabelle 1 bzw. Tabelle 1A). Zusammen mit dem für die verschiedenen Leistungskategorien jeweils über die Quartale gebildeten Durchschnitt der bundesdurchschnittlichen Verrechnungspunktwerte 1991 (vgl. ZENTRALINSTITUT FÜR DIE KASSENÄRZTLICHE VERSORGUNG, [139], 1991, S. 75) kann approximativ ein Laspeyres-Leistungsbedarfsindex I_{LB}^{Las} für die Berichtsperioden 1992 bis 1995 auf der Basis 1991 berechnet werden. Es ergeben sich folgende Werte:

Index	1991	1992	1993	1994	1995
I_{LB}^{Las}	100,0	106,3	113,1	122,8	137,8

Vergleicht man diese Werte mit dem oben ausgewiesenen Ketten-Leistungsbedarfsindex I_{LB}^{k}, so zeigen sich nur relativ geringfügige Unterschiede. Es läßt sich daraus die Vermutung ableiten, daß die Deflationierung mit dem verketteten Punktwertindex valide Ergebnisse für die Entwicklung des Leistungsbedarfs liefert.

Für die Messung der Entwicklung der Zahl der abgerechneten Einzelleistungen, also der eigentlichen Mengenkomponente im Bereich der ärztlichen Versorgung, steht allerdings kein geeigneter Index zur Verfügung. Wie oben gezeigt, führt die Deflationierung der Ausgaben mit dem Produkt aus Punktwert- und Punktzahlindex zu keinen interpretierbaren Ergebnissen (vgl. Gleichung (5.-1)), was außerdem durch die notwendige Verkettung der Indizes noch verstärkt wird. Die Werte der „realen Komponente", die bei dieser Vorgehensweise resultieren, sind in nachfolgender Tabelle angegeben.

Index	1991	1992	1993	1994	1995
I_Q^{*k}	100,0	107,7	115,5	125,2	141,6

Auch hier kann eine aus den Daten des AIS/BMÄ ermittelte Indexreihe zur Beurteilung der Validität der Werte von I_Q^{*k} herangezogen werden:

Index	1991	1992	1993	1994	1995
I_Q^{**}	100,0	105,8	111,0	121,5	137,9

Diese Werte ergeben sich, wenn man die Ausgaben für die Behandlung durch Ärzte mit einem Paasche-Preisindex deflationiert, der folgendermaßen ermittelt wurde: Anhand der Daten der oben erwähnten Tabelle 1 (bzw. Tabelle 1A) des AIS/BMÄ, die neben dem Leistungsbedarf auch die Umsätze und die Anzahl der

abgerechneten Einzelleistungen jeder Leistungsgruppe umfaßt, kann für 1991 jeweils der durchschnittliche Preis der Leistungen einer Leistungsgruppe berechnet werden. Die Division der jeweiligen Umsätze in den verschiedenen Berichtsjahren durch die mit Hilfe der Preise 1991 und den jeweiligen Anzahlen der abgerechneten Leistungen ermittelten hypothetischen Umsätze liefert dann (approximativ) einen Paasche-Preisindex.
Aus dem Vergleich der beiden Zeitreihen läßt sich dann die Vermutung ableiten, daß durch die mit dem Produkt aus Punktwert- und Punktzahlindex deflationierten Werte I_Q^{*k} die Entwicklung der Mengenkomponente der ärztlichen Leistungen überschätzt wird.

Für den gesamten Sektor der ambulanten Versorgung durch Ärzte und Zahnärzte steht zur Deflationierung der Ausgaben nur der Index für die Dienstleistungen von Ärzten, der vom Statistischen Bundesamt ermittelt wird, zur Verfügung. Dieser berücksichtigt in seinem Warenkorb Leistungen von Ärzten gemäß der Gebührenordnung GOÄ und Zahnarztleistungen gemäß der GOZ. Daß die Entwicklung der Preise der GOÄ/GOZ nicht mit der Entwicklung der Preise des EBM/BEMA-Z übereinstimmt, wurde in Abschnitt 5.1.3 gezeigt. Schon deshalb liefert die Deflationierung der GKV-Ausgaben für ambulante Behandlung anhand dieses Laspeyres-Preisindex keine validen Ergebnisse für die Mengenentwicklung in diesem Bereich. Es resultiert außerdem ein Paasche-Mengenindex, dessen Werte zwar im Vergleich mit der Basisperiode jeweils die „reine" Mengenänderung messen, nicht jedoch im Vergleich von Periode zu Periode.

Index	1991	1992	1993	1994	1995	1996	1997
$Q_{amb.Beh.}^{Pa}$	100,0	107,0	109,6	113,4	117,5	118,8	119,3

Durch die hier angegebenen Werte wird die Mengenkomponente im ambulanten Sektor – zumindest seit 1994 – sehr wahrscheinlich zu niedrig ausgewiesen. Nimmt man die Werte I_Q^{**} aus der voranstehenden Tabelle als repräsentativ für die Mengenentwicklung der ärztlichen Leistungen an, so müßte ein Mengenindex für Zahnarztleistungen, der mit einem Gewicht von etwa 25% in einen Gesamtindex für die ambulante Behandlung eingehen würde[5], zum Beispiel für 1995 einen Rückgang im Vergleich zu 1991 um fast 50% ausweisen, um das durch $Q_{amb.Beh.}^{Pa}$ angegebene Niveau zu erreichen. Dies ist sicherlich nicht realistisch, womit die oben genannte Vermutung bestätigt wird.

Zur Deflationierung der Ausgaben für den stationären Sektor kann nur der Preisindex für die Dienstleistungen der Krankenhäuser herangezogen werden. Da dieser als Laspeyres-Index berechnet wird, resultiert aus der Preisbereinigung auch hier

[5] Dieser Anteil entspricht dem Anteil der Ausgaben für zahnärztliche Behandlung an den Ausgaben für ambulante Behandlung durch Ärzte und Zahnärzte (vgl. Tabelle 5.-2).

ein Paasche-Mengenindex Q_{KH}^{Pa}, dessen Werte allein im Vergleich mit der Basisperiode Aussagekraft besitzen. Dabei läßt die vermutlich eingeschränkte Validität des Preisindex (vgl. Abschnitt 5.1.3) auf nur bedingt valide Werte des Mengenindex für diese Jahre schließen.

Index	1991	1992	1993	1994	1995	1996	1997
Q_{KH}^{Pa}	100,0	104,5	106,2	109,7	111,7	105,8	112,8

Diese Hypothese kann jedoch aufgrund fehlender geeigneter Indikatoren nicht eindeutig belegt werden. Zwar kann zum Beispiel die Entwicklung der Fallzahl insgesamt berechnet werden (vgl. hierzu z.B. STATISTISCHES BUNDESAMT, [112], 1996, S. 14), ob die resultierende Meßzahl ein valider Indikator für die Entwicklung der Mengenkomponente im stationären Sektor ist, ist jedoch aufgrund der fehlenden Gewichtung fraglich. Zur Berechnung eines (gewogenen) Fallzahl-Index stehen zwar seit dem Aufbau der Krankenhausdiagnosestatistik 1993 Daten über die Häufigkeit verschiedener Krankheitsarten zur Verfügung (vgl. GRÄB, [47]). Die für eine Gewichtung dieser Fallzahlen benötigten Angaben über die Kosten bzw. Preise der stationären Behandlung verschiedener Krankheitsarten liegen allerdings nicht vor[6]. Es existieren zwar verschiedene Studien über die (direkten und indirekten) Kosten von Krankheiten; zur Ermittlung der direkten Kosten einer Krankheit werden jedoch alle Ausgaben für die Behandlung, also auch die Kosten der ambulanten Behandlung und der Arzneimittelversorgung mitberücksichtigt (vgl. z.B. HENKE, [55], HENKE/MARTIN/BEHRENS, [56] und KOHLMEIER ET AL., [64]). Eine Approximation der Preise verschiedener Krankheitsarten könnte (seit 1993) durch das Produkt aus der durchschnittlichen Verweildauer der Patienten der jeweiligen Krankheitsklasse und einem allgemeinen Krankenhauspflegesatz gegeben werden. Ob ein mit diesen approximativen Preisen gewichteter Fallzahlindex die Mengenentwicklung im stationären Sektor geeignet widerspiegelt, ist jedoch wiederum nicht gesichert.

Um die Ausgaben für den Arzneimittelsektor zu deflationieren, stehen die Laspeyres-Indizes des Statistischen Bundesamtes (Subindizes des Preisindex für die Lebenshaltung und des Index der Einzelhandelspreise) und des WIdO zur Verfügung. Betrachtet man neben dem Warenkorb der Indizes auch den Erhebungsbereich der Preise, so stehen zur Preisbereinigung der in den alten Bundesländern angefallenen GKV-Ausgaben für Arznei-, Verband-, Heil- und Hilfsmittel aus Apotheken streng genommen nur die Subindizes des Preisindex für die Lebenshaltung zur Verfügung, da die anderen Preisindizes für das gesamte Bundesgebiet berechnet werden.

[6] Die Ermittlung eines Mengenindex über Fallpauschalen ist zwar prinzipiell möglich; durch die geringe Anzahl definierter Fallpauschalen dürfte ein solcher Index allerdings keine validen Ergebnisse für die gesamte Mengenentwicklung liefern.

Im Rahmen des Preisindex für die Lebenshaltung werden für die Arzneimittelversorgung unter anderem der Index für Medikamente (P_{Med}) und der weiter gefaßte Index für die Verbrauchsgüter für die Gesundheitspflege (P_{Ver}) ermittelt (vgl. Abschnitt 4.1, speziell Tabelle 4.-2). Letzterer umfaßt allerdings auch die Entwicklung der Rezeptgebühr, die in Folge der Regelungen des Gesetzgebers überdurchschnittlich stark angestiegen ist – seit 1994 nahm diese Indexposition einen Wert von 171,3 an, 1997 stieg der Wert auf 280,6 – und damit den Preisindex nach oben treibt. Der Warenkorb des Index für Medikamente ist dagegen für die Deflationierung der Ausgaben für Arznei-, Verband-, Heil- und Hilfsmittel streng genommen zu eng gefaßt. Allerdings wird der Apothekenumsatz zu über 90% aus dem Verkauf von Medikamenten erzielt, so daß die Entwicklung der Medikamentenpreise für die Entwicklung der Preise für Arznei-, Verband-, Heil- und Hilfsmittel aus Apotheken bestimmend ist. Es besteht außerdem die Möglichkeit, aus den Angaben des Statistischen Bundesamtes über die Wägungsanteile und Werte des Preisindex für Medikamente und des Preisindex für Verbandstoffe und andere Verbrauchsgüter einen Preisindex für die „Verbrauchsgüter für die Gesundheitspflege ohne Rezeptgebühr“ (P^*_{Ver}) zu ermitteln. Dieser liegt aufgrund des geringen Wägungsanteils der Verbandsstoffe und anderen Verbrauchsgüter nur geringfügig über dem Preisindex für Medikamente.
Verwendet man die drei genannten Preisindizes zur Deflationierung der GKV-Ausgaben für Arznei-, Verband-, Heil- und Hilfsmittel aus Apotheken, resultieren folgende Werte für die Mengenentwicklung des zugrundeliegenden Güteraggregats im früheren Bundesgebiet (Q_{Med}: Mengenindex bei Deflationierung mit dem Index für Medikamente; Q_{Ver}: Mengenindex bei Deflationierung mit dem Index für Verbrauchsgüter für die Gesundheitspflege; Q^*_{Ver}: Mengenindex bei Deflationierung mit dem Index für Verbrauchsgüter für die Gesundheitspflege ohne Rezeptgebühr):

Index	1991	1992	1993	1994	1995	1996	1997
Q_{Med}	100,0	108,1	88,7	93,6	101,6	108,9	104,6
Q_{Ver}	100,0	108,4	83,9	82,5	89,7	95,9	78,6
Q^*_{Ver}	100,0	108,0	88,2	93,0	100,9	108,0	103,4

Da in den GKV-Ausgaben für Arzneimittel die Eigenbeteiligung der Patienten nicht enthalten ist, wird die Preisentwicklung durch P_{Ver} zu hoch und damit die Mengenentwicklung durch Q_{Ver} zumindest seit 1993 zu niedrig ausgewiesen. Über die Validität der beiden anderen Indexreihen lassen sich nur sehr vage Aussagen treffen. Unter der in Abschnitt 5.1.3 aufgestellten Annahme, daß P_{Med} vermutlich etwas überhöhte Werte aufweist, wird die Mengenentwicklung auf dem Markt für Arznei-, Verband-, Heil- und Hilfsmittel durch Q_{Med} bzw. Q^*_{Ver} wahrscheinlich (geringfügig) unterschätzt.

Ein weiterer Preisindex, der zur Preisbereinigung der GKV-Arzneimittelausgaben herangezogen werden könnte, ist der Preisindex für Apotheken (Subindex des Index der Einzelhandelspreise). Dieser darf eigentlich nur zur Deflationierung der Ausgaben in der gesamten Bundesrepublik verwendet werden, da zu seiner Berechnung die Preise sowohl in den alten als auch in den neuen Bundesländern erhoben werden. Da jedoch der Großteil des Apothekenumsatzes mit Arzneimitteln erzielt wird und für Arzneimittel in der Regel bundeseinheitliche Abgabepreise bestehen, dürften sich aus der Verwendung des Index für Apotheken zur Deflationierung der Arzneimittelausgaben im früheren Bundesgebiet keine zusätzlichen Verzerrungen ergeben. Bei einem Vergleich der Werte dieses Index mit den Werten des für das frühere Bundesgebiet ermittelten Index P^*_{Ver} zeigen sich Abweichungen in der Größenordnung von $\pm$ 0,1 Prozentpunkten. Die Deflationierung der GKV-Ausgaben für Arznei-, Verband-, Heil- und Hilfsmittel aus Apotheken anhand des Preisindex für Apotheken liefert somit annähernd dieselben Werte wie Q^*_{Ver}.

Schließlich wird für den Arzneimittelsektor im Rahmen des GKV-Arzneimittelindex des WIdO sowohl ein Laspeyres-Preisindex als auch ein Paasche-Mengenindex ermittelt. Diese messen die Preis- bzw. Mengenkomponente der Änderung des GKV-Fertigarzneimittelumsatzes in Deutschland (vgl. Abschnitt 4.2.1). Da sich der Fertigarzneimittelumsatz von den Arzneimittelausgaben der GKV in verschiedenen Positionen unterscheidet (vgl. hierzu z.B. SCHWABE, [102], S. 629) und sich die beiden Ausgabengrößen unterschiedlich entwickelt haben, liefert die Deflationierung der – im gesamten Bundesgebiet angefallenen – Arzneimittelausgaben mit dem verketteten WIdO-Preisindex ein anderes Ergebnis (Q^D_{WIdO}) für die Mengenentwicklung als der verkettete WIdO-Mengenindex Q^k_{Pa}. Da außerdem die Ausgaben im früheren Bundesgebiet weniger stark gestiegen sind als die Ausgaben in Deutschland, ergibt die Deflationierung der Ausgaben der alten Bundesländer mit dem verketteten WIdO-Preisindex wiederum ein anderes Resultat ($Q^{fr.BG}_{WIdO}$):

Index	1991	1992	1993	1994	1995	1996
$Q^{fr.BG}_{WIdO}$	100,0	108,1	90,4	96,0	104,8	112,0
Q^D_{WIdO}	100,0	111,7	97,9	105,2	113,0	120,3
Q^k_{Pa}	100,0	111,5	101,7	107,4	114,9	120,5

In Abschnitt 5.1.3 wurde die Vermutung aufgestellt, daß der WIdO-Mengenindex Q_{Pa} die zwischen Basis- und Berichtsperiode eingetretene Mengenänderung auf dem GKV-Fertigarzneimittelmarkt geeignet wiedergibt. Durch die Verkettung der Indizes wird allerdings nicht mehr nur die reine Mengenänderung zwischen Basis- und Berichtsperiode gemessen, sondern es fließen auch Änderungen der Preise mit ein. Die Validität der Werte von Q^k_{Pa} ist somit nicht gesichert.

Die Validität von Q^{D}_{WIdO} wird zusätzlich dadurch eingeschränkt, daß in dem zur Deflationierung verwendeten Preisindex P_{Las} nur Fertigarzneimittel und keine Verbands-, Heil- und Hilfsmittel berücksichtigt werden. Da der Apothekenumsatz jedoch zum größten Teil mit Arzneimitteln erzielt wird, ist dieser Einwand wahrscheinlich vernachlässigbar. Bei $Q^{fr.BG}_{WIdO}$ ist außerdem zu berücksichtigen, daß der zur Deflationierung verwendete Preisindex sich auf das gesamte Bundesgebiet bezieht. In Abschnitt 5.1.3 wurde jedoch gezeigt, daß die Preisentwicklung in den neuen Bundesländern nur mit einem relativ geringen Gewicht in den Gesamtindex eingeht und somit zwischen dem Preisindex für das frühere Bundesgebiet und dem Preisindex für Deutschland wahrscheinlich kein großer Unterschied besteht.

Der Vergleich der Indexreihen $Q^{fr.BG}_{WIdO}$ und Q_{Med} liefert für die Jahre 1992 und 1993 noch relativ ähnliche Ergebnisse. Danach laufen die Werte jedoch weiter auseinander. Die Frage, welcher dieser Indizes zur Deflationierung der GKV-Ausgaben für Arznei-, Verband-, Heil- und Hilfsmittel nun am ehesten geeignet ist, läßt sich nur schwer beantworten. Beide Indizes weisen gewisse Defizite auf: Der Index des WIdO ist aufgrund seines jährlich wechselnden Warenkorbes nur eingeschränkt geeignet; der Index des Statistischen Bundesamtes beruht dagegen auf einer eher schmalen Datenbasis und wahrscheinlich auf einem veralteten Gewichtungsschema. Welche Beinträchtigung weniger ins Gewicht fällt, läßt sich auch hier aufgrund eines fehlenden Indikators für die „wahre“ Mengenentwicklung nicht beantworten.

Insgesamt läßt sich feststellen, daß sowohl für den Arzneimittelmarkt als auch für die Bereiche der ambulanten und stationären Versorgung kein Index existiert, der ohne Einschränkungen zur Ermittlung der „realen Komponente“ des jeweiligen Versorgungsbereichs herangezogen werden könnte. Neben der zumeist nicht gegebenen Übereinstimmung der Preisentwicklung der im Index berücksichtigten Güter mit derjenigen des übergeordneten Güteraggregats liegen die Probleme darin, daß die meisten Preisindizes nach der Formel von Laspeyres ermittelt werden und schon deshalb zur volumenorientierten Deflationierung nicht uneingeschränkt herangezogen werden können.

5.2.3 Eignung der Preisindizes zur Deflationierung der gesamten Behandlungsausgaben

Neben den einzelnen Versorgungskategorien kann auch das gesamte GKV-Leistungsspektrum im Blickpunkt stehen. Ein zur volumenorientierten Deflationierung der Gesamtausgaben geeigneter Preisindex für die gesamten Behandlungsleistungen kann außerdem zur fallspezifischen Deflationierung der einzelnen Behandlungsausgaben herangezogen werden (vgl. Abschnitt 3.3.3). Damit würden die resultierenden Mengenkomponenten nicht mehr nur die Mengenentwicklung bei konstanten Preisen messen, sondern dadurch, daß die Änderung der realen Austauschverhältnisse zwischen den einzelnen Gütergruppen nicht mehr herausgerechnet wird, die Mengenentwicklung bei konstantem Preisniveau (der Behandlungsleistungen) angeben.

Zur Deflationierung der Summe der GKV-Ausgaben für die ambulante, stationäre und Arzneimittelversorgung stehen im Prinzip nur die Indizes des Statistischen Bundesamtes zur Verfügung, da nur im Rahmen des Preisindex für die Lebenshaltung Subindizes für alle drei Sektoren ermittelt werden[7] (vgl. Abschnitt 4.1.1). Anhand dieser Subindizes können folgende Preisindizes für die Behandlungsleistungen ermittelt werden:

- Index für die Verbrauchsgüter für die Gesundheitspflege sowie für die Dienstleistungen von Ärzten und Krankenhäusern;

- Index für die Verbrauchsgüter für die Gesundheitspflege (ohne Rezeptgebühr) sowie für die Dienstleistungen von Ärzten und Krankenhäusern.

Letzterer unterscheidet sich von dem zuerst genannten Index nur dadurch, daß der Subindex für die Rezeptgebühr nicht miteinbezogen wird. Dies erscheint gerechtfertigt, da die Rezeptgebühr keinen Bestandteil der GKV-Ausgaben darstellt. Es soll deshalb der „Index ohne Rezeptgebühr“ weiter betrachtet werden.

Deflationiert man die GKV-Ausgaben für die ambulante, stationäre und Arzneimittelversorgung mit diesem Index, so ergeben sich folgende Werte:

Index	1991	1992	1993	1994	1995	1996	1997
P_{Las}	100,0	102,5	103,2	104,5	105,9	108,9	109,6
Q_{Pa}	100,0	107,0	105,4	110,3	115,4	115,1	117,6

Es zeigt sich, daß – jeweils im Vergleich Berichts- und Basisperiode – die Mengenkomponente stärker gestiegen ist als die Preiskomponente. Die Ausgabensteigerung wäre demnach vorwiegend auf die Mengenentwicklung zurückzuführen.

Da es sich bei dem zur Deflationierung verwendeten Preisindex um einen Index nach Laspeyres handelt, mißt die resultierende Mengenkomponente die „reine“ Mengenänderung jeweils nur zwischen Berichts- und Basisperiode. Um dem gewünschten Ergebnis eines Laspeyres-Mengenindex näher zu kommen, kann folgendermaßen vorgegangen werden (vgl. Abschnitt 3.3.3): Die Gesamtausgaben werden in Teilaggregate aufgespalten, die mit entsprechenden Laspeyres-

[7] Für die Deflationierung der gesamten Behandlungsausgaben der GKV, also einschließlich der Ausgaben für die Behandlung durch sonstige Heilpersonen, für Zahnersatz und für Arzneien, Heil- und Hilfsmittel von anderen Stellen, steht bislang kein Preisindex zur Verfügung.

Preisindizes preisbereinigt werden. Die Aufsummierung der deflationierten Teilaggregate und anschließende Division durch die Gesamtausgaben im Basisjahr liefert dann eine Näherungslösung für den Laspeyres-Mengenindex.
Wendet man diese Vorgehensweise auf die GKV-Ausgaben an, d.h. deflationiert man die Ausgaben für ambulante Behandlung mit dem Preisindex für die Dienstleistungen von Ärzten, die Ausgaben für stationäre Behandlung mit dem Preisindex für die Dienstleistungen der Krankenhäuser und die Ausgaben für Arznei-, Verband-, Heil- und Hilfsmittel mit dem Preisindex für die Verbrauchsgüter für die Gesundheitspflege (ohne Rezeptgebühr), summiert diese „realen" Ausgaben anschließend auf und dividiert durch die GKV-Gesamtausgaben 1991, so ergeben sich folgende Werte für den Mengenindex Q^* und den zugehörigen impliziten verpaaschten Laspeyres-Preisindex P^*:

Index	1991	1992	1993	1994	1995	1996	1997
P^*	100,0	103,4	105,3	107,6	109,9	113,4	113,9
Q^*	100,0	106,1	103,3	107,2	111,2	110,6	112,8

Damit ist die Ausgabenentwicklung in etwa zu gleichen Teilen auf die Preis- und die Mengenentwicklung zurückzuführen, wobei je nach Berichtsjahr entweder die Preis- oder die Mengenkomponente geringfügig überwiegt.

Bei der Beurteilung der beiden Vorgehensweisen muß allerdings berücksichtigt werden, daß vermutlich beide Methoden keine validen Ergebnisse liefern, da die zur Deflationierung verwendeten Subindizes – vor allem der Preisindex für die Dienstleistungen von Ärzten – die Preisentwicklung der den Ausgaben zugrunde liegenden Güteraggregate nicht geeignet repräsentieren.

Verwendet man zur Preisbereinigung der Ausgaben für die ambulante Behandlung den (verketteten) Paasche-Punktwertindex des ZI (Gebührenordnung BMÄ), wobei die (heroische) Annahme getroffen wird, daß dieser Index auch die Preisentwicklung der Zahnarztleistungen repräsentiert, und verfährt ansonsten wie oben – Deflationierung der Ausgaben der einzelnen Sektoren und anschließende Aufsummierung – resultiert für die Jahre 1991 bis 1995 folgendes Ergebnis:

Index	1991	1992	1993	1994	1995
P^{**}	100,0	102,9	103,2	104,0	104,2
Q^{**}	100,0	106,6	105,4	110,9	117,3

Es zeigt sich hier, daß nun wieder die Mengenentwicklung die Ausgabenentwicklung bestimmt. Zu berücksichtigen ist bei dieser Vorgehensweise, daß der in der Berechnung verwendete Punktwertindex des ZI nach der Formel von Paasche ermittelt wird und sich der Preisindex P^{**} somit nicht mehr in der

Form (3.-22) darstellen läßt. Da diese Vorgehensweise jedoch sowieso nur eine Näherungslösung liefert, dürfte dadurch, daß ein Teilaggregat mit einem Paasche-Index deflationiert wird, die Approximation eher besser werden. Über die Validität dieser Werte läßt sich allerdings keine gesicherte Aussage treffen. Sie ist vermutlich aufgrund der zumeist nicht validen Werte der Subindizes für die einzelnen Versorgungsbereiche eingeschränkt.

5.2.4 Zusammenfassung

Die Ausführungen in den vorangegangenen Abschnitten haben gezeigt, daß für keine Kategorie der GKV-Ausgaben ein Preisindex existiert, der ohne Einschränkungen zur Deflationierung herangezogen werden könnte. Für die Positionen Zahnersatz und Arznei-, Verband-, Heil- und Hilfsmittel von anderen Stellen (einschließlich der Behandlung durch sonstige Heilpersonen) wird überhaupt kein Index ermittelt. Somit kann auch für die gesamten GKV-Sachleistungsausgaben bzw. für die Summe der Ausgaben für die ambulante, stationäre und Arzneimittelversorgung kein bzw. kein uneingeschränkt zur Deflationierung geeigneter Preisindex bestimmt werden. In Abbildung 5.-1 wird eine Übersicht über die Kategorien der GKV-Sachleistungsausgaben gemäß der Arbeits- und Sozialstatistik und den zur Deflationierung der jeweiligen Ausgaben zur Verfügung stehenden Preisindizes sowie eine Bewertung der Eignung dieser Indizes gegeben.

Da die meisten Indizes nach der Formel von Laspeyres berechnet werden, liefert die Preisbereinigung schon aus theoretischer Hinsicht nicht das gewünschte Ergebnis für die reale Komponente. Der Preisindex des WIdO wird außerdem mit jährlich wechselndem Warenkorb ermittelt. Die somit notwendige Verkettung kann theoretisch zu weiteren Verzerrungen führen. Auch bei den Indizes des ZI, die nach der Formel von Paasche ermittelt werden, muß eine Verkettung vorgenommen werden. Da hier außerdem kein Index für die gesamte Preisänderung ermittelt werden kann, muß mit dem Punktwertindex deflationiert werden. Damit wird die Änderung der Punktzahlen in den Gebührenordnungen der Mengenkomponente zugerechnet, die dann die Änderung des sogenannten Leistungsbedarfes angibt.

Weitere Einschränkungen der Eignung der Preisindizes resultieren daraus, daß die Preisentwicklung der in den Preisindizes berücksichtigten Güter zumeist nicht repräsentativ ist für die Preisentwicklung des den Ausgaben zugrunde liegenden Güteraggregats. Vor allem bei den vom Statistischen Bundesamt ermittelten Indizes für die Dienstleistungen von Ärzten und die Dienstleistungen der Krankenhäuser ist die Validität fraglich (vgl. auch Abschnitt 5.1.3).

Abbildung 5.-1: Eignung der vorgestellten Preisindizes zur Deflationierung der GKV-Behandlungsausgaben

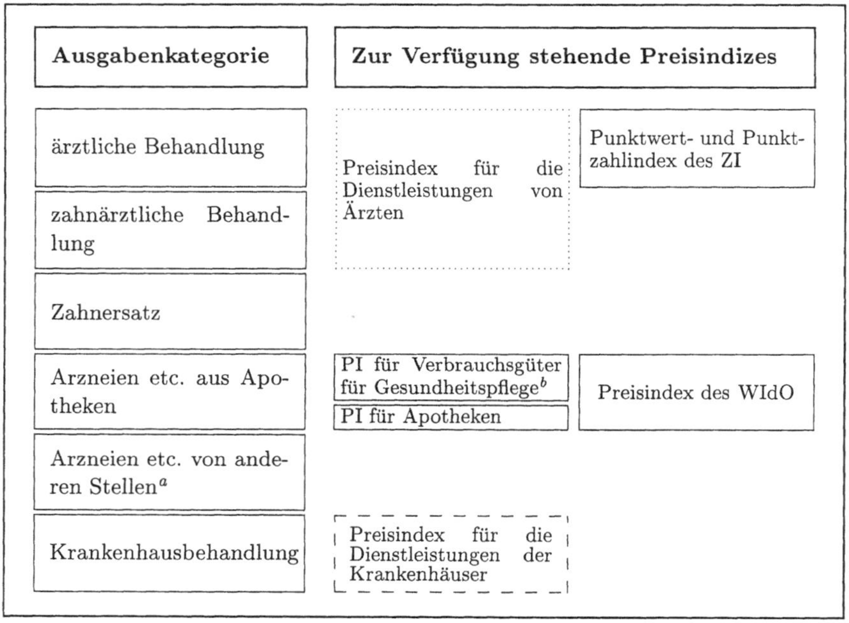

[a] einschließlich Behandlung durch sonstige Heilpersonen
[b] (ohne Rezeptgebühr)

Es bedeutet: mit Einschränkungen geeignet; eher ungeeignet; ungeeignet

Insgesamt ist festzustellen, daß bei der Ermittlung von Preisindizes, die die Entwicklung der Preise der GKV-Behandlungsleistungen geeignet repräsentieren und damit auch zur Deflationierung der entsprechenden Ausgaben herangezogen werden können, noch Defizite vorhanden sind. Im folgenden Kapitel sollen nun für die drei wichtigsten, oben vorgestellten Versorgungsbereiche Vorschläge unterbreitet werden, wie diese Mängel behoben werden können.

Kapitel 6

Vorschläge zur Neugestaltung von Indizes für das deutsche Gesundheitswesen

In diesem Kapitel sollen verschiedene Vorschläge zur Gestaltung von Preis- bzw. Mengenindizes für die Bereiche der ambulanten und stationären Behandlung sowie der Arzneimittelversorgung unterbreitet werden. Dabei soll sowohl der Zielsetzung „Messung der reinen Preisänderung“ und damit auch der Eliminierung von Qualitätsänderungen aus der Preisindexberechnung als auch der Ermittlung geeigneter Konzepte zur Komponentenzerlegung der Umsatzänderungen Rechnung getragen werden. Die in die Analyse einbezogenen Güteraggregate der Versorgungsbereiche werden hierbei durch die jeweiligen Leistungen der GKV eingegrenzt. Da die für eine Berechnung der Indizes notwendigen Daten nicht veröffentlicht und von den jeweiligen Institutionen auch für die wissenschaftlichen Zwecke dieser Arbeit nicht zur Verfügung gestellt wurden, bleibt die Darstellung zumeist auf eine konzeptionelle Ebene beschränkt.

6.1 Indizes für die ambulante Versorgung

Für den Bereich der ambulanten Versorgung werden bisher sowohl Laspeyres- als auch Paasche-Preisindizes ermittelt. Allerdings ist einerseits der Laspeyres-Preisindex des Statistischen Bundesamtes aufgrund seines nicht repräsentativen Warenkorbes nicht zur isolierenden Messung der Preisänderungen der GKV-Leistungen geeignet. Andererseits kann aus dem Paasche-Punktwertindex und dem Paasche-Punktzahlindex des ZI kein Index für die gesamte Preisänderung ermittelt werden. Damit führt auch die Deflationierung der GKV-Ausgaben mit diesem Index nicht zu dem gewünschten Ergebnis eines Laspeyres-Mengenindex. Für beide Problemstellungen werden nun Gestaltungsvorschläge unterbreitet.

Außerdem werden weitere Möglichkeiten der Komponentenzerlegung der Ausgabenänderung im ambulanten Sektor betrachtet. Dabei beschränkt sich die Analyse auf die Leistungen im Rahmen der kassenärztlichen Versorgung; eine Übertragung der Konzepte auf die Zahnarztleistungen ist jedoch problemlos möglich.

6.1.1 Preisindex zur Messung der reinen Preisänderung

Um einen langfristigen Vergleich der Preise der von Vertragsärzten der GKV erbrachten Leistungen zu gewährleisten, muß ein Laspeyres-Preisindex ermittelt werden, der sich an den Leistungsdefinitionen des EBM orientiert. Da für Arztleistungen wie die Behandlung einer bestimmten Krankheit zumeist keine standardisierten Leistungskataloge und somit auch keine Preise existieren, erscheint es sinnvoll, den Warenkorb eines Preisindex für die ambulante Versorgung durch Ärzte am EBM auszurichten.

Als Datengrundlage zur Ermittlung des Wägungsschemas eines Laspeyres-Preisindex für die EBM-Leistungen kann die Frequenzstatistik der Kassenärztlichen Bundesvereinigung herangezogen werden, die auch den Analysen des ZI zugrunde liegt. Diese Statistik zeigt für die einzelnen EBM-Positionen die Häufigkeit der Abrechnung auf.
Zur Grobgliederung des Wägungsschemas können zum Beispiel die verschiedenen Kapitel des EBM[1] und die Abrechnungshäufigkeiten bzw. Umsatzanteile der in diesen Kapiteln zusammengefaßten Leistungen verwendet werden. Eine tiefere Gliederung kann dann aus den Leistungsgruppen der EBM-Kapitel und deren Umsatzanteilen gebildet werden. Diese Gruppen umfassen zumeist noch eine Vielzahl einzelner Abrechnungs-Positionen. Um eine langfristige Vergleichbarkeit der einbezogenen Leistungen zu erreichen, erscheint eine Gliederung bis auf die Ebene der einzelnen Gebührenordnungspositionen nicht sinnvoll, da zum Teil in relativ kurzen Zeitabständen Änderungen des EBM stattfinden, bei denen neue Leistungen aufgenommen bzw. Leistungen gestrichen werden. Damit wäre eine kontinuierliche Berichterstattung über die Preisentwicklung der Leistungen der Basisperiode nicht mehr gewährleistet. Das Streichen oder Hinzufügen einer Leistungsgruppe ist dagegen meist nur bei einer größeren EBM-Reform der Fall, die dann sowieso eine Neuberechnung des Index erforderlich machen würde. Aus den Leistungen einer Gruppe müssen deshalb durch typische Auswahl Preisrepräsentanten gefunden werden, wobei dies bei umfangreichen Gruppen auch mehrere Positionen sein können, deren Preismeßzahlen dann ungewichtet zu einer durchschnittlichen Preismeßzahl zusammengefaßt werden.

[1] Die Untergliederung des EBM erfolgt größtenteils nach fachspezifischen Gesichtspunkten; so bilden zum Beispiel neben den Grundleistungen, Sonderleistungen und physikalisch-medizinischen Leistungen die Dermatologie, die Kinderheilkunde, Augenheilkunde und Urologie Kapitel des EBM (vgl. KASSENÄRZTLICHE BUNDESVEREINIGUNG, [61]).

Die Preise der ausgewählten Positionen sollten vierteljährlich bei den Kassenärztlichen Vereinigungen erhoben werden. Dabei ist es ausreichend, wenn die Kassenärztlichen Vereinigungen die Punktwerte der verschiedenen Leistungsbereiche angeben, die Punktzahlen dagegen nur bei Änderung des EBM melden. Die Punktwerte selbst müssen auf der Ebene der einzelnen Kassenärztlichen Vereinigung – seit der Umstellung der Vergütung auf die Praxisbudgets 1997 – als (gewogenes) Mittel der arztgruppenspezifischen Punktwerte ermittelt werden. Außerdem müssen die Punktwerte über die verschiedenen Gebührenordnungen – E-GO und BMÄ – gemittelt werden. Zur Ermittlung der Punktwerte für das Bundesgebiet muß eine weitere Durchschnittsbildung über die Punktwerte der verschiedenen Kassenärztlichen Vereinigungen erfolgen. Die bundesdurchschnittlichen Preise der Leistungen ergeben sich dann als Produkt aus bundesdurchschnittlichem Punktwert und EBM-Punktzahl der jeweiligen Leistung.

Wird ein Preisrepräsentant aus dem Leistungskatalog gestrichen bzw. geht er in seiner Bedeutung zurück, muß auf eine ähnliche Leistung derselben Gruppe übergegangen und damit ein Verfahren zur Eliminierung von Qualitätsänderungen angewendet werden. Die Methode des direkten Preisvergleichs (vgl. Abschnitt 3.4.1) führt dann zu unverzerrten, d.h. von unechten Preisänderungen bereinigten Ergebnissen, wenn allein die Punktwertänderung als Preisänderung betrachtet wird. Dies kann damit begründet werden, daß alte und neue Leistung derselben Leistungsgruppe angehören und für sie also ein identischer Punktwert gilt. Die Preisänderung, die auf unterschiedliche Punktzahlen der beiden Leistungen zurückzuführen ist, kann dann als Qualitätsänderung interpretiert werden, die bei dieser Vorgehensweise nicht in die Preisindexberechnung einfließt.

Qualitätsänderungen können jedoch nicht nur dann entstehen, wenn ein Preisrepräsentant ausgewechselt wird, sondern auch daraus resultieren, daß sich die Qualität der in den Index einbezogenen Einzelleistung an sich verändert. Da für die Ermittlung eines Preisindex im ambulanten Sektor eine Orientierung des Qualitätsbegriffs an dem Nutzwert der Leistung für den Patienten, also seiner Genesung, nicht praktikabel ist, müssen Inputfaktoren für die Qualitätsmessung herangezogen werden. Ein möglicher Ansatzpunkt wäre die (durchschnittliche) Zeit, die ein Arzt für die Erbringung einer Einzelleistung aufwendet. Geht man von der vielleicht heroischen Annahme aus, daß die zur Erbringung einer Einzelleistung i aufgewendete Zeit positiv mit der Punktzahl pz_i dieser Leistung korreliert ist, kann man auch hier die Punktzahländerung als „Qualitätsänderung" interpretieren. Die „reine" Preisänderung würde wiederum durch die Punktwertänderung gemessen werden. Damit kann – unabhängig von der „Ursache" einer Qualitätsänderung – ein Index für die durchschnittliche Qualitätsänderung und ein Index für die durchschnittliche reine Preisänderung ermittelt werden. Formal kann diese Aufspaltung des Laspeyres-Preisindex in eine Punktwert- und eine Punktzahlkomponente wie in nachfolgender Gleichung (6.-1) gezeigt durchgeführt werden. Diese Differenzierung erscheint auch dann sinnvoll, wenn man die Interpretation der Punktzahlkomponente als durchschnittliche Qualitätsänderung nicht unterstützt, sondern nur an den „Beiträgen" der einzelnen Preisbestandteile an der Gesamtpreisänderung interessiert ist (vgl. auch nachfolgenden Abschnitt):

$$\begin{aligned} P_{Las} &= \frac{\sum\limits_{g=1}^{G} q_g^0 \cdot p_g^1}{\sum\limits_{g=1}^{G} q_g^0 \cdot p_g^0} = \frac{\sum\limits_{g=1}^{G} q_g^0 \cdot pz_g^1 \cdot pw_g^1}{\sum\limits_{g=1}^{G} q_g^0 \cdot pz_g^0 \cdot pw_g^0} \\ &= \frac{\sum\limits_{g=1}^{G} q_g^0 \cdot pz_g^0 \cdot pw_g^1}{\sum\limits_{g=1}^{G} q_g^0 \cdot pz_g^0 \cdot pw_g^0} \cdot \frac{\sum\limits_{g=1}^{G} q_g^0 \cdot pw_g^1 \cdot pz_g^1}{\sum\limits_{g=1}^{G} q_g^0 \cdot pw_g^1 \cdot pz_g^0} = I_{PW}^* \cdot I_{PZ}^* \quad . \qquad (6.\text{-}1) \end{aligned}$$

Der Punktwertindex I_{PW}^* ist ein mit den in der Basisperiode festgestellten Umsatzanteilen der G Gruppen gewogener Laspeyres-Index. Er gibt somit die Umsatzänderung an, die bei konstantem Leistungsbedarf $(q_g^0 \cdot pz_g^0)$ allein aus der Änderung der Punktwerte resultiert. Beim Punktzahlindex I_{PZ}^* wird die Punktzahländerung mit hypothetischen Umsatzanteilen gewichtet, wobei sich der Umsatz als Produkt aus Leistungsbedarf der Basisperiode und Punktwerten der Berichtsperiode ergibt. Er ist somit weder ein Laspeyres-Index noch ein Paasche-Index – die Anforderungen der Definition 3.-1 werden jedoch erfüllt – und damit für einen längerfristigen Vergleich der Punktzahländerungen nicht geeignet. Das vorgestellte Konzept ermöglicht jedoch eine valide Messung der „reinen" bzw. der gesamten Preisänderungen im Bereich der kassenärztlichen Versorgung.

6.1.2 Komponentenzerlegung der Umsatzänderung

In Abschnitt 4.3 wurde die vom ZI durchgeführte Komponentenzerlegung der von Ärzten in freier Praxis erwirtschafteten Umsätze vorgestellt und die Probleme aufgezeigt, die sich bezüglich der Ermittlung aussagekräftiger Preis- und Mengenindizes ergeben. Hier sollen nun Vorschläge unterbreitet werden, die eine konsistente Aufspaltung der Umsatzänderung in eine Preis- und eine Mengenkomponente ermöglichen. Dabei soll zuerst – um einen Vergleich mit dem Konzept des ZI zu ermöglichen – der zeitlichen Vergleichbarkeit der Mengenkomponente gegenüber der zeitlichen Vergleichbarkeit der Preiskomponente bzw. einer „unverzerrten" Aufspaltung in eine Preis- und eine Mengenkomponente der Vorzug gegeben werden.

Ausgangspunkt ist die Aufspaltung der Umsatzänderung U in einen Paasche-Preisindex und einen Laspeyres-Mengenindex, wobei als „Preis" einer Leistung i das Produkt aus Punktwert pw_i und Punktzahl pz_i dieser Leistung bezeichnet wird[2]:

$$P_{Pa} = \frac{\sum_{i=1}^{n} q_i^1 \cdot p_i^1}{\sum_{i=1}^{n} q_i^1 \cdot p_i^0} = \frac{\sum_{i=1}^{n} q_i^1 \cdot pz_i^1 \cdot pw_i^1}{\sum_{i=1}^{n} q_i^1 \cdot pz_i^0 \cdot pw_i^0} \quad ; \qquad (6.-2)$$

$$Q_{Las} = \frac{\sum_{i=1}^{n} q_i^1 \cdot p_i^0}{\sum_{i=1}^{n} q_i^0 \cdot p_i^0} = \frac{\sum_{i=1}^{n} q_i^1 \cdot pz_i^0 \cdot pw_i^0}{\sum_{i=1}^{n} q_i^0 \cdot pz_i^0 \cdot pw_i^0} \quad . \qquad (6.-3)$$

Eine weitere Aufspaltung des Preisindex in einen Punktwertindex und einen Punktzahlindex ist folgendermaßen möglich:

$$I_{PW}^{**} = \frac{\sum_{i=1}^{n} q_i^1 \cdot pz_i^1 \cdot pw_i^1}{\sum_{i=1}^{n} q_i^1 \cdot pz_i^1 \cdot pw_i^0} \quad ; \qquad (6.-4)$$

$$I_{PZ}^{**} = \frac{\sum_{i=1}^{n} q_i^1 \cdot pz_i^1 \cdot pw_i^0}{\sum_{i=1}^{n} q_i^1 \cdot pz_i^0 \cdot pw_i^0} \quad . \qquad (6.-5)$$

Der Punktwertindex I_{PW}^{**} entspricht dem Punktwertindex des ZI (vgl. Formel (4.-19)), ist also ein mit dem Leistungsbedarf der Berichtsperiode gewichteter Paasche-Index. Der Punktzahlindex ist im Vergleich zum Index des ZI (vgl. Gleichung (4.-20)) etwas schwieriger zu interpretieren. Er mißt die Änderung der mit den Mengen der Berichtsperiode gewichteten Preise und ist damit eigentlich ein Paasche-Preisindex, die Preisänderung resultiert jedoch allein aus einer Änderung der Punktzahlen.

Die in Abschnitt 6.1.1 vorgestellte Interpretationsmöglichkeit des Punktwert- bzw. Punktzahlindex – Messung der reinen Preisänderung durch den Punktwertindex und Messung einer durchschnittlichen Qualitätsänderung durch den Punktzahlindex – kann auch hier angewendet werden. Damit läßt sich durch das Produkt aus Punktzahlindex und Laspeyres-Mengenindex ein sogenannter Volumenindex ermitteln, der nicht nur die reine Mengenänderung sondern die Mengenänderung einschließlich Qualitätsänderung mißt:

---

[2] Für pw_i muß wie in Abschnitt 6.1.1 erläutert ein über verschiedene Stufen gemittelter Wert angesetzt werden.

$$
\begin{aligned}
I_{Vol} &= I^{**}_{PZ} \cdot Q_{Las} = \frac{\sum_{i=1}^{n} q_i^1 \cdot pz_i^1 \cdot pw_i^0}{\sum_{i=1}^{n} q_i^1 \cdot pz_i^0 \cdot pw_i^0} \cdot \frac{\sum_{i=1}^{n} q_i^1 \cdot pz_i^0 \cdot pw_i^0}{\sum_{i=1}^{n} q_i^0 \cdot pz_i^0 \cdot pw_i^0} \\
&= \frac{\sum_{i=1}^{n} q_i^1 \cdot pz_i^1 \cdot pw_i^0}{\sum_{i=1}^{n} q_i^0 \cdot pz_i^0 \cdot pw_i^0} = I_{LB} \quad . \qquad (6.\text{-}6)
\end{aligned}
$$

Unter der Annahme, daß Qualitätsänderungen durch die Punktzahländerungen gemessen werden können, kann somit der bereits in Abschnitt 5.2.2 dargestellte Leistungsbedarfsindex (vgl. auch Formel (5.-2)) auch als Index zur Messung der Volumenänderung bezeichnet werden.

Der Laspeyres-Mengenindex (6.-3) ist weiter differenzierbar in einen – analog zum Konzept des ZI berechneten – Leistungszahlindex I_Q (vgl. Gleichung (4.-18)) und eine Strukturkomponente, die sich nicht nur wie die Strukturkomponente des ZI als Residuum ergibt, sondern analog zur Strukturkomponente des GKV-Arzneimittelindex (vgl. Gleichung (4.-5)) ermittelt wird und somit einer sinnvollen Interpretation zugeführt werden kann:

$$
I_S^{neu} = \frac{\sum_{i=1}^{n} \frac{q_i^1}{\sum_{i=1}^{n} q_i^1} \cdot pz_i^0 \cdot pw_i^0}{\sum_{i=1}^{n} \frac{q_i^0}{\sum_{i=1}^{n} q_i^0} \cdot pz_i^0 \cdot pw_i^0} \quad . \qquad (6.\text{-}7)
$$

Diese Strukturkomponente mißt die Umsatzänderung, die allein auf die Veränderungen der Leistungsstruktur zurückzuführen ist, also aus der vermehrten Erbringung relativ teurer Einzelleistungen ($I_S^{neu} > 1$) oder relativ günstiger Einzelleistungen ($I_S^{neu} < 1$) resultiert. Da in den Gebührenordnungen BMÄ und E-GO bzw. im AIS des ZI die Einzelleistungen in Gruppen eingeteilt sind, ist auch hier analog zum GKV-Arzneimittelindex die Ermittlung einer Inter- und einer Intra-Strukturkomponente möglich, die die Leistungsstrukturverschiebungen zwischen den bzw. innerhalb der Gruppen mißt (vgl. auch STACKELBERG, [109], S. 23).

Zur Erklärung der Veränderung der Gesamtzahl der erbrachten Einzelleistungen I_Q können weiterhin verschiedene Größen herangezogen werden, wie zum Beispiel die Änderung der Leistungen je Fall, der Fälle pro Arzt und der Arztzahlen[3]. An-

[3] Diese Vorgehensweise entspricht im Prinzip der des magischen Quadrats, das vom WIdO im Rahmen des Leistungsreport Ärzte veröffentlicht wird. Allerdings wird dort nicht die Veränderung der Gesamtzahl der erbrachten Einzelleistungen sondern des Leistungsbedarfs (Gesamtpunktzahl) betrachtet (vgl. BERG/EBERLE/PAFFRATH, [9]; KLOSE, [63]).

gaben zu diesen Größen werden in den AIS-Berichten zwar ausgewiesen oder lassen sich aus den veröffentlichten Daten ermitteln, sie werden jedoch nicht explizit zur Differenzierung von I_Q herangezogen. Werden für die betrachteten Komponenten die Veränderungsfaktoren multiplikativ miteinander verknüpft, ergibt sich

$$I_Q = \frac{\sum q_i^1}{\sum q_i^0} = \frac{\frac{\sum q_i^1}{FZ^1} \cdot \frac{FZ^1}{AZ^1} \cdot AZ^1}{\frac{\sum q_i^0}{FZ^0} \cdot \frac{FZ^0}{AZ^0} \cdot AZ^0} = I_{Q/FZ} \cdot I_{FZ/AZ} \cdot I_{AZ} \quad , \qquad (6.\text{-}8)$$

wobei FZ^t die Fallzahl in einer Periode t und AZ^t die Arztzahl zu einem Zeitpunkt t bezeichnet. Die jeweiligen, zur Erklärung herangezogenen Meßzahlen lassen sich dann folgendermaßen interpretieren: Hätte sich in dem betrachteten Zeitraum nur eine Meßzahl wie beobachtet verändert, und wären alle anderen Größen unverändert geblieben ($I = 1$), so hätte sich I_Q um eben diesen Faktor verändert. Damit kann bis zu einem gewissen Grade beschrieben werden, ob die Mengenänderung eher angebotsinduziert ist – Änderung der Zahl der Ärzte bzw. vermehrte oder verminderte Erbringung von Einzelleistungen je Fall – oder eher auf Nachfragefaktoren – Veränderung der Fälle pro Arzt, hervorgerufen zum Beispiel durch die Änderung des Umfanges und der Zusammensetzung sowie der Morbidität der Bevölkerung – zurückzuführen ist. Allerdings muß berücksichtigt werden, daß einerseits die Leistungen pro Fall auch deshalb steigen können, weil sich das Anspruchsverhalten der Patienten verändert hat, und andererseits die Fälle pro Arzt zum Beispiel auch dadurch erhöht werden können, daß Ärzte durch vermehrtes Ausstellen von Überweisungen oder durch Wiedereinbestellung eines Patienten in das neue Quartal Fälle „erzeugen“.

Für einen Vergleich des vorgestellten Konzeptes mit dem Konzept des ZI konnte auf die in den AIS-Berichten veröffentlichten Angaben über die 100 umsatzstärksten Leistungen zurückgegriffen werden, die etwa 70% des Gesamtumsatzes auf sich vereinigen (vgl. Zentralinstitut für die kassenärztliche Versorgung, [139, 140], 1995, S. 55ff. bzw. 57ff.). Aus diesen Angaben, die die Anzahl der Abrechnungen und den Umsatz jeder Einzelleistung beinhalten, wurde der Preis einer Leistung ermittelt. Die Aufteilung in Punktwert und Punktzahl wurde anhand des bundesdurchschnittlichen Punktwerts der entsprechenden Leistungsgruppe durchgeführt (vgl. Tabelle 2.-2). Mit Hilfe dieser Berechnungen ergaben sich für 1994/95 die in Tabelle 6.-1 verzeichneten Indexwerte.

Man erkennt zunächst, daß sich die aus den 100 Leistungen ermittelte Umsatzänderung von der tatsächlichen Umsatzänderung unterscheidet, was bei einer vergleichsweise niedrigeren Leistungszahlkomponente bei den 100 Leistungen vor allem auf eine höhere Punktzahl- und Strukturkomponente dieser 100 Leistungen zurückzuführen ist.

Tabelle 6.-1: Komponentenzerlegung I der Umsatzänderung 1994/95 der 100 umsatzstärksten EBM-Leistungen im Jahr 1995 (Westdeutschland) – Vergleich der Konzepte

	Gebührenordnung: BMÄ			Gebührenordnung: E-GO		
	Konzept des ZI		neues Konzept	Konzept des ZI		neues Konzept
	gesamt	100 Leist.	100 Leist.	gesamt	100 Leist.	100 Leist.
U	104,4	104,9	104,9	106,6	108,0	108,0
P_{Pa}	–	–	93,7	–	–	95,6
Q_{Las}	–	–	111,9	–	–	112,9
I_{PW}	93,0	92,4	92,4	94,5	93,9	93,9
I_{PZ}	100,1	101,1	101,4	99,9	101,7	101,8
I_Q	112,5	110,2	110,2	113,3	111,6	111,6
I_S	99,7	101,9	101,4	99,6	101,4	101,2

(*Quelle:* ZENTRALINSTITUT FÜR DIE KASSENÄRZTLICHE VERSORGUNG, [139, 140], 1995, S. 42 und S. 55ff. bzw. S. 45 und S. 57ff.; eigene Berechnungen anhand dieser Daten)

Beim Vergleich der Werte der Indizes der beiden Konzepte zeigen sich wie erwartet keine großen Unterschiede; erst bei der ersten Nachkommastelle treten bei der Punktzahl- und der Strukturkomponente Differenzen auf. Durch die Möglichkeit der Ermittlung konsistenter Indizes für die gesamte Preis- bzw. Mengenänderung besitzt das vorgestellte Konzept im Vergleich zum Konzept des ZI jedoch gewisse Vorzüge.

Das Konzept ist, wie oben erläutert, durch die Berechnung der durchschnittlichen Mengenänderung anhand eines Laspeyres-Index so angelegt, daß die zeitliche Vergleichbarkeit der Mengenkomponente der zeitlichen Vergleichbarkeit der Preiskomponente vorgezogen wurde. Die umgekehrte Vorgehensweise, also die Aufspaltung der Umsatzänderung in einen Laspeyres-Preisindex und einen Paasche-Mengenindex, ist jedoch ebenso denkbar.

$$P_{Las} = \frac{\sum_{i=1}^{n} q_i^0 \cdot p_i^1}{\sum_{i=1}^{n} q_i^0 \cdot p_i^0} = \frac{\sum_{i=1}^{n} q_i^0 \cdot pz_i^1 \cdot pw_i^1}{\sum_{i=1}^{n} q_i^0 \cdot pz_i^0 \cdot pw_i^0} \quad ; \qquad (6.\text{-}9)$$

$$Q_{Pa} = \frac{\sum_{i=1}^{n} q_i^1 \cdot p_i^1}{\sum_{i=1}^{n} q_i^0 \cdot p_i^1} = \frac{\sum_{i=1}^{n} q_i^1 \cdot pz_i^1 \cdot pw_i^1}{\sum_{i=1}^{n} q_i^0 \cdot pz_i^1 \cdot pw_i^1} \quad . \tag{6.-10}$$

Die weitere Differenzierung des Preisindex in eine Punktwert- und eine Punktzahlkomponente ist dann analog zu Gleichung (6.-1) durchzuführen. Die Meßzahl der Anzahl der erbrachten Einzelleistungen I_Q bleibt unverändert; bei der Strukturkomponente werden nun die Leistungszahlenanteile statt mit den Preisen der Basisperiode mit den Preisen der Berichtsperiode gewichtet.

Die sich bei Anwendung dieses Konzepts ergebenden Werte für die Preis- und Mengenkomponenten der 100 umsatzstärksten Leistungen 1995 der Gebührenordnung BMÄ bzw. E-GO sind in Tabelle 6.-2 verzeichnet.

Tabelle 6.-2: Komponentenzerlegung II der Umsatzänderung 1994/95 der 100 umsatzstärksten EBM-Leistungen im Jahr 1995 (Westdeutschland)

Gebührenordnung	U	P_{Las}	Q_{Pa}	I_{PW}	I_{PZ}	I_V	I_S
BMÄ	104,9	93,9	111,7	92,5	101,5	110,2	101,5
E-GO	108,0	95,7	112,9	94,0	101,8	111,6	101,2

(*Quelle:* eigene Berechnungen anhand der Daten des ZENTRALINSTITUT FÜR DIE KASSENÄRZTLICHE VERSORGUNG, [139, 140], 1995, S. 42 und S. 55ff. bzw. S. 45 und S. 57ff.)

Die Unterschiede zu den Werten der Komponenten des oben vorgestellten Konzepts sind nur geringfügig, was aufgrund der Analyse zweier aufeinanderfolgender Jahre nicht überrascht. Die Analyse weiter auseinanderliegender Jahre, zum Beispiel der Umsatzänderung 1991/95, ist jedoch nicht unproblematisch, da sich die Gebührenordnungspositionen, aber auch die Abrechnungsmodalitäten in dieser Zeit nicht unwesentlich verändert haben.

Über das Verhältnis der Laspeyres-Indizes zu den Paasche-Indizes der beiden Konzepte läßt sich aus theoretischer Sicht keine eindeutige Aussage treffen. Zur Veranschaulichung kann die Analyse der beiden Punktwert- und Punktzahlindizes herangezogen werden.
Beim Vergleich der beiden Punktwertkomponenten – ein Paasche-Index beim ersten Konzept und ein Laspeyres-Index beim zweiten Konzept – zeigt sich anhand der ermittelten Werte für die Jahre 1994/95, daß der Paasche-Index unter dem

Laspeyres-Index liegt. Betrachtet man die Aufteilung der relativierten Differenz D zwischen einem Laspeyres- und einem Paasche-Index gemäß Gleichung (3.-7), so zeigt sich, daß D nur dann einen negativen Wert annimmt, wenn die Preis- und Mengenmeßzahlen negativ miteinander korreliert sind. Im vorliegenden Fall wird durch die Ermittlung der Punktwerte als Quotient aus gedeckeltem Budget und Gesamtpunktzahl (= Leistungsbedarf) eines Leistungsbereichs ein negativer Wert des gewogenen Korrelationskoeffizienten r zwischen Punktwert und Leistungsbedarf zu erwarten sein. Damit wird der Laspeyres-Punktwertindex vermutlich stets über dem Paasche-Punktwertindex liegen.
Bei den beiden Punktzahlindizes ist ein solcher direkter Vergleich nicht möglich. Faßt man allerdings die Einzelleistungen zu Gruppen zusammen, innerhalb derer konstante Punktwerte vorliegen (vgl. Gruppenbildung in Tabelle 2.-2), lassen sich die Punktzahlkomponenten einer Gruppe k folgendermaßen darstellen (vgl. auch Gleichung (6.-5) und Gleichung (6.-1)):

$$ {}_kI^{**}_{Pz} = \frac{pw^0_k \cdot \sum_{j=1}^{n_k} q^1_j \cdot pz^1_j}{pw^0_k \cdot \sum_{j=1}^{n_k} q^1_j \cdot pz^0_j} \qquad \text{bzw.} \qquad (6.\text{-}11) $$

$$ {}_kI^{*}_{Pz} = \frac{pw^1_k \cdot \sum_{j=1}^{n_k} q^0_j \cdot pz^1_j}{pw^1_k \cdot \sum_{j=1}^{n_k} q^0_j \cdot pz^0_j} \quad . \qquad (6.\text{-}12) $$

${}_kI^{**}_{Pz}$ ist ein mit der Anzahl der in der Berichtsperiode erbrachten Einzelleistungen gewichteter Paasche-Punktzahlindex und ${}_kI^{**}_{Pz}$ entspricht einem mit der Anzahl der in der Basisperiode erbrachten Einzelleistungen gewichteten Laspeyres-Punktzahlindex. Auch hier kann zur Analyse des Verhältnisses dieser Gruppen-Indizes die Aufteilung der relativierten Differenz D gemäß Gleichung (3.-7) herangezogen werden. Unterstellt man, daß mit steigender Punktzahl einer Leistung diese – relativ zu einer Leistung mit konstanter Punktzahl – vermehrt erbracht wird, so wird das Vorzeichen des Korrelationskoeffizienten zwischen den Punktzahl-Meßzahlen der Leistungen der betrachteten Gruppe und den Meßzahlen der Abrechnungszahlen der Leistungen der betrachteten Gruppe vermutlich positiv sein. Geht man davon aus, daß in jeder Gruppe der Korrelationskoeffizient positiv ist, so wird auch die Differenz zwischen den Gesamtindizes – unabhängig von der Gewichtung bei der Zusammenfassung der Gruppenindizes zum Gesamtindex – ein positives Vorzeichen besitzen und somit der Punktzahlindex I^{**}_{PZ} (vgl. Gleichung (6.-5)) größer sein als der Punktzahlindex I^{*}_{PZ} (vgl. Gleichung (6.-1)).

Insgesamt wird somit, je nachdem, ob der negative Effekt bei den Punktwertkomponenten den positiven Effekt bei den Punktzahlkomponenten überwiegt oder nicht, der Laspeyres-Preisindex über bzw. unter dem Paasche-Preisindex liegen. Abhängig ist dies auch von der Größenordnung der (gewogenen) Variationskoeffizienten der verschiedenen Preis- und Mengen-Meßzahlen, worüber sich a priori keine Annahmen aufstellen lassen.

Über die Wahl des ersten oder zweiten Konzeptes – Paasche-Preisindex und Laspeyres-Mengenindex oder Laspeyres-Preisindex und Paasche-Mengenindex – entscheidet häufig der Vorteil der Formel von Laspeyres, die zeitliche Vergleichbarkeit der Indexzahlen nicht nur zwischen Basis- und Berichtsperiode sondern auch zwischen verschiedenen Berichtsperioden zu gewährleisten. Je nachdem, ob man an einer Zeitreihe für die durchschnittliche Mengenänderung oder für die durchschnittliche Preisänderung eines Güteraggregats interessiert ist, wird man sich für das erste oder das zweite Konzept entscheiden.
Ist dieses Kriterium der zeitlichen Vergleichbarkeit einer Komponente über mehrere Perioden hinweg sowie die Möglichkeit der Aufteilung in weitere Komponenten von untergeordneter Bedeutung, ist man dagegen an einer konsistenten, „unverzerrten“ Aufteilung der Umsatzänderung in eine Preis- und eine Mengenkomponente interessiert, d.h. sollen Preis- und Mengenkomponente durch dasselbe Indexkonzept ermittelt werden, so stellen die beiden vorgestellten Möglichkeiten keine adäquaten Alternativen dar. Ein Indexpaar, das den Faktor-Umkehrtest erfüllt, ist der Preis- und der Mengenindex von Stuvel (vgl. Formel (3.-15) und (3.-16)), wobei hier P_{Las} gemäß Formel (6.-9) und Q_{Las} gemäß Formel (6.-3) ermittelt werden:

$$P_{Stu} = \frac{P_{Las} - Q_{Las}}{2} + \sqrt{\frac{(P_{Las} - Q_{Las})^2}{4} + U}$$

$$Q_{Stu} = \frac{Q_{Las} - P_{Las}}{2} + \sqrt{\frac{(Q_{Las} - P_{Las})^2}{4} + U} \quad .$$

Bei der Anwendung dieses dritten Konzepts auf die AIS-Daten der 100 umsatzstärksten Leistungen 1995 ergeben sich die in Tabelle 6.-3 verzeichneten Werte für die Preis- und Mengenkomponenten 1994/95. Auch hier zeigen sich kaum Unterschiede zu den oben ermittelten Laspeyres- und Paasche-Indizes. Zurückzuführen ist dies auf den relativ nahe bei eins liegenden Wert der Residualgröße S (vgl. Formel (3.-25)): BMÄ: $S = 0{,}998$; E-GO: $S = 1{,}0$. Diese Komponente, die die Strukturänderungen in den relativen Preisen und Mengen angibt, ist bei den ersten beiden Konzepten jeweils in der Paasche-Komponente enthalten, während sie bei den Stuvel-Indizes „gleichmäßig“ auf die Preis- und Mengenkomponente

Tabelle 6.-3: Komponentenzerlegung III der Umsatzänderung 1994/95 der 100 umsatzstärksten EBM-Leistungen im Jahr 1995 (Westdeutschland)

Gebührenordnung	U	P_{Stu}	Q_{Stu}
BMÄ	104,9	93,8	111,8
E-GO	108,0	95,6	112,9

(*Quelle:* eigene Berechnungen anhand der Daten des ZENTRALINSTITUT FÜR DIE KASSENÄRZTLICHE VERSORGUNG, [139, 140], 1995, S. 42 und S. 55ff. bzw. S. 45 und S. 57ff.)

aufgeteilt wird. Für weiter auseinanderliegende Perioden, in denen in der Regel größere Strukturveränderungen zu erwarten sind, dürften deshalb deutlichere Unterschiede zwischen den drei Konzepten auftreten.

Betrachtet man nicht die multiplikative Aufteilung der Umsatzänderung in eine Preis- und eine Mengenkomponente sondern die additive Aufteilung der Wachstumsrate des Umsatzes in eben solche Komponenten, so ist dies anhand der bei den ersten beiden Konzepten ermittelten Indexpaare (P_{Pa}, Q_{Las}) bzw. (P_{Las}, Q_{Pa}) folgendermaßen möglich (vgl. auch STUVEL, [121], S. 25):

$$U - 1 = (P_{Pa} - 1)Q_{Las} + (Q_{Las} - 1) \quad \text{bzw.} \tag{6.-13}$$

$$U - 1 = (P_{Las} - 1) + (Q_{Pa} - 1)P_{Las} \quad , \tag{6.-14}$$

wobei die Preiskomponente jeweils durch den ersten Summanden der rechten Seite der beiden Gleichungen dargestellt wird. Interpretiert man $(P-1)$ bzw. $(Q-1)$ als den Anteil der relativen Umsatzänderung, der aus reinen Preis- bzw. reinen Mengenänderungen resultiert, so erkennt man, daß im ersten Konzept die Preiskomponente und im zweiten Konzept die Mengenkomponente „verzerrt" ist. Diese Verzerrung ergibt sich daraus, daß $(U-1)$ nicht restlos in $(P-1)$ und $(Q-1)$ aufgespalten werden kann, wobei hier das Paar (P, Q) durch (P_{Pa}, Q_{Las}) bzw. (P_{Las}, Q_{Pa}) angegeben wird. Als Residuum ergibt sich $(P-1)(Q-1)$, welches als Ergebnis gleichzeitiger Preis- und Mengenänderungen interpretiert werden kann (vgl. auch OLT, [80], S. 152). Diese Residualgröße wird beim ersten Konzept der Preiskomponente und beim zweiten Konzept der Mengenkomponente zugerechnet.

Um die Einseitigkeit der Zurechnung der Residualgröße zu nur einer Komponente zu vermeiden, kann die Preis- bzw. Mengenkomponente als arithmetisches Mittel der beiden oben genannten Preis- bzw. Mengenkomponenten ermittelt werden (vgl. STUVEL, [121], S. 26f.):

$$\begin{aligned} U-1 &= \frac{1}{2}[(P_{Pa}-1)Q_{Las}+(P_{Las}-1)]+ \\ &\quad +\frac{1}{2}[(Q_{Las}-1)+(Q_{Pa}-1)P_{Las}] \\ &= \frac{1}{2}(U+P_{Las}-Q_{Las}+1)+\frac{1}{2}(U-P_{Las}+Q_{Las}+1) \quad . \end{aligned} \tag{6.-15}$$

Da $P_{Las} - Q_{Las} = P_{Stu} - Q_{Stu}$, liefert die Verwendung der Stuvel-Indizes in Gleichung (6.-15) somit ein „unverzerrtes“ Resultat für die Preis- und Mengenkomponente der additiven Aufspaltung der Wachstumsrate des Umsatzes.

Die Aufteilung der Wachstumsrate 1994/95 des Umsatzes der 100 umsatzstärksten Leistungen 1995 gemäß den drei Konzepten liefert die in Tabelle 6.-4 verzeichneten Werte für die Preis- und Mengenkomponenten.

Tabelle 6.-4: Additive Komponentenzerlegung der Wachstumsrate der Umsatzänderung 1994/95 der 100 umsatzstärksten EBM-Leistungen im Jahr 1995 (Westdeutschland)

	Gebührenordnung: BMÄ ($U-1=4{,}9\%$)		Gebührenordnung: E-GO ($U-1=8{,}0\%$)	
	Preiskomp.	Mengenkomp.	Preiskomp.	Mengenkomp.
Konzept 1: P_{Pa}, Q_{Las}	-7,0%	11,9%	-5,0%	12,9%
Konzept 2: P_{Las}, Q_{Pa}	-6,1%	11,0%	-4,3%	12,3%
Konzept 3: P_{Stu}, Q_{Stu}	-6,6%	11,5%	-4,7%	12,7%

(*Quelle:* Zusammengestellt und berechnet aus den Tabellen 6.-1, 6.-2 und 6.-3)

Hier zeigen sich bereits bei der Analyse des Umsatzwachstums zweier benachbarter Perioden relativ deutliche Unterschiede zwischen den ersten beiden Konzepten. Die Verwendung des Stuvel-Index liefert bei dieser additiven Analyse, wie bei der multiplikativen Analyse, ein Resultat, das zwischen den beiden „Extrempositionen“ liegt. Ist man also an einer „unverzerrten“ Analyse sowohl des Verhältnisses als auch der (relativierten) Differenz zweier Wertgrößen interessiert, so bietet die Anwendung des Stuvel-Index eine sinnvolle Alternative zu den beiden anderen Konzepten. Die Nachteile dieses dritten Konzepts liegen darin, daß die Stuvel-Indizes nicht die reine Preis- bzw. Mengenänderung zwischen Berichts- und Basisperiode isolieren und damit auch keine längerfristigen zeitlichen Vergleiche erlauben, sowie darin, daß eine weitere Differenzierung der Preis- und Mengenkomponente nicht möglich ist.

6.2 Indizes für die stationäre Versorgung

Für die Dienstleistungen von Krankenhäusern wird gegenwärtig nur vom Statistischen Bundesamt ein Preisindex ermittelt. Dieser berücksichtigt in seinem Warenkorb einzig die Leistungen Krankenhausaufenthalt und Blinddarmoperation und ist deshalb für die Preisentwicklung im gesamten stationären Sektor nur eingeschränkt repräsentativ (vgl. Abschnitt 5.1.3). Die vom WIdO im Rahmen des Krankenhausindex durchgeführte Komponentenzerlegung der Umsatzänderung im stationären Sektor wird gegenwärtig nicht angewendet. Es stehen somit derzeit auch keine Angaben über die durchschnittliche Mengenentwicklung im Krankenhausbereich zur Verfügung.
Im folgenden Abschnitt soll nun ein Vorschlag unterbreitet werden, wie ein Preisindex für die Dienstleistungen der Krankenhäuser auf eine breitere Basis gestellt werden könnte. Außerdem werden Konzepte zur Berücksichtigung von Qualitätsänderungen vorgestellt. Im zweiten Abschnitt wird dann eine Möglichkeit der Komponentenzerlegung der Ausgabenänderungen im stationären Sektor erläutert.

6.2.1 Preisindex zur Messung der reinen Preisänderung

Um die durchschnittliche Preisänderung der Krankenhausleistungen valide messen zu können, müssen die in den Warenkorb des Laspeyres-Preisindex aufgenommenen Güter die Preisentwicklung aller Leistungen eines Krankenhauses geeignet repräsentieren. Allerdings ist die Abgrenzung dessen, worin die Leistung eines Krankenhauses besteht, nicht eindeutig festgelegt. Bei einer hierarchischen Anordnung können auf einer unteren Ebene Einzelleistungen oder daraus gebildete Komplexe wie zum Beispiel ärztliche Leistungen, pflegerische Leistungen und Leistungen der Unterbringung und Verpflegung abgegrenzt werden. Auf höher angesiedelten Ebenen stehen die „Zwischenprodukte" Pflegetage bzw. Behandlungsfälle sowie das „Endprodukt" Gesundung der Patienten als Krankenhausleistungen zur Verfügung (vgl. z.B. BREYER, [20], S. 87ff.). Da das Ausmaß der Genesung eines Patienten nur schwer erfaßbar ist, ist diese eigentliche Leistung eines Krankenhauses nicht Grundlage der Vergütung und kann daher zur Ermittlung eines Preisindex nicht herangezogen werden. Die Orientierung der Indexermittlung an der Leistungskategorie „Behandlung einer Krankheit" ist durch die Einführung und Definition der Fallpauschalen 1995 zwar prinzipiell möglich, der Umfang des Fallpauschalenkataloges ist jedoch noch relativ begrenzt. Eine Beschränkung der Preisindexberechnung auf diesen Leistungsbereich dürfte somit nur bedingt valide Ergebnisse für die Preisentwicklung des gesamten stationären Sektors liefern. Sinnvoller erscheint die Betrachtung einer unteren Leistungsebene. Nach den durch die Bundespflegesatzverordnung 1995 eingeführten Vergütungsformen zählen auf einer solchen Ebene neben den ärztlichen und pflegerischen Leistungen, die durch Abteilungspflegesätze vergütet werden, auch die über einen Basispflegesatz finanzierten nichtärztlichen bzw. nichtpflegerischen Leistungen wie Unterkunft und Verpflegung zu den Krankenhausleistungen. Außerdem können spezielle Leistungen wie zum Beispiel verschiedene Operationen abgegrenzt werden, die durch Sonderentgelte vergütet werden (vgl. Abschnitt 2.2.2). Gemäß dieser Abgrenzung kann der Warenkorb für einen Preisindex für Krankenhausdienstleistungen folgendermaßen gegliedert werden:

Allgemeine Krankenhausdienstleistungen[4]:
- Unterkunft und Verpflegung
- Ärztliche und pflegerische Leistungen

Spezielle Krankenhausdienstleistungen (zum Beispiel Operationen).

Die Wägungsanteile dieser Leistungsgruppen können durch die jeweiligen Umsatzanteile ermittelt werden. Für die allgemeinen Krankenhausleistungen ist dies der Erlösanteil, der dem Anteil des Budgets am Gesamterlös entspricht, und für die speziellen Krankenhausleistungen der Anteil am Erlös, der mit Sonderentgelten und Fallpauschalen erzielt wird. Für die Teilleistungen der allgemeinen Krankenhausdienstleistungen ergeben sich die Gewichte durch die Erlöse aus dem Basispflegesatz bzw. aus den Abteilungspflegesätzen[5]. Als Datengrundlage zur Ermittlung eines solchen Wägungsschemas kann die Leistungs- und Kalkulationsaufstellung (LKA) herangezogen werden, die von jedem Krankenhaus geführt werden muß. Dort werden neben Leistungsdaten auch die vereinbarten Vergütungen und Erlöse dokumentiert (vgl. ANLAGEN 1 BIS 4 ZUR BUNDESPFLEGESATZVERORDNUNG, [142], Anlage 3).

Die zur Ermittlung eines Gesamtindex für die Dienstleistungen der Krankenhäuser benötigten Subindizes, die dann mit den jeweiligen Wägungsanteilen in den Gesamtindex eingehen, können folgendermaßen berechnet werden:
Der Preisindex für Unterkunft und Verpflegung kann als Meßzahl der Basispflegesätze ermittelt werden. Hierfür muß – analog zur früheren Vorgehensweise des Statistischen Bundesamtes bei der Erhebung der allgemeinen Krankenhauspflegesätze – bei ausgewählten Krankenhäusern der Basispflegesatz erhoben und anschließend zu einer Bundesmeßzahl zusammengefaßt werden (vgl. auch Abschnitt 4.1.1). Für den Preisindex der ärztlichen und pflegerischen Leistungen müssen in ausgewählten Krankenhäusern und für ausgewählte Abteilungen die Abteilungspflegesätze erhoben werden. Die Auswahl der im Index zu berücksichtigenden

[4] Die Bezeichnung „allgemeine Krankenhausdienstleistungen“ resultiert aus der Überlegung, daß hier Leistungen berücksichtigt werden, die jeder Patient erhält. Der Begriff ist strikt zu unterscheiden von den allgemeinen Krankenhausleistungen im Sinne der Bundespflegesatzverordnung (vgl. §2 Absatz 2 BPflV 95, [148]).

[5] Erlöse aus der vor- und nachstationären Behandlung bzw. aus den Pflegesätzen für besondere Einrichtungen können hier mitberücksichtigt werden.

„typischen" Abteilungen kann sich dabei auf eine Anzahl der (im Bundesdurchschnitt) umsatzstärksten Abteilungen beschränken, wobei die Erlöse einzelner Fachabteilungen wiederum aus der LKA ermittelt werden können. Die Erlösanteile der Fachabteilungen können dann als Gewichte bei der Ermittlung eines Laspeyres-Preisindex für die ärztlichen und pflegerischen Leistungen verwendet werden. Die Abteilungspflegesätze der verschiedenen Krankenhäuser müssen auch hier jeweils zu einer Bundesmeßzahl zusammengefaßt werden. Zur Messung der Preisänderungen der speziellen Krankenhausdienstleistungen kann ein Preisindex für Operationen herangezogen werden. Dieser kann über die Sonderentgelte ermittelt werden, da Sonderentgelte hauptsächlich für Operationen definiert werden. Die Verwendung oder Miteinbeziehung der Fallpauschalen könnte zu Verzerrungen führen, da nicht nur die Operation sondern die gesamten Leistungen zur Behandlung eines Falles Bestandteile einer Fallpauschale sind und somit Preisänderungen auch aus Änderungen der Preise für allgemeine Leistungen resultieren können. Die zur Indexberechnung notwendige Gewichtung der Sonderentgelt-Meßzahlen kann über die Umsatzanteile der einzelnen Sonderentgelte ermittelt werden, wobei wiederum eine Einschränkung auf die umsatzstärksten Leistungen möglich ist. Die notwendigen Daten können auch hier der LKA entnommen werden.

Die zeitliche Vergleichbarkeit der Indexwerte, vor allem über einen längeren Zeitraum hinweg, ist bei einem solchen umfassenden Index sicherlich eingeschränkt, wobei dies vermutlich weniger auf Veränderungen des Wägungsschemas als auf Änderungen der Qualität einzelner Leistungen zurückzuführen ist. Mögliche theoretische Konzepte zur Eliminierung unechter Preisänderungen aus dem Preisindex sollen deshalb nachfolgend vorgestellt werden.

Betrachtet man den Bereich der Sonderentgelte (oder Fallpauschalen) und damit die oben unter der Bezeichnung spezielle Krankenhausdienstleistungen abgegrenzten Leistungen, so zeigen sich Parallelen zum Bereich der ambulanten Versorgung. In beiden Leistungsbereichen ergibt sich der Preis einer Leistung aus dem Produkt aus Punktzahl und Punktwert. Damit würde auch im stationären Sektor die Möglichkeit bestehen, den Laspeyres-Sonderentgeltindex in eine Punktwert- und eine Punktzahlkomponente aufzuspalten. Unterschiede zum ambulanten Sektor bestehen allerdings darin, daß sich die Punktzahl einer Leistung aus Punkten für Personal und Punkten für Sachmittel zusammensetzt und der Punktwert getrennt für den Personalkosten- und den Sachkostenanteil vereinbart wird, wobei der Personal-Punktwert ${}_ppw$ bzw. der Sachmittel-Punktwert ${}_spw$ für alle Leistungen jeweils identisch ist. Das m-te Sonderentgelt SE_m läßt sich also folgendermaßen formulieren:

$$SE_m^t = {}_ppw^t \cdot {}_ppz_m^t + {}_spw^t \cdot {}_spz_m^t \quad . \tag{6.-16}$$

Damit ist schon für eine einzelne Leistung die Aufspaltung einer Preisänderung in eine Punktwert- und eine Punktzahländerung nicht ohne weiteres möglich. Durch Zusammenfassung der Punktzahlen zu einer Gesamtpunktzahl

$$pz_m^t = {}_ppz_m^t + {}_spz_m^t$$

für das m-te Sonderentgelt und (gewogener) Zusammenfassung der Punktwerte zu einem Gesamtpunktwert

$$pw_m^t = {}_ppw^t \cdot \frac{{}_ppz_m^t}{pz_m^t} + {}_spw^t \cdot \frac{{}_spz_m^t}{pz_m^t} \quad ,$$

der nun durch die Gewichtung der Teil-Punktwerte für jedes Sonderentgelt differiert, läßt sich Gleichung (6.-16) schreiben als

$$SE_m^t = pw_m^t \cdot pz_m^t \quad . \qquad (6.\text{-}17)$$

Die Aufspaltung eines Laspeyres-Preisindex in eine Punktwert- und eine Punktzahlkomponente kann dann analog zu Gleichung (6.-1) durchgeführt werden. Allerdings wird hier die Interpretation der Punktwertkomponente dadurch erschwert, daß die Variable Leistungsbedarf, also das Produkt aus Häufigkeit der Erbringung der Leistung und Gesamtpunktzahl der Leistung, als Mengengröße im stationären Sektor eigentlich keine Anwendung findet und auch nicht explizit ausgewiesen wird. Außerdem kann eine Änderung des Gesamtpunktwertes auch dann auftreten, wenn sich bei unveränderten Punktwerten für den Personalkosten- und den Sachkostenanteil die Relation der Teilpunktzahlen verändert. Damit kann auch die Punktwertkomponente nicht mehr als Index zur Messung der reinen Punktwertänderung interpretiert werden. Weiterhin ist die in Abschnitt 6.1.1 getroffene Annahme, daß Qualitätsänderungen über Punktzahländerungen gemessen werden können, für den Bereich der Sonderentgelte (bzw. Fallpauschalen) nur schwer haltbar. Einerseits ist die Zeitdauer einer Operation kein geeigneter Indikator für deren Qualität und andererseits kann auch keine Korrelation zwischen der Dauer der Leistungserbringung und der Punktzahl der Leistung unterstellt werden. Dieses Konzept stellt somit keine adäquate Möglichkeit zur Ermittlung und Eliminierung von Qualitätsänderungen bei der Preisindexberechnung im stationären Sektor dar.

Eine zweite Möglichkeit, Qualitätsänderungen bei Krankenhausleistungen zu messen, setzt direkt am Qualitätsbegriff und damit an der Gesamtheit der meßbaren Eigenschaften des Gutes „Krankenhausbehandlung" an. Sind solche Eigenschaften gefunden, kann durch eine hedonische Regression des Preises einer Krankenhausbehandlung auf ihre Qualitätsmerkmale ein hedonischer Preisindex für die Krankenhausleistungen ermittelt werden (vgl. Abschnitt 3.4.2).

Es existieren bereits verschiedene Ansätze[6], über das Konzept einer Krankenhaus-Kostenfunktion „die Betriebskosten eines Krankenhauses in eine systematische Beziehung zu bestimmten Merkmalen des Krankenhauses und der in ihm behandelten Patienten zu setzen" (BREYER, [19], S. 260). Dabei werden die Gesamtkosten oder die Kosten je Pflegetag bzw. je Behandlungsfall auf Kosteneinflußgrößen wie Kapazität, Leistungsmenge, Faktorpreisniveau, Zusammensetzung der Leistungen, Leistungsqualität und Effizienz der Leistungserbringung regressiert. Da die beiden zuletzt genannten Variablen nicht exakt meßbar sind, werden sie nicht explizit in die Schätzgleichung aufgenommen, sondern aus dem Residuum der Schätzung abgelesen (vgl. BREYER, [19], S. 260f. oder auch BREYER ET AL., [21], S. 26f.).
Von dem Standpunkt aus betrachtet, daß bei einer Krankenhaus-Kostenfunktion die Krankenhausleistung als ein Gut betrachtet wird, dessen Charakteristika zum Beispiel durch die Ausstattung und Leistung der verschiedenen Fachabteilungen, die ein Krankenhaus betreibt, beschrieben werden, kann solch eine Funktion durchaus als ein hedonischer Ansatz bezeichnet werden, mit dessen Hilfe die (impliziten) Preise der einzelnen Charakteristika ermittelt werden können (vgl. CHERNICHOVSKY/ZMORA, [30]). Außerdem können mit Hilfe einer Krankenhaus-Kostenfunktion zum Beispiel Vergleiche der Ist-Kosten mit den (geschätzten) Normkosten eines Krankenhauses angestellt oder Entgeltformen wie Fallpauschalen abgeleitet werden (vgl. BREYER ET AL., [21], S. 101ff. oder BREYER, [18], S. 289ff.; vgl. auch MONKA, [72]). Da Kriterien zur Messung der Qualität nicht explizit in der Kostenfunktion berücksichtigt werden und somit auch keine Kosten bzw. Preise bei „konstanter Qualität" ermittelt werden können, ist dieser Ansatz zur Ermittlung eines hedonischen Preisindex jedoch nicht geeignet.

Um einen hedonischen Preisindex für die Krankenhausbehandlung ermitteln zu können, müssen Qualitätskriterien explizit berücksichtigt werden. Welche Merkmale in die hedonische Regressionsgleichung einbezogen werden sollen, hängt wiederum davon ab, wie man das Gut Krankenhausbehandlung abgrenzt. In Anlehnung an die oben gegebene Einteilung der allgemeinen Krankenhausdienstleistungen können zwei Kategorien von Qualitätscharakteristika unterschieden werden: Eine Kategorie wird durch Merkmale für die Qualität der ärztlichen (und pflegerischen) Leistungserbringung gebildet, die andere Kategorie betrifft Qualitätseigenschaften der Unterbringung und Verpflegung.
Die Ermittlung von Indikatoren für die Qualität ärztlicher Leistungen ist nicht unproblematisch: Eine Orientierung am Ergebnis einer Behandlung („geheilt oder nicht geheilt") erscheint nicht sinnvoll, da einerseits die Heilung nicht immer

[6] Einen methodischen Überblick über verschiedene Krankenhaus-Kostenstudien gibt zum Beispiel BREYER, [19].

Zweck einer Behandlung sein kann und andererseits dieses Ergebnis auch von Faktoren abhängt, die nicht von der Qualität der ärztlichen Leistung beeinflußt werden. Die Beurteilung der Qualität beruht deshalb häufig auf der Zweckmäßigkeit einzelner Leistungen und deren zeitlicher Anordnung. Allerdings sind auch hierfür geeignete, meßbare Indikatoren nur schwer zu finden (vgl. z.B. SECKENDORFF, [106], S. 164ff.). Da die Qualität ärztlicher und pflegerischer Leistungen also nicht direkt gemessen werden kann, müssen Proxyvariablen herangezogen werden. Mögliche Variablen hierfür sind die Anzahl der Vollkräfte im ärztlichen Dienst pro 100 belegte Betten und die Anzahl der Vollkräfte im Pflegedienst pro 100 belegte Betten, die, wenn möglich, für die einzelnen Fachabteilungen erfaßt werden sollten. Als Indikator für die Qualität der Unterbringung kann beispielsweise die durchschnittliche Zahl der Betten pro Zimmer verwendet werden. Problematisch ist wiederum die Messung der Verpflegungsqualität. Eine Möglichkeit, die Qualität zu erfassen, ist die Befragung der Patienten über deren Zufriedenheit.
Sind für die beiden Kategorien geeignete Qualitätsmerkmale gefunden, können sie zur Erklärung der Abteilungspflegesätze bzw. des Basispflegesatzes herangezogen werden. Für den Bereich der ärztlichen und pflegerischen Leistungen sollte für jede Fachabteilung eine hedonische Preisgleichung aufgestellt und anhand der Daten verschiedener Krankenhäuser geschätzt werden[7]. Damit kann für jede Fachabteilung ein hedonischer Preisindex ermittelt werden, der dann in dem oben vorgestellten Index für die ärztlichen und pflegerischen Leistungen als qualitätsbereinigte Preismeßzahl des jeweiligen Abteilungspflegesatzes verwendet werden kann. Analog kann ein hedonischer Preisindex für Unterkunft und Verpflegung die oben vorgestellte nicht qualitätsbereinigte Meßzahl der Basispflegesätze ersetzen.

Der Aufwand zur Ermittlung solcher hedonischer Indizes ist sicherlich erheblich. Dennoch erscheint dieser Ansatz nicht uninteressant. Durch eine Studie könnte zumindest ansatzweise untersucht werden, inwieweit ein hedonischer Index von dem bisher ermittelten Index des Statistischen Bundesamtes abweicht. Im Rahmen der vorliegenden Arbeit konnte eine solche Untersuchung leider nicht durchgeführt werden, da die benötigten Daten zur Ermittlung eines hedonischen Preisindex für die Dienstleistungen der Krankenhäuser nicht beschafft werden konnten[8].

[7] Da es sich hier um theoretische Überlegungen handelt, kann über die Festlegung der funktionalen Form der Regressionsgleichung und die Bestimmung des hedonischen Preisindex aus den Ergebnissen der Regression keine Aussage gemacht werden (vgl. hierzu Abschnitt 3.4.2).

[8] Die Daten lagen entweder in der benötigten Form nicht vor oder sie wurden aus datenschutzrechtlichen Gründen nicht bereitgestellt.

6.2.2 Komponentenzerlegung der Umsatzänderung

In Abschnitt 4.2.2 wurde die vom WIdO im Jahr 1988 vorgestellte Studie des Krankenhausindex dargestellt. Diese Studie beruhte auf einer Übertragung des Konzepts der Komponentenzerlegung im Arzneimittelbereich auf den stationären Sektor, wobei die Preis- und Mengenindizes getrennt für einen sogenannten Budgetbereich und einen Sonderentgeltbereich ermittelt wurden. Begründet werden konnte diese Aufspaltung damit, daß in den beiden Bereichen unterschiedliche Maßeinheiten verwendet wurden – im Budgetbereich wurden Pflegetage und im Sonderentgeltbereich Leistungszahlen als Mengengrößen verwendet – und somit eine (aussagefähige) Zusammenfassung der Mengen, die für eine weitere Differenzierung der Mengenkomponente benötigt wird, nicht möglich war.

Möchte man ein solches Konzept – unabhängig davon, welche Indexformeln letztendlich für die einzelnen Komponenten verwendet werden – auf die heutigen Gegebenheiten im Krankenhaussektor anwenden, so muß diese Aufteilung in einen Budgetbereich und einen Fallpauschalen- und Sonderentgeltbereich beibehalten werden, da auch heute sowohl Pflegetage als auch Fallzahlen Grundlage der Vergütung der Krankenhausleistungen sind. Die Ermittlung einer Preis- und einer Mengenkomponente für die gesamte Umsatzänderung im stationären Sektor ist dennoch möglich, da die zur Berechnung der Komponenten möglichen Indexformeln – Laspeyres, Paasche und Stuvel – die Forderung der Aggregationskonsistenz erfüllen (vgl. Abschnitt 3.3.1). Es kann somit durch Multiplikation des sektorspezifischen Preis- bzw. Mengenindex mit dem jeweiligen (hypothetischen) Umsatzanteil und anschließende Summation ein Gesamt-Preisindex bzw. Gesamt-Mengenindex berechnet werden.

Im folgenden soll nun dargestellt werden, wie die Komponentenzerlegung im stationären Sektor durchgeführt werden kann. Dabei wird für die einzelnen Bereiche die Aufteilung jeweils anhand eines Paasche-Preisindex und eines Laspeyres-Mengenindex durchgeführt. Die Komponentenzerlegung anhand der Indexpaare P_{Las} und Q_{Pa} bzw. P_{Stu} und Q_{Stu}, wie sie für den ambulanten Sektor in Abschnitt 6.1.2 dargestellt wurde, ist jederzeit möglich. Eine explizite Darstellung soll hier jedoch nicht stattfinden, da sich dadurch keine neuen Erkenntnisse ergeben.

In vereinfachter Weise läßt sich der Umsatz im stationären Sektor folgendermaßen formulieren:

$$V = \underbrace{\left[\sum_{j=1}^{J}(BP + AP_j) \cdot PT_j\right]}_{\text{Budgetbereich}} + \underbrace{\left[\sum_{l=1}^{L} FP_l \cdot x_l\right] + \left[\sum_{m=1}^{M} SE_m \cdot y_m\right]}_{\text{Fallpauschalen- und Sonderentgeltbereich}}$$

mit

AP_j	(bundesdurchschnittlicher) Abteilungspflegesatz der j-ten Abteilung
BP	(bundesdurchschnittlicher) Basispflegesatz
FP_l	(bundesdurchschnittlicher) Preis der l-ten Fallpauschale
J	Anzahl der Abteilungen
L	Anzahl der verschiedenen Fallpauschalen
M	Anzahl der verschiedenen Sonderentgelte
PT_j	Anzahl der Pflegetage in der j-ten Abteilung
SE_m	(bundesdurchschnittlicher) Preis des m-ten Sonderentgelts
x_l	Anzahl der Abrechnungen der l-ten Fallpauschale
y_m	Anzahl der Abrechnungen des m-ten Sonderentgelts.

Der Umsatz im Budgetbereich ergibt sich also aus der Summe der Umsätze in den einzelnen Abteilungen, wobei der Umsatz einer Abteilung gebildet wird aus einem (bundesdurchschnittlichen) Preis – zusammengesetzt aus Basis- und Abteilungspflegesatz – und der Anzahl der in dieser Abteilung gezählten Pflegetage. Damit kann eine Komponentenzerlegung im Budgetbereich – gekennzeichnet durch den hochgestellten Index B – folgendermaßen durchgeführt werden:

$$P_{Pa}^{B} = \frac{\sum_{j=1}^{J}(BP^{1} + AP_j^{1}) \cdot PT_j^{1}}{\sum_{j=1}^{J}(BP^{0} + AP_j^{0}) \cdot PT_j^{1}} \quad , \tag{6.-18}$$

$$Q_{Las}^{B} = \frac{\sum_{j=1}^{J}(BP^{0} + AP_j^{0}) \cdot PT_j^{1}}{\sum_{j=1}^{J}(BP^{0} + AP_j^{0}) \cdot PT_j^{0}} \quad . \tag{6.-19}$$

Eine sinnvolle Aufteilung der Preiskomponente – zum Beispiel in zwei Komponenten, die die Umsatzänderungen angeben, die aus Änderungen des Basispflegesatzes bzw. aus Änderungen der Abteilungspflegesätze resultieren – ist aufgrund der additiven Zusammensetzung der Preise nicht möglich. Die Mengenkomponente kann dagegen weiter differenziert werden in eine Komponente I_Q, die die Veränderung der Gesamtzahl der Pflegetage mißt, und eine Strukturkomponente I_S, die Veränderungen in der Zusammensetzung der Zahl der Pflegetage mißt:

$$I_Q^B = \frac{\sum_{j=1}^{J} PT_j^1}{\sum_{j=1}^{J} PT_j^0} \tag{6.-20}$$

$$I_S^B = \frac{\sum_{j=1}^{J} (BP^0 + AP_j^0) \cdot \frac{PT_j^1}{\sum_{j=1}^{J} PT_j^1}}{\sum_{j=1}^{J} (BP^0 + AP_j^0) \cdot \frac{PT_j^0}{\sum_{j=1}^{J} PT_j^0}} \quad . \tag{6.-21}$$

Die Strukturkomponente gibt hier darüber Aufschluß, inwieweit Umsatzänderungen dadurch zustande kommen, daß Patienten vermehrt in Abteilungen mit relativ hohen Abteilungspflegesätzen ($I_S > 1$) bzw. in Abteilungen mit relativ niedrigen Abteilungspflegesätzen ($I_S < 1$) behandelt werden. Sie kann in gewisser Weise auch interpretiert werden als Umsatzänderung, die aus Verschiebungen in der Zusammensetzung des Morbiditätsspektrums der Patienten resultiert. Damit liefert die Strukturkomponente neben der Preiskomponente P und der Mengenkomponente I_Q einen weiteren, nicht nur theoretisch formulierbaren sondern inhaltlich aussagekräftigen Erklärungsansatz für die Umsatzänderung im stationären Sektor.

Für den Bereich der Fallpauschalen und Sonderentgelte kann eine Komponentenzerlegung wie nachfolgend gezeigt durchgeführt werden. Diese Zerlegung kann entweder für den gesamten Bereich oder getrennt für Fallpauschalen und Sonderentgelte durchgeführt werden. Die zweite Möglichkeit besitzt allerdings aufgrund der tieferen Aggregationsstufe und der damit möglichen feineren Differenzierung eine größere Aussagekraft. Für den Sonderentgeltbereich soll deshalb nun exemplarisch die Zerlegung der Umsatzänderung in einen Paasche-Preisindex und einen Laspeyres-Mengenindex aufgezeigt werden; für den Fallpauschalenbereich gelten analoge Formulierungen:

$$P_{Pa}^{SE} = \frac{\sum_{m=1}^{M} SE_m^1 \cdot y_m^1}{\sum_{m=1}^{M} SE_m^0 \cdot y_m^1} \quad , \tag{6.-22}$$

$$Q_{Las}^{SE} = \frac{\sum_{m=1}^{M} SE_m^0 \cdot y_m^1}{\sum_{m=1}^{M} SE_m^0 \cdot y_m^0} \quad . \tag{6.-23}$$

Wie in den Gleichungen (6.-16) bzw. (6.-17) gezeigt, ergibt sich das Sonderentgelt für eine Leistung durch die Multiplikation von Punktzahl und Punktwert. Damit ist eine Aufspaltung des Preisindex in eine Punktwert- und eine Punktzahlkomponente – analog zu den für den ambulanten Sektor formulierten Gleichungen (6.-4) und (6.-5) – theoretisch denkbar:

$$I_{PW}^{SE} = \frac{\sum_{m=1}^{M} pw_m^1 \cdot pz_m^1 \cdot y_m^1}{\sum_{m=1}^{M} pw_m^0 \cdot pz_m^1 \cdot y_m^1} , \tag{6.-24}$$

$$I_{PZ}^{SE} = \frac{\sum_{m=1}^{M} pw_m^0 \cdot pz_m^1 \cdot y_m^1}{\sum_{m=1}^{M} pw_m^0 \cdot pz_m^0 \cdot y_m^1} . \tag{6.-25}$$

Eine so ermittelte Punktzahlkomponente I_{PZ}^{SE} kann zwar als mit hypothetischen Umsätzen $(SE_m^0 \cdot y_m^1)$ gewichteter Index der Punktzahländerung und damit als Paasche-Punktzahlindex interpretiert werden, die inhaltliche Aussagekraft der Punktwertkomponente ist dagegen sehr eingeschränkt. Einerseits wird der zur Gewichtung der Punktwerte herangezogene Leistungsbedarf $pz_m^1 \cdot y_m^1$ im stationären Sektor nicht ausgewiesen und andererseits kann eine Änderung des Gesamtpunktwertes auch dann auftreten, wenn sich bei unveränderten Punktwerten für den Personalkosten- und den Sachkostenanteil die Relation der Teilpunktzahlen verändert (vgl. auch S. 123).

Die Aufteilung der Mengenkomponente Q_{Las}^{SE} in eine Fallzahlkomponente I_Q^{SE} und eine Strukturkomponente I_S^{SE} ist folgendermaßen möglich:

$$I_Q^{SE} = \frac{\sum_{m=1}^{M} y_m^1}{\sum_{m=1}^{M} y_m^0} , \tag{6.-26}$$

$$I_S^{SE} = \frac{\sum_{m=1}^{M} SE_m^0 \cdot \frac{y_m^1}{\sum_{m=1}^{M} y_m^1}}{\sum_{m=1}^{M} SE_m^0 \cdot \frac{y_m^0}{\sum_{m=1}^{M} y_m^0}} . \tag{6.-27}$$

Die Strukturkomponente kann hier – analog zur Strukturkomponente im Budgetbereich – folgendermaßen interpretiert werden: Aufgrund der verwendeten Formel läßt sich I_S^{SE} interpretieren als ein Index, der die Veränderung der Fallzahlanteile mißt. Inhaltlich kann diese Veränderung der Fallzahlanteile gedeutet werden als Veränderung des „case-mix“, also der Zusammensetzung der Fälle, womit wiederum Einflüsse der Änderung des Morbiditätsspektrums auf die Ausgaben im stationären Sektor ausgewiesen werden können.

Da der Katalog der definierten Sonderentgelte (bzw. Fallpauschalen) eine – nach der Art des zu behandelnden Körperteils eingeteilte – Gruppierung aufweist (vgl. ANLAGEN 1 BIS 4 ZUR BUNDESPFLEGESATZVERORDNUNG, [142], Anlagen 1 und 2), besteht die Möglichkeit, die Strukturkomponente – analog zur Aufteilung der Strukturkomponente des GKV-Arzneimittelindex des WIdO (vgl. Gleichungen (4.-8) und (4.-9)) – in eine Inter- und eine Intra-Strukturkomponente weiter zu differenzieren:

$$ {}_{SE}I_S^{inter} = \frac{\sum_{g=1}^{G} \left(SE_g^0 \cdot y_g^1\right) \cdot \sum_{g=1}^{G} y_g^0}{\sum_{g=1}^{G} \left(SE_g^0 \cdot y_g^0\right) \cdot \sum_{g=1}^{G} y_g^1} , \qquad (6.\text{-}28) $$

$$ {}_{SE}I_S^{intra} = \frac{I_S^{SE}}{{}_{SE}I_S^{inter}} , \qquad (6.\text{-}29) $$

mit

G Anzahl der Sonderentgelt-Gruppen

SE_g^t mengengewichteter Durchschnittspreis der Sonderentgeltgruppe g ($g = 1, \ldots, G$) in der Periode t

$$ SE_g^t = \frac{\sum_{h=1}^{H} \left(y_{gh}^t \cdot SE_{gh}^t\right)}{\sum_{h=1}^{H} y_{gh}^t} $$

H : Anzahl der Sonderentgelte innerhalb der Gruppe g

SE_{gh}^t : Preis des Sonderentgelts h ($h = 1, \ldots, H$) in der Gruppe g

y_{gh}^t : Fallzahl des Sonderentgelts h ($h = 1, \ldots, H$) in der Gruppe g

y_g^t Fallzahl der Sonderentgeltgruppe g ($g = 1, \ldots, G$) in der Periode t.

Mit diesen beiden Komponenten können Aussagen dahingehend gemacht werden, in welcher Höhe Umsatzänderungen auf Verschiebungen zwischen den Sonderentgeltgruppen bzw. auf Verschiebungen innerhalb der Sonderentgeltgruppen zurückzuführen sind. Damit können bezüglich der Auswirkungen spezifischer Änderungen der Fallzusammensetzung weitere Erkenntnisse gewonnen werden: Die Inter-Strukturkomponente ${}_{SE}I_S^{inter}$ nimmt dann einen Wert größer eins an, wenn vermehrt Fälle auftreten, die einer Behandlungsgruppe mit hohen (durchschnittlichen) Preisen bzw. Kosten angehören. Für die Intra-Strukturkomponente gilt ${}_{SE}I_S^{intra} > 1$ dann, wenn innerhalb der Gruppen vermehrt teurere Behandlungen durchgeführt werden. Es läßt sich allerdings nicht identifizieren, in welcher Gruppe die Verschiebungen stattgefunden haben.

Die zur Ermittlung der Komponenten im Budget- bzw. Sonderentgeltbereich benötigten Angaben können (in disaggregierter Form) der LKA eines Krankenhauses entnommen werden. Durch geeignete Durchschnittsbildung der jeweiligen, in verschiedenen Krankenhäusern erhobenen Daten, lassen sich die benötigten Werte ermitteln. Leider werden die Daten nicht veröffentlicht, so daß eine Berechnung der Komponenten der Umsatzänderung im stationären Sektor in dieser Arbeit nicht durchgeführt werden konnte. Der Einsatz dieses Konzeptes erscheint jedoch interessant, da die Komponentenzerlegung der Umsatzänderungen im Budgetbereich bzw. im Bereich der Sonderentgelte/Fallpauschalen neben der Angabe von Preis- und Mengeneffekten ein erweitertes Erklärungsmuster liefert. Es erscheint deshalb angezeigt, diese Zerlegung wie vorgestellt anhand des Indexpaares P_{Pa} und Q_{Las} oder mit Hilfe des Indexpaares P_{Las} und Q_{Pa} durchzuführen. Die Stuvel-Indizes erlauben zwar eine unverzerrte multiplikative und additive Analyse der Umsatzänderung (vgl. auch Abschnitt 6.1.2), eine Aufspaltung des Mengenindex in Komponenten I_Q und I_S und damit die Angabe der Auswirkungen von Änderungen der Fallzusammensetzung ist jedoch nicht möglich.

6.3 Indizes für die Arzneimittelversorgung

Der Sektor Arzneimittelversorgung ist von den drei betrachteten Versorgungsbereichen derjenige, für den die meisten und die aussagekräftigsten Indizes ermittelt werden. So werden sowohl vom Statistischen Bundesamt als auch vom WIdO Preisindizes für Arzneimittel berechnet. Außerdem wird vom WIdO im Rahmen des GKV-Arzneimittelindex ein Mengenindex ermittelt (vgl. Abschnitte 4.1 und 4.2.1).

Die Voraussetzungen zur Ermittlung eines Preisindex, der die reinen Preisänderungen auf dem GKV-Fertigarzneimittelmarkt mißt, werden von den zur Verfügung stehenden Preisindizes weitgehend erfüllt. Ihnen liegt zumeist ein relativ umfassender Warenkorb zugrunde, so daß hier nur wenig Handlungsbedarf besteht. Weiterhin werden Qualitätsänderungen der Arzneimittel größtenteils aus den Laspeyres-Preisindizes herausgerechnet.

Um für die Werte des WIdO-Preisindex eine längerfristige zeitliche Vergleichbarkeit zu gewährleisten, sollte – neben der Ermittlung eines Index mit jährlich wechselndem Warenkorb – ein Index berechnet werden, bei dem nicht jedes Jahr auf einen neuen Warenkorb umgestellt wird. Damit auch die zeitliche Vergleichbarkeit der WIdO-Mengenkomponente gewährleistet ist, sollte außerdem – eventuell parallel zum bisherigen Konzept der Komponentenzerlegung im GKV-Arzneimittelindex – ein Paasche-Preisindex und/oder ein Laspeyres-Mengenindex auf einer festen Basis ermittelt werden. Die Daten hierfür, zumindest für die Jahresanalyse, stehen durch die vom WIdO regelmäßig durchgeführte Stichprobenziehung zur Verfügung (vgl. WIDO, [133], S. 11).

In Abschnitt 5.1.3 wurden im Hinblick auf die Validität der Indizes des WIdO zwei weitere Problemfelder angesprochen. Dem ersten Punkt – Verzerrungen des Index durch die Ermittlung des Wägungsschemas aus einer zweistufigen systematischen Stichprobe – kann durch die Ermittlung des Stichprobenfehlers begegnet werden[9]. Hier besteht jedoch noch Forschungsbedarf.
Um der Kritik an der in den WIdO-Indizes verwendeten Mengeneinheit „Verordnung" entgegenzutreten, kann auf der Ebene der Standardaggregate ein Mengen- bzw. Preisindex ermittelt werden, der die Veränderung der Anzahl der verordneten definierten Tagesdosen (DDD) bzw. die Veränderung der durchschnittlichen DDD-Kosten mißt. Damit würden – im Gegensatz zu den bisher ermittelten Indizes – Preisänderungen auch dann ausgewiesen werden, wenn sich zum Beispiel der Inhalt einer Packung ändert, der Preis jedoch unverändert bleibt, oder wenn – wiederum bei unveränderten Packungspreisen – andere Packungsgrößen verordnet werden, deren Preise pro Zähleinheit höher oder niedriger liegen. Die Ermittlung einer Strukturkomponente ist weiterhin möglich, allerdings ist die Ausdifferenzierung begrenzt auf zwei Komponenten, die die Verschiebungen innerhalb bzw. zwischen den Indikationsgruppen messen.

Einen anderen Ansatzpunkt zur Gestaltung von Preis- und Mengenindizes für den Arzneimittelsektor bildet die Berücksichtigung der Bevölkerungsstruktur. In verschiedenen Untersuchungen wird gezeigt, daß der Arzneimittelverbrauch vom Alter und Geschlecht eines Patienten abhängt (vgl. z.B. SCHWABE/PAFFRATH, [103], Kapitel „Arzneimittelverordnungen nach Alter und Geschlecht" oder BRENNER, [17]). Eine differenzierte Analyse der Preis- und Mengenentwicklungen der Warenkörbe verschiedener Bevölkerungsgruppen erscheint

[9] Den Stichprobenfehler des Preisindex der Lebenshaltung untersucht BÖHM, [13].

deshalb sinnvoll – auch im Hinblick auf die Ermittlung bzw. Anpassung der Arzneimittelbudgets[10], da hierfür unter anderem Veränderungen der Zahl und der Alterstruktur der Versicherten sowie der Preise für Arzneimittel berücksichtigt werden sollen (vgl. §84, Abs. 1, SGB V, [146]).

Von den in die WIdO-Stichprobe gelangten Rezepten werden neben den verordneten Arzneimitteln auch Geburtsjahr und Geschlecht des Patienten erfaßt, so daß alters- und/oder geschlechtsspezifische Warenkörbe aufgestellt werden können. Anhand der so ermittelten spezifischen (Laspeyres-) Preisindizes können dann zum Beispiel die – für ein bestimmtes Jahr festgelegten, als notwendig und wirtschaftlich erachteten – (durchschnittlichen) Arzneimittelausgaben für einen Versicherten einer speziellen Bevölkerungsgruppe in ihrer Preisdimension fortgeschrieben und somit Budgets ermittelt werden, die nicht nur Veränderungen der Bevölkerung in ihrer Zahl und Zusammensetzung berücksichtigen, sondern auch den Preisänderungen spezifischer Warenkörbe Rechnung tragen. Einen – wenn auch nur sehr groben – Anhaltspunkt dafür, daß sich die Preise der Medikation verschiedener Bevölkerungsgruppen unterschiedlich entwickeln, liefert der Vergleich der Entwicklung der durchschnittlichen Kosten je DDD[11]. So ist zum Beispiel zwischen 1993 und 1996 der Umsatz je DDD bei den Frauen von 1,01 DM um etwa 8% auf 1,09 DM gestiegen, während bei den Tagestherapiekosten der Männer ein Anstieg um etwa 14% von 1,18 DM auf 1,28 DM zu verzeichnen war. Die Ermittlung spezifischer Mengenindizes kann – neben der rein deskriptiven Analyse der Mengenentwicklung in verschiedenen Bevölkerungsgruppen – durch die Aufspaltung in einen Verordnungszahlindex und einen Strukturindex auch zur Überprüfung der Gültigkeit der einem (patientenbezogenen) Arzneimittelbudget zugrundeliegenden Mengenstruktur herangezogen werden. Weist vor allem die Interindikationsgruppenkomponente nachhaltige Veränderungen auf, so kann dies darauf hinweisen, daß der der Budgetierung zugrundegelegte Warenkorb aufgrund veränderter Indikationsstellungen veraltet ist und somit überprüft werden muß.

Anhand der Daten des GKV-Arzneimittelindex können weiterhin arztgruppenspezifische Preis- und Mengenindizes ermittelt werden, mit deren Hilfe zum Beispiel bezüglich der Fortschreibung arztgruppenspezifischer Arzneimittelbudgets ähnliche Überlegungen wie oben angestellt werden können.

---

[10] Als Arzneimittelbudget wird die Obergrenze für die insgesamt von den Vertragsärzten veranlaßten Ausgaben für Arzneimittel bezeichnet. Es wird auf Landesebene zwischen den Verbänden der Krankenkassen und den Kassenärztlichen Vereinigungen vereinbart (vgl. §84, Abs. 1, SGB V, [146]).

[11] Die Werte der Kosten je DDD bei Frauen und Männern sind angegeben in SCHWABE/PAFFRATH, [103], Kapitel „Arzneimittelverordnungen nach Alter und Geschlecht“.

6.4 Indizes für die Leistungen der GKV

In den vorangegangenen Abschnitten wurden Gestaltungsmöglichkeiten für Indizes getrennt für die drei wichtigsten Versorgungsbereiche vorgestellt. Dabei wurden unter anderem jeweils Vorschläge zur Ermittlung von Preis- und Mengenindizes unterbreitet, die die Entwicklung der jeweiligen Komponenten isoliert von anderen Einflüssen messen. Da die hierfür verwendete Formel von Laspeyres die Forderung der Aggregationskonsistenz erfüllt, läßt sich durch Zusammenfassung der sektoralen Preis- bzw. Mengenindizes auch die gesamte Preis- bzw. Mengenentwicklung der GKV-Leistungen in den Bereichen der ambulanten und stationären Behandlung sowie der Arzneimittelversorgung darstellen.

Ist man bezüglich der Mengenkomponenten der einzelnen Bereiche nicht an einer Messung in konstanten Preisen interessiert, sondern möchte man lediglich Preisniveauänderungen eliminieren, besteht durch die Zusammenfassung der drei Paasche-Preisindizes zu einem Gesamt-Index die Möglichkeit, die Ausgaben in den drei Bereichen fallspezifisch zu deflationieren. Damit können jeweils reale Ausgaben ermittelt werden, bei denen die Änderungen der realen Austauschverhältnisse zwischen den drei Bereichen nicht herausgerechnet sind, die also die Ausgaben bei konstantem Preisniveau des übergeordneten Güteraggregats angeben. Die auf diese Weise ermittelten realen Ausgaben der einzelnen Versorgungsbereiche werden in der Regel von den durch volumenorientierte Deflationierung bestimmten Werten abweichen. So wird, falls der Subindex P_k einen größeren (kleineren) Wert annimmt als der Index P des gesamten Güteraggregats, ein negativer (positiver) Preisstruktureffekt ausgewiesen. Die realen Ausgaben bei konstantem Preisniveau werden dann größer (kleiner) sein als die Ausgaben bei konstanten Preisen (vgl. Abschnitt 3.3.3). Anhand der Werte der vom Statistischen Bundesamt bzw. von den Instituten bisher ermittelten Indizes zeigt sich, daß vor allem im stationären Sektor ein negativer Preisstruktureffekt vorliegt. Die Höhe dieses Effektes ist jedoch aufgrund fehlender geeigneter Indizes zur Ermittlung eines Paasche-Gesamtpreisindex (noch) unbestimmt.

Auch die Ermittlung eines Index für sämtliche (Sach-)Leistungen der GKV, also eines Index, der neben den Dienstleistungen der ambulanten und stationären Behandlung sowie den Arzneien, Heil- und Hilfsmitteln die Leistungen stationäre Kurbehandlung und Zahnersatz sowie die vorbeugenden und betreuenden Maßnahmen und Krankheitsfolgeleistungen berücksichtigt, steht noch aus. Allerdings umfassen die drei vorgestellten Leistungsbereiche etwa 90% der GKV-Behandlungsausgaben und etwa 60% der gesamten GKV-Ausgaben, so daß durch die Gestaltung geeigneter Indizes für diese Sektoren ein wesentlicher Beitrag zur Ermittlung von Preis- und Mengenindizes für die GKV-Leistungen geleistet werden kann.

Kapitel 7

Zusammenfassung und Ausblick

Untersuchungsgegenstand der vorliegenden Arbeit sind Preis- und Mengenindizes für das deutsche Gesundheitswesen. Da das eigentliche Leistungsgeschehen im Gesundheitswesen in den Bereichen der ambulanten, stationären und Arzneimittel-Versorgung stattfindet, stehen diese Sektoren im Vordergrund der Arbeit.
Für diese drei Bereiche werden – auf der Verbraucherebene – folgende Preis- bzw. Mengenindizes vom Statistischen Bundesamt, dem Wissenschaftlichen Institut der AOK (WIdO) und dem Zentralinstitut für die kassenärztliche Versorgung in der Bundesrepublik Deutschland (ZI) ermittelt:

Sektor	Index
Ambulante Versorgung	STATISTISCHES BUNDESAMT: Preisindex für die Dienstleistungen der Ärzte (Subindex des Preisindex für die Lebenshaltung) ZI: Punktwertindex, Punktzahlindex, Mengenindex, Strukturindex
Stationäre Versorgung	STATISTISCHES BUNDESAMT: Preisindex für die Dienstleistungen der Krankenhäuser (Subindex des Preisindex für die Lebenshaltung)
Arzneimittelversorgung	STATISTISCHES BUNDESAMT: Preisindex für die Verbrauchsgüter für die Gesundheitspflege; Preisindex für Arzneimittel; Preisindex für Medikamente (Subindizes des Preisindex für die Lebenshaltung) Preisindex für Apotheken, Facheinzelhandel mit medizinischen, orthopädischen und kosmetischen Artikeln; Preisindex für Waren für die Gesundheits- und Körperpflege; Preisindex für Wasch- und Putzmittel, Hygieneartikel, Körperpflege und Arzneimittel (Subindizes des Index der Einzelhandelspreise) WIdO: Preisindex, Mengenindex, Verordnungszahlindex, Strukturindex

Für die Preis- bzw. Mengenentwicklung der Leistungen der GKV, die aufgrund des in Deutschland gegebenen Vollversicherungssystems in dieser Arbeit vorwiegend betrachtet werden, liefern die genannten Indizes in theoretischer, aber auch in inhaltlicher Hinsicht nur eingeschränkt aussagekräftige Ergebnisse. Zwar werden die meisten Preisindizes nach der Formel von Laspeyres berechnet und sind somit aus formaler Hinsicht zur Isolierung der reinen Preisänderung geeignet, allerdings werden – vor allem in den Bereichen der ambulanten und stationären Versorgung – auf Qualitätsänderungen zurückzuführende unechte Preisänderungen nur unzureichend berücksichtigt, so daß Verzerrungen in den Indexwerten schon deshalb wahrscheinlich sind. Außerdem ist die Validität der vom Statistischen Bundesamt ermittelten Preisindizes durch den jeweils nur wenige Güter umfassenden Warenkorb nicht gesichert. Beim Preisindex für die Dienstleistungen der Ärzte treten weiterhin Verzerrungen dadurch auf, daß Preise für Leistungen für Privatpatienten erfaßt werden, die sich in letzter Zeit deutlich anders entwickelt haben als die Preise der GKV-Leistungen. Am ehesten dürften die Preisindizes für Medikamente bzw. Apotheken valide Ergebnisse liefern.

Bei den vom WIdO bzw. ZI berechneten Indizes liegen die Probleme hauptsächlich darin, daß jedes Jahr auf einen neuen Warenkorb umgestellt wird und somit längerfristige Vergleiche nur auf der Basis verketteter Indizes durchgeführt werden können. Damit ist die Isolierung reiner Preis- bzw. Mengenänderungen nicht mehr gewährleistet. Die Indizes des ZI weisen zusätzliche Defizite dahingehend auf, daß das Produkt aus Punktwert- und Punktzahlindex keinen Preisindex bzw. das Produkt aus der Meßzahl der Gesamtzahl der abgerechneten Einzelleistungen und dem Strukturindex keinen Mengenindex ergibt und somit die Entwicklung der Preise bzw. Mengen streng genommen nicht dargestellt werden kann.

Indizes zur Messung der „realen“ Komponente werden nur für den Bereich der ambulanten Versorgung und der Arzneimittelversorgung ermittelt. Diese vom ZI bzw. WIdO ermittelten Indizes sind jedoch aus den oben genannten Gründen nur eingeschränkt aussagefähig. Um dennoch Aussagen über die Entwicklung der Mengenkomponenten in den drei Versorgungsbereichen machen zu können, werden häufig die Ausgaben des jeweiligen Bereichs deflationiert. Die vorgestellten Preisindizes sind hierfür jedoch ebenfalls nur eingeschränkt anwendbar, da sie zumeist weder nach der Formel von Paasche ermittelt werden noch die Preisentwicklung der den Ausgaben zugrundeliegenden Güteraggregate geeignet widerspiegeln. Die Deflationierung der Ausgaben für die ärztliche Behandlung mit dem Paasche-Punktwertindex liefert zwar einen Laspeyres-Leistungsbedarfsindex, die Entwicklung der eigentlichen Mengengröße „Zahl der abgerechneten Einzelleistungen“ kann jedoch nicht abgeleitet werden. Vor allem liefert die Deflationierung der GKV-Ausgaben für die ambulante Behandlung mit dem Preisindex für die Dienstleistungen der Ärzte verzerrte Ergebnisse. Auch im Bereich der stationären Behandlung repräsentieren die mit dem Preisindex für die Dienstleistungen der Krankenhäuser deflationierten Ausgaben die „realen“ Ausgaben wahrscheinlich nur eingeschränkt. Im Bereich der Arzneimittelversorgung stellt sich die Frage, welcher der Indizes zur Deflationierung herangezogen werden soll. Dies läßt sich nicht generell beantworten, sondern hängt auch von der Abgrenzung des betrachteten Ausgabenaggregats – Ausgaben in Deutschland oder im früheren Bundesgebiet, nur Fertigarzneimittel-Ausgaben oder alle Arzneimittelausgaben – ab, wobei jedoch gewisse Einschränkungen immer bestehen bleiben.

Die vorhandenen Indizes für die Waren und Dienstleistungen des deutschen Gesundheitswesens sind somit nur bedingt zur Messung der Preis- und Mengenentwicklung in den jeweiligen Sektoren geeignet. Gestaltungsbedarf besteht hauptsächlich in den Bereichen der ambulanten und stationären Versorgung.
Für die ambulante ärztliche Behandlung kann auf der Grundlage eines aus der Frequenzstatistik der Kassenärztlichen Bundesvereinigung abgeleiteten Wägungsschemas ein Laspeyres-Preisindex ermittelt werden. Eine Aufspaltung des Preisindex in eine Punktwert- und eine Punktzahlkomponente ist möglich. Dabei kann unter gewissen (restriktiven) Annahmen unterstellt werden, daß die reine Preisänderung durch den Punktwertindex und Qualitätsänderungen durch den Punktzahlindex angegeben werden.
Eine aussagekräftige Zerlegung der Ausgabenänderung in eine Preis- und eine Mengenkomponente sowie deren weitere Differenzierung kann durch kleine Variationen der Formeln des ZI erreicht werden. Damit kann unter anderem eine Strukturkomponente bestimmt werden, die einer sinnvollen Interpretation zugeführt werden kann. Ob die Komponentenzerlegung anhand des Indexpaares P_{Las} und Q_{Pa} oder P_{Pa} und Q_{Las} durchgeführt wird, hängt vom jeweiligen Untersuchungsziel ab. Ist man an einer weiteren Differenzierung der Preis- und Mengenkomponente nicht interessiert, kann außerdem das Paar P_{Stu} und Q_{Stu} herangezogen werden, womit eine „unverzerrte“ Aufspaltung ermöglicht wird.

Im stationären Sektor kann ein Preisindex für die Dienstleistungen der Krankenhäuser durch die Zusammenfassung von Subindizes für Unterkunft und Verpflegung, für allgemeine ärztliche und pflegerische Leistungen sowie für Operationen berechnet werden. Diese Subindizes geben die Entwicklung der Basispflegesätze bzw. Abteilungspflegesätze bzw. Sonderentgelte an. Eine Möglichkeit, qualitätsbereinigte Preisindizes für die jeweiligen Vergütungsformen zu bestimmen, kann in der Ermittlung hedonischer Preismeßzahlen gesehen werden.
Eine Komponentenzerlegung der Ausgabenänderung im stationären Sektor kann getrennt für den Budgetbereich und für den Bereich der Sonderentgelte/Fallpauschalen erfolgen. Bei Anwendung der Indexpaare P_{Las} und Q_{Pa} oder

P_{Pa} und Q_{Las} kann eine Strukturkomponente berechnet werden, die interpretiert werden kann als Umsatzänderung, die auf Veränderungen der Fallzusammensetzung der in Krankenhäusern behandelten Patienten zurückzuführen ist.

Für den Arzneimittelsektor werden zumeist valide Preisindizes ermittelt, so daß hier nur wenig Gestaltungsbedarf besteht. Denkbar ist die Ermittlung von Indizes unter Berücksichtigung patientenbezogener Merkmale, da das WIdO bei der Stichprobenerhebung zur Ermittlung des Wägungsschemas des GKV-Arzneimittelindex von jedem Rezeptblatt außer den verordneten Medikamenten unter anderem auch Alter und Geschlecht des Patienten erfaßt. Neben der rein deskriptiven Analyse der Preis- und Mengenentwicklung der Warenkörbe verschiedener Bevölkerungsgruppen können solche Indizes zum Beispiel auch zur Festsetzung und Fortschreibung patientenbezogener Arzneimittelbudgets herangezogen werden.

Die Erhebung patientenbezogener Daten steht in den beiden anderen Versorgungsbereichen zumeist noch aus[1]. Im ambulanten Sektor könnten mit Indizes, die auf bevölkerungsgruppenspezifischen Warenkörben aufbauen, beispielsweise die 1997 eingeführten Fallpunktzahlen, die getrennt für GKV-Mitglieder/Familienangehörige und Rentner festgelegt wurden, fortgeschrieben werden. Außerdem könnten durch eine Komponentenzerlegung der Änderung der Behandlungsausgaben der GKV pro Rentner bzw. Mitglied Anhaltspunkte darüber geliefert werden, ob bezüglich der Ursachen der Ausgabenänderung Unterschiede auftreten und damit, ob unterschiedliche Steuerungsanreize gesetzt werden sollten.

Neben der Erweiterung der Warenkörbe zählt die Ermittlung geeigneter Kriterien zur Berücksichtigung von Qualitätsänderungen sicherlich zu den vordringlichsten Aufgaben bei der Berechnung aussagekräftiger Preis- und Mengen- bzw. Volumenindizes für die Waren und Dienstleistungen des Gesundheitswesens. Schon durch die Schwierigkeiten der Definition und Messung der Qualität einer Behandlung sind einer „korrekten“ Preisindexermittlung jedoch Grenzen gesetzt. Wäre die Festlegung von in einem gewissen Sinne objektiven Charakteristika der Behandlungsqualität möglich, so könnten durch Studien mit hedonischen Indizes zumindest über die Richtung der durch die Qualitätsänderungen verursachten Verzerrungen der Indizes Hinweise gegeben werden.

[1] Über bevölkerungsgruppenspezifische Diagnosen liegen zwar vor allem im stationären Sektor Daten vor (vgl. STATISTISCHES BUNDESAMT, [113]), im ambulanten Sektor existieren dagegen nur explorative Auswertungen (vgl. z.B. SCHWEFEL ET AL., [105]), da jedoch keine bzw. nur wenige diagnosebezogenen Preise existieren, können aus diesen Daten keine spezifischen Indizes ermittelt werden.

Literaturverzeichnis

[1] **Alber**, Jens : *Das Gesundheitswesen der Bundesrepublik Deutschland : Entwicklung, Struktur und Funktionsweise.* Frankfurt/Main ; New York : Campus, 1992.

[2] **Anderson**, Oskar : Indexzahlen. In : *Handwörterbuch der Wirtschaftswissenschaft*, Bd. 4, Stuttgart : Fischer, 1977, S. 98 - 108.

[3] **Arnold**, Michael : *Medizin zwischen Kostendämpfung und Fortschritt.* Stuttgart : Hirzel, 1986.

[4] **Arnold**, Michael : *Solidarität 2000 : Die medizinische Versorgung und ihre Finanzierung nach der Jahrtausendwende.* 2., völlig überarbeitete Auflage. Stuttgart : Enke, 1995.

[5] **Arnold**, Michael; **Armann**, Walburga : Zur Vergütung des Kassenarztes. In : *Arbeit und Sozialpolitik*, 45 (1991), S. 29 - 32.

[6] **Arnold**, Michael; **Schirmer**, Berndt : *Gesundheit für ein Deutschland : Ausgangslage, Probleme und Möglichkeiten der Angleichung der medizinischen Versorgungssysteme der Bundesrepublik Deutschland und der DDR zur Bildung eines einheitlichen Gesundheitswesens.* Köln : Deutscher Ärzte-Verlag GmbH, 1990.

[7] **Balk**, Bert M. : Axiomatic Price Index Theory : A Survey. In : *International Statistical Review*, 63 (1995), S. 69 - 93.

[8] **Bayerisches Statistisches Landesamt** (Hrsg.) : *Zu den Preisindexzahlen der Lebenshaltung in Bayern und im Bundesgebiet.* München, 1982.

[9] **Berg**, Heinz; **Eberle**, Gudrun; **Paffrath**, Dieter : Ärztliche Honorarentwicklung 1980 - 1983 : Ein „magisches Erklärungsquadrat“. In : *Sozialer Fortschritt*, 33 (1984), S. 245 - 250.

[10] **Berg**, Heinz; **Paffrath**, Dieter; **Reichelt**, Herbert : Komponenten der Ausgabendynamik der Fertigarzneimittel im GKV-Arzneimittelbereich. In :

Christian von Ferber et al. (Hrsg.) : *Kosten und Effizienz im Gesundheitswesen. Gedenkschrift für Ulrich Geißler*. München : Oldenbourg, 1985. (Soziologie und Sozialpolitik ; 4), S. 291 - 319.

[11] **Beske**, Fritz; **Brecht**, Josef G.; **Reinkemeier**, Andrea-Marina : *Das Gesundheitswesen in Deutschland : Struktur – Leistungen – Weiterentwicklung*. 2. Auflage. Köln : Deutscher Ärzte-Verlag GmbH, 1995.

[12] **Blum**, Karl : Arzneimittel-Festbeträge – Eine positive Zwischenbilanz. In : *Sozialer Fortschritt*, 43 (1994), S. 178 - 185.

[13] **Böhm**, Klaus : *Der Stichprobenfehler des Preisindex der Lebenshaltung*. Münster, Universität, Rechts- und Staatswissenschaftliche Fakultät, Diss., 1969.

[14] von **Bortkiewicz**, L. : Zweck und Struktur einer Preisindexzahl : Erster Artikel. In : *Nordisk Statistisk Tidskrift*, 2 (1923), S. 369 - 408.

[15] **Brachinger**, Wolfgang : Intertemporaler Vergleich von Lebenshaltungskosten : Statistische Adäquation. In : Statistisches Bundesamt (Hrsg.) : *Indizes – Status quo und europäische Zukunft*. Metzler-Poeschel, 1995. (Forum der Bundesstatistik; 28).

[16] **Brenner**, Gerhard : *Die Reform des Einheitlichen Bewertungsmaßstabes für ärztliche Leistungen in der Bundesrepublik Deutschland von 1985 bis 1988 : Planung - Durchführung - Bewertung*. Köln : Deutscher Ärzte-Verlag GmbH, 1990. (Wissenschaftliche Reihe des Zentralinstituts für die kassenärztliche Versorgung in der Bundesrepublik Deutschland ; 45). Zugl.: Augsburg, Univ., Diss., 1990.

[17] **Brenner**, Gerhard : Die Alters- und Geschlechtsstruktur bestimmen den Arzneimittelverbrauch. In : *Arbeit und Sozialpolitik*, 48 (1994), S. 40 - 46.

[18] **Breyer**, Friedrich : Ökonometrisch geschätzte Krankenhaus-Kostenfunktion und ihre Verwendung in der Krankenhausvergütung. In : Gérard Gäfgen (Hrsg.) : *Ökonomie des Gesundheitswesens*. Berlin : Duncker & Humblot, 1986. (Schriften des Vereins der Socialpolitik, Gesellschaft für Wirtschafts- und Sozialwissenschaften ; N.F., 159), S. 287 - 301.

[19] **Breyer**, Friedrich : Krankenhaus-Kostenstudien : Ein methodischer Überblick. In : *Zeitschrift für Betriebswirtschaft*, 56 (1986), S. 260 - 286.

[20] **Breyer**, Friedrich : Preisbildung und Vergütung im stationären Sektor. In : Hanfried H. Andersen, Klaus Dirk Henke, J.-Matthias Graf v.d. Schulenburg (Hrsg.) : *Basiswissen Gesundheitsökonomie*, Bd. 1: Einführende Texte.

Berlin : Ed. Sigma, 1992. (Beiträge zur Sozialökonomie und Versicherungswissenschaft ; 2), S. 83 - 110.

[21] **Breyer**, Friedrich; **Paffrath**, Dieter; **Preuß**, Wolfgang; **Schmidt**, Rolf : *Die Krankenhaus-Kostenfunktion : Der Einfluß von Diagnosespektrum und Bettenauslastung auf die Kosten im Krankenhaus.* Bonn : AOK-Verlag GmbH, 1987.

[22] **Buchholz**, Edwin H. : *Unser Gesundheitswesen : Ein einführender Überblick zum Gesundheitswesen in der Bundesrepublik Deutschland.* Berlin et al. : Springer, 1988.

[23] Der **Bundesminister für Arbeit und Sozialordnung** : *Die gesetzliche Krankenversicherung in der Bundesrepublik Deutschland im Jahre 1991. Statistischer und finanzieller Bericht.* Bonn 1992.

[24] **Bundesministerium für Arbeit und Sozialordnung** (Hrsg.) : Tabelle 150: Gesetzliche Krankenversicherung (alte Bundesländer) – Reineinnahmen und Reinausgaben 1987 bis 1996. In : *Bundesarbeitsblatt – Arbeitsschutz, Bundesversorgungsblatt, Arbeits- und Sozialstatistik*, Heft 5, 1998, S. 128 - 130.

[25] **Bundesministerium für Arbeit und Sozialordnung** (Hrsg.) : Tabelle 185: Gesetzliche Krankenversicherung (alte Bundesländer) – Mitglieder, Einnahmen und Ausgaben 1997 (Vorläufige Ergebnisse). In : *Bundesarbeitsblatt – Arbeitsschutz, Bundesversorgungsblatt, Arbeits- und Sozialstatistik*, Heft 6, 1998, S. 107 - 109.

[26] Der **Bundesminister für Gesundheit** (Hrsg.) : *Gesundheit für alle : Das Gesundheitswesen der Bundesrepublik Deutschland.* Bonn 1992.

[27] **Bundesministerium für Gesundheit** (Hrsg.) : *Statistisches Taschenbuch Gesundheit.* Bonn 1994.

[28] **Burger**, Franz : Der Preisindex für die Lebenshaltung. In : *Baden-Württemberg in Wort und Zahl*, Heft 2, 1997, S. 78 - 83.

[29] **Buttler**, Günter; **Fickel**, Norman : Gesundheit : Steigende Ausgaben bei weniger Kranken? In : Günter Buttler, Gerhard Heilig, Gerhard Schmitt-Rink (Hrsg.) : *Acta Demographica 1992.* Heidelberg : Physica, 1992.

[30] **Chernichovsky**, Dov; **Zmora**, Irit : A Hedonic Prices Approach to Hospitalization Costs. The Case of Israel. In : *Journal of Health Economics*, 5 (1986), S. 179 - 191.

[31] **Deneffe**, Peter : Das Problem der Berücksichtigung qualitativer Veränderungen im Rahmen der Preisstatistik. In : *Allgemeines Statistisches Archiv*, 42 (1958), S. 346 - 353.

[32] **Deutsche Krankenhausgesellschaft** (Hrsg.) : *Zahlen, Daten, Fakten 1996*. Düsseldorf : Deutsche Krankenhaus Verlagsgesellschaft mbH, 1996.

[33] **Diewert**, W. Erwin : The Economic Theory of Index Numbers : A Survey. In : A. Deaton (ed.) : *Essays in the Theory and Measurement of Consumer Behaviour (in Honour of Richard Stone)*. Cambridge : Cambridge University Press, 1981, S. 163 - 208.

[34] **Dudey**, Stefan: Kosten im Gesundheitswesen. In : Heinz Galler, Gerhard Heilig, Gunter Steinmann (hrsg.) : *Acta Demographica 1993*. Heidelberg : Physica, 1994.

[35] **Eichhorn**, Wolfgang; **Völler**, Joachim : *Theory of the Price Index : Fisher's Test Approach and Generalizations*. Berlin et al. : Springer, 1976. (Lecture Notes in Economics and Mathematical Systems ; 140 : Mathematical Economics).

[36] **Eichhorn**, Wolfgang; **Völler**, Joachim : Preisindextheorie. In : *Jahrbuch Überblicke Mathematik 1976*, S. 73 - 93.

[37] **Eichhorn**, Wolfgang; **Völler**, Joachim : Axiomatic Foundation of Price Indexes and Purchasing Power Parities. In : W. Erwin Diewert (ed.) : *Price Level Measurement*. Amsterdam : North Holland, 1990, S. 321 - 358. (Contributions to Economic Analysis ; 196).

[38] **Elbel**, Günther : Zur Neuberechnung des Preisindex für die Lebenshaltung auf Basis 1991. In : *Wirtschaft und Statistik*, 1995, S. 801 - 809 und S. 766* - 769*.

[39] **Erbsland**, Manfred : *Demographische Effekte auf die zukünftigen Behandlungsausgaben und den zukünftigen Beitragssatz der GKV*. Mannheim : ZEW, 1995. (Discussion Paper / Zentrum für Europäische Wirtschaftsforschung ; 95-18 : Public Finance and Corporate Taxation Series).

[40] **Essig**, H.; **Gauch**, E.; **Müller**, W. : *Die Struktur der Ausgaben im Gesundheitsbereich und ihre Entwicklung seit 1970 : Vertiefende Untersuchung zur Aussagefähigkeit der amtlichen Statistik*. Bonn : Bundesminister für Arbeit und Sozialordnung, 1978. (Forschungsbericht Bundesminister für Arbeit und Sozialordnung, Referat Presse- und Öffentlichkeitsarbeit ; 7).

[41] **Fickel**, Norman : *Auswirkungen der Bevölkerungsentwicklung in der Bundesrepublik Deutschland auf die Ausgaben für Gesundheit : Eine Simulationsstudie.* Frankfurt/Main et al. : Lang, 1995. (Europäische Hochschulschriften : Reihe 5, Volks- und Betriebswirtschaft ; Bd. 1676). Zugl.: Erlangen, Nürnberg, Univ., Diss., 1994.

[42] **Finsinger**, Jörg; **Mühlenkamp**, Holger : *Die Krankenhausfinanzierung in der Bundesrepublik Deutschland*, Lüneburg 1986. (Hochschule Lüneburg, Arbeitsberichte des Fachbereichs Wirtschaft- und Sozialwissenschaften, Nr. 24).

[43] **Fisher**, Irving : *The Making of Index Numbers : A Study of Their Varieties, Tests, and Reliability.* Second Edition, Revised, Boston und New York : Houghton Mifflin, 1923. (Publications of the Pollak Foundation for Economic Research ; Nr. 1).

[44] **Flaskämper**, Paul : Indexzahlen. In : *Handwörterbuch der Sozialwissenschaften*, Bd. 5. Stuttgart : Fischer, 1956, S. 191 - 195.

[45] **Frisch**, Ragnar : Annual Survey of General Economic Theory : The Problem of Index Numbers. In : *Econometrica*, 4 (1936), S. 1 - 38.

[46] **Gnoss**, Roland : Neue Ansätze zur Berechnung von Preisindizes – Eignen sich Hedonic-Indizes für die amtliche Statistik? In : Dietmar Harhoff, Michael Müller (Hrsg.) : *Preismessung und technischer Fortschritt.* Baden-Baden : Nomos Verlagsgesellschaft, 1995. (ZEW-Wirtschaftsanalysen ; 2).

[47] **Gräb**, Christopher : Die neue Krankenhausdiagnosestatistik. Ergebnisse für 1993. In : *Wirtschaft und Statistik*, 1996, S. 75 - 85.

[48] **Griliches**, Zvi : Introduction : Hedonic Price Indexes Revisted. In : Zvi Griliches (ed.) : *Price Indexes and Quality Change. Studies in New Methods of Measurement.* Cambridge, Massachusetts : Harvard University Press, 1971, S. 3 - 15.

[49] **Griliches**, Zvi : Hedonic Price Indexes for Automobiles : An Econometric Analysis of Quality Change. In : Zvi Griliches (ed.) : *Price Indexes and Quality Change. Studies in New Methods of Measurement.* Cambridge, Massachusetts : Harvard University Press, 1971, S. 55 - 87.

[50] **Grupp**, Rudolf : Gesundheitsstrukturgesetz 1993 – Abschied vom Selbstkostendeckungsprinzip. In : Michael Arnold, Dieter Paffrath (Hrsg.) : *Krankenhausreport '93 : Aktuelle Beiträge, Trends und Statistiken.* Stuttgart ; Jena : Fischer, 1993, S. 1 - 14.

[51] **Gunzert**, Rudolf : Aus der Praxis der Verbraucherpreiserhebungen. In : *Allgemeines Statistisches Archiv*, 55 (1971), S. 54 - 63.

[52] **Harhoff**, Dietmar : Methodik und Einsatz hedonischer Preisindizes – Ein Überblick. In : Dietmar Harhoff, Michael Müller (Hrsg.) : *Preismessung und technischer Fortschritt*. Baden-Baden : Nomos Verlagsgesellschaft, 1995. (ZEW-Wirtschaftsanalysen ; 2).

[53] **Hasenkamp**, Georg : Economic and Atomistic Index Numbers : Contrasts and Similarities. In : W. Eichhorn et al. (ed.) : *Theory and Applications of Economic Indices*. Würzburg : Physica-Verlag, 1978, S. 207 - 243.

[54] **Henke**, Klaus Dirk : Gesundheitsausgaben in der Bundesrepublik Deutschland : Ein zu hoher Preis für die Gesundheitsversorgung? In : Christian von Ferber et al. (Hrsg.) : *Kosten und Effizienz im Gesundheitswesen. Gedenkschrift für Ulrich Geißler*, München : Oldenbourg, 1985. (Soziologie und Sozialpolitik ; 4), S. 477 - 493.

[55] **Henke**, Klaus Dirk : Die direkten und indirekten Kosten von Krankheiten in der Bundesrepublik Deutschland im Jahre 1980. In : Klaus D. Henke, Ingolf Metze (Hrsg.) : *Finanzierung im Gesundheitswesen*. Gerlingen : Bleicher, 1986. (Beiträge zur Gesundheitsökonomie, hrsg. von der Robert-Bosch-Stiftung ; 10), S. 209 - 262.

[56] **Henke**, Klaus-Dirk; **Martin**, Karl; **Behrens**, Cornelia : *Direkte und indirekte Kosten von Krankheiten in der Bundesrepublik Deutschland 1980 und 1990*. Berlin 1997. (Diskussionspapier 1997/02 der Wirtschaftswissenschaftlichen Dokumentation der Technischen Universität Berlin).

[57] **Henning**, Jürgen: *Preis- und Mengenkomponente der Arzneimittelausgaben der gesetzlichen Krankenversicherung*. Bonn : Bundesminister für Arbeit und Sozialordnung, 1980. (Forschungsbericht Bundesminister für Arbeit und Sozialordnung, Referat Presse- und Öffentlichkeitsarbeit ; 33).

[58] **Heske**, Gerhard : *Preisstatistik : Grundlagen und Praxis der volkswirtschaftlichen Preisstatistik*. Berlin ; München : Verlag Die Wirtschaft GmbH, 1992.

[59] **Hoffmann**, Ulrich : Neue Bundesstatistik über Krankenhäuser : Grundlage zum Aufbau eines statistischen Krankenhausinformationssystems. In : *Wirtschaft und Statistik*, 1990, S. 693 - 702.

[60] **Horstmann**, Kurt : Qualitätsänderungen und Preisindices. In : *Wirtschaft und Statistik*, 1963, S. 594 - 599.

[61] **Kassenärztliche Bundesvereinigung** (Hrsg.) : *Einheitlicher Bewertungsmaßstab (EBM) mit den Vertragsgebührenordnungen Bewertungsmaßstab für ärztliche Leistungen (BMÄ) und Ersatzkassen-Gebührenordnung (E-GO)*, Dienstauflage der Kassenärztlichen Bundesvereinigung, Stand 1. Juli 1996, Köln : Deutscher Ärzte-Verlag GmbH, 1996.

[62] **Kerek-Bodden**, Hedy; **Klose**, Joachim : *Die Entwicklung der Fallzahlen bei niedergelassenen Ärzten 1980 - 1993 : die Analyse basiert auf einem gemeinsamen Forschungsprojekt des Wissenschaftlichen Instituts der AOK (WIdO) und des Zentralinstituts für die kassenärztliche Vereinigung in der Bundesrepublik Deutschland (ZI)*. Köln : Deutscher Ärzte-Verlag GmbH, 1994. (Wissenschaftliche Reihe des Zentralinstituts für die kassenärztliche Versorgung in der Bundesrepublik Deutschland ; 51).

[63] **Klose**, Joachim : *Leistungsreport Ärzte : Arztprofile der wichtigsten Fachgruppen niedergelassener Ärzte. Ein Kompendium zur ambulanten Versorgung in den westlichen Bundesländern*. Stuttgart ; Jena ; New York : Fischer, 1993.

[64] **Kohlmeier**, L.; **Kroke**, A.; **Pötzsch**, J.; **Kohlmeier**, M.; **Martin**, K. : *Ernährungsabhängige Krankheiten und ihre Kosten*. Baden-Baden : Nomos Verlagsgesellschaft, 1993. (Schriftenreihe des Bundesministeriums für Gesundheit ; 27).

[65] **Krämer**, Walter : Preise und Mengen als Komponenten der Kostenexplosion im Gesundheitswesen. In : *Wirtschaftsdienst*, 60 (1980), S. 400 - 404.

[66] **Kunz**, Dietrich : Ausgewählte methodische und praktische Probleme des zeitlichen Preisvergleichs. In : *Allgemeines Statistisches Archiv*, 55 (1971), S. 23 - 38.

[67] **Litsch**, Martin : Kostendämpfung ohne Qualitätseinbußen. Arzneimitteltherapie 1993 : Ärzte verordneten rational. In : *Soziale Sicherheit*, 43 (1994), S. 401 - 407.

[68] **Litsch**, Martin : Hochpreistherapie gefährdet Arzneimittelbudget. Der Arzneiverordnungsreport '95 analysiert Einsparpotentiale im Patentmarkt und diskutiert Fragen zum Forschungsstandort. In : *Soziale Sicherheit*, 44 (1995), S. 417 - 425.

[69] **Litsch**, Martin: Steuerung im Arzneimittelmarkt verpufft. Mengen-, Preis- und Strukturentwicklungen gefährden Arzneimittelbudgets. In : *Soziale Sicherheit*, 45 (1996), S. 441 - 446.

[70] **Litsch**, Martin; **Reichelt**, Herbert; **Selke**, Gisbert W. : *Auswirkungen der Arzneimittel-Festbeträge*. Bonn : Wissenschaftliches Institut der Ortskrankenkassen, 1990. (GKV-Arzneimittelindex, hrsg. vom Wissenschaftlichen Institut der Ortskrankenkassen)

[71] **Manhardt**, Silja : *Die Festbetragsregelung des Gesundheitsreformgesetzes : Verfassungsrechtliche Probleme der staatlichen Einflußnahme auf die Arzneimittelpreise*. Baden-Baden : Nomos Verlagsgesellschaft, 1990. (Gesundheitsökonomische Beiträge ; 9). Zugl.: Erlangen, Nürnberg, Univ., Diss., 1989.

[72] **Monka**, Michael : Entwicklung und Berechnung von Fallpauschalen : Das ökonometrische Modell des WIdO. In : Michael Arnold, Dieter Paffrath (Hrsg.) : *Krankenhausreport '93 : Aktuelle Beiträge, Trends und Statistiken*. Stuttgart ; Jena : Gustav Fischer Verlag, 1993, S. 79 - 99.

[73] **Müller**, Wolfgang : Ausgaben für Gesundheit 1995. In : *Wirtschaft und Statistik*, 1998, S. 32 - 39 und S. 44* - 47*.

[74] **Neubauer**, Werner : Irreales Inlandsprodukt in konstanten Preisen. Kritisches zur Deflationierung in der Volkswirtschaftlichen Gesamtrechnung. In : *Allgemeines Statistisches Archiv*, 58 (1974), S. 237 - 271.

[75] **Neubauer**, Werner : Preisindex der Lebenshaltung. In : *Handwörterbuch der Wirtschaftswissenschaft*, Bd. 6, Stuttgart : Fischer, 1977, S. 213 - 222.

[76] **Neubauer**, Werner : Reales Inlandsprodukt: „preisbereinigt“ oder „inflationsbereinigt“? Zur Deflationierung bei veränderter Preisstruktur. In : *Allgemeines Statistisches Archiv*, 62 (1978), S. 115 - 160.

[77] **Neubauer**, Werner : *Preisstatistik*. München : Vahlen, 1996. (Vahlens Handbücher der Wirtschafts- und Sozialwissenschaften).

[78] **Oberender**, Peter : Pharmazeutische Industrie. In : Peter Oberender (Hrsg.) : *Marktstruktur und Wettbewerb in der Bundesrepublik Deutschland : Branchenstudien zur deutschen Volkswirtschaft*. München : Vahlen, 1984, S. 245 - 310.

[79] **Offermanns**, Matthias : *Die Steuerungswirkungen des „Einheitlichen Bewertungsmaßstabes“*. Hamburg : Kovač, 1995.

[80] **Olt**, Bernhard : *Axiom und Struktur in der statistischen Preisindextheorie*. Frankfurt/Main et al. : Lang, 1996. (Europäische Hochschulschriften : Reihe 5, Volks- und Betriebswirtschaft ; 1885). Zugl.: Karlsruhe, Univ., Diss., 1995.

[81] **Paffrath**, Dieter : GKV-Arzneimittelindex. Grundlagen der Transparenz auf dem Arzneimittelmarkt. In : *Die Ortskrankenkasse*, 66 (1984), S. 286 - 292.

[82] **Paffrath**, Dieter; **Rosche**, Michael : Der Krankenhausindex – Optionen für eine rationale Krankenhauspolitik. In : *Arbeit und Sozialpolitik*, 43 (1989), S. 404 - 408.

[83] **Pedroni**, Gabriella; **Zweifel**, Peter : *Wie mißt man Gesundheit*. Basel : Pharma Information, 1990. (Studien zur Gesundheitsökonomie ; 14).

[84] **Pfaff**, Martin; **Wassener**, Dietmar : *Das Krankenhaus im Gefolge des Gesundheits-Struktur-Gesetzes 1993 : Finanzierung, Leistungsgeschehen, Vernetzung*. Baden-Baden : Nomos Verlagsgesellschaft, 1995. (Gesundheitsökonomische Beiträge ; 24).

[85] **Rasch**, Hans Georg : Zur Neuberechnung des Preisindex für die Lebenshaltung auf Basis 1985. In : *Wirtschaft und Statistik*, 1990, S. 47 - 51 und S. 29* - 30*.

[86] **Rasch**, Hans Georg : Zur Neuberechnung des Index der Einzelhandelspreise auf Basis 1985. In : *Wirtschaft und Statistik*, 1991, S. 203 - 208 und S. 112*.

[87] **Reher**, Rolf; **Reichelt**, Herbert : Gesundheitsreformgesetz und Arzneimittelversorgung : Eine Zwischenbilanz. In : *Sozialer Fortschritt*, 40 (1991), S. 114 - 120.

[88] **Reichelt**, Herbert : Die Strukturkomponente auf dem Arzneimittelmarkt : Mengenentwicklung, Wandel des Verordnungsspektrums oder Arzneimittelinnovation? In : *Die Ortskrankenkasse*, 66 (1984), S. 809 - 817.

[89] **Reichelt**, Herbert : *Eine Methode der statistischen Komponentenzerlegung : Konzept einer erweiterten Index-Analyse volkswirtschaftlicher Änderungsraten*. Bonn : Wissenschaftliches Institut der Ortskrankenkassen, 1988. (WIdO-Materialien ; 31).

[90] **Ribhegge**, Hermann : Preiseffekte von Festbeträgen für Arzneimittel. In : *Wirtschaftswissenschaftliches Studium*, 20 (1991), S. 65 - 68.

[91] **Riegel**, Jürgen : *Die Qualitätsänderung als preisstatistisches Problem : Die Bedeutung der Qualitätsänderungen für die Messung der Preisentwicklung einzelner Lebenshaltungsgüter und die Verfahren zur Eliminierung ihres Einflusses*. Frankfurt/Main ; Zürich : Verlag Harri Deutsch, 1975. Zugl.: Frankfurt/Main, Univ., Diss., 1974.

[92] **Ronning**, Gerd : Eine empirische Preisanalyse für den deutschen Antibiotika-Markt. In : Gérard Gäfgen (Hrsg.) : *Ökonomie des Gesundheitswesens*. Berlin : Duncker & Humblot, 1986, S. 271 - 286.

[93] **Rosenberg**, Peter : *Möglichkeiten der Reform des Gesundheitswesens in der Bundesrepublik Deutschland*. Göttingen : Otto Schwartz & Co., 1975. (Kommission für wirtschaftlichen und sozialen Wandel ; 48).

[94] **Rückwardt**, Bernd : *Die Berücksichtigung von Qualitätsänderungen beim Preisindex für die Lebenshaltung*. Münster, Universität, Fachbereich Wirtschafts- und Sozialwissenschaften, Diss., 1972.

[95] **Schaffranek**, Manfred : *Wirtschafts- und Bevölkerungsstatistik*. Stuttgart et al. : Kohlhammer, 1980. (Schaeffers Grundriß des Rechts und der Wirtschaft ; 100 : Abt. 3, Wirtschaftswiss.).

[96] **Schaich**, Eberhard; **Schweitzer**, Walter : *Ausgewählte Methoden der Wirtschaftsstatistik*. München : Vahlen, 1995.

[97] **Schimmler**, H. : On the Quantity Concept of Production. In : *The Review of Income and Wealth*, 22 (1976), S. 377 - 382.

[98] **Schmidt**, Bernd : *Der Preisindex für die Lebenshaltung aller privaten Haushalte in Gestalt eines Kettenindex – Beurteilung aus praktischer, empirischer und theoretischer Sicht*. Stuttgart : Metzler-Poeschel, 1997. (Schriftenreihe Spektrum Bundesstatistik ; 10).

[99] **Schubert**, Ingrid: Die Klassifikation von Medikamenten. Das Handwerkszeug in der Pharmakoepidemiologie: Rote Liste, ATC und DDD. In: Liselotte von Ferber (Hrsg.): *Häufigkeit und Verteilung von Erkrankungen und ihre ärztliche Behandlung : epidemiologische Grundlagen eines Qualitätsmonitorings*. Leipzig : ISAB-Verlag, 1994. (ISAB-Schriftenreihe ; Nr. 34).

[100] **Schubert**, Manfred : *Preisindizes als Inflationsindikatoren : Theoretische Grundlagen, methodische Probleme und praktische Anwendung in der Bundesrepublik Deutschland*. Frankfurt/Main ; Bern : Lang, 1981. (Europäische Hochschulschriften : Reihe 5, Volks- und Betriebswirtschaft ; 335).

[101] **Schwabe**, Ulrich : *Pharmakologisch-therapeutische Analyse der kassenärztlichen Arzneiverordnungen in der Bundesrepublik Deutschland : Verordnungsvolumen von 500 führenden Arzneimitteln nach definierten Tagesdosen im Jahre 1981*. Bonn : WIdO, 1983. (GKV-Arzneimittelindex, Berichte ; 2).

[102] **Schwabe**, Ulrich (Hrsg.) : *Arzneiverordnungs-Report '97 : Aktuelle Daten, Kosten, Trends und Kommentare* (Verfügungsbeklagte Ausgabe ohne Aufstellung umstrittener Arzneimittel). Stuttgart : Fischer, 1997.

[103] **Schwabe**, Ulrich; **Paffrath**, Dieter (Hrsg.) : *Arzneiverordnungs-Report ... : Aktuelle Daten, Kosten, Trends und Kommentare. Ergebnisse des GKV-Arzneimittelindex.* Stuttgart : Fischer, Jahrgänge 1992 - 1996.

[104] **Schwarz**, Karl : *Auswirkungen der Bevölkerungsentwicklung auf Leistungsnachfrage und Ausgaben im Gesundheitswesen : insbesondere der gesetzlichen Krankenversicherung unter Berücksichtigung von Zielvorstellungen über die Gesundheitsversorgung älterer Menschen.* Bonn : Bundesminister für Arbeit und Sozialordnung, 1983. (Forschungsbericht des Bundesministers für Arbeit und Sozialordnung, Referat Presse und Öffentlichkeitsarbeit ; 95).

[105] **Schwefel**, Detlef; **John**, Jürgen; **Potthoff**, Peter; **Eimeren**, Wilhelm van : *Diagnosenstruktur in der ambulanten Versorgung : explorative Auswertungen.* Berlin et al. : Springer, 1987. (Gesundheitssystemforschung).

[106] von **Seckendorf**, Jochen : *Messung ärztlicher Leistungen im Krankenhaus.* München : GBI, 1983. (Betriebswirtschaftliche Forschungsbeiträge ; 7). Zugl.: München, Univ., Diss., 1982.

[107] **Seffen**, Achim : Bilanz der Gesundheitsreform. In : *IW-Trends*, 19 (1992), S. 57 - 67.

[108] **Selvanathan**, E.A.; **Prasada Rao**, D.S. : *Index Numbers : A Stochastic Approach.* Basingstoke : Macmillan Press, 1994.

[109] von **Stackelberg**, Johann-Magnus : *Leistungsreport Ärzte : Index-Konzept und erste Ergebnisse.* Bonn : Wissenschaftliches Institut der Ortskrankenkassen, 1986. (WIdO-Materialien ; 28).

[110] **Statistisches Bundesamt** (Hrsg.) : Fachserie 12 : Gesundheitswesen, Reihe 1 : *Ausgewählte Zahlen für das Gesundheitswesen 1993.* Stuttgart : Metzler-Poeschel, 1995.

[111] **Statistisches Bundesamt** (Hrsg.) : Fachserie 12 : Gesundheitswesen, Reihe 5 : *Berufe des Gesundheitswesens 1995.* Stuttgart : Metzler-Poeschel, 1996.

[112] **Statistisches Bundesamt** (Hrsg.) : Fachserie 12 : Gesundheitswesen, Reihe 6.1 : *Grunddaten der Krankenhäuser und Vorsorge- oder Rehabilitationseinrichtungen*, verschiedene Jahrgänge. Stuttgart : Metzler-Poeschel.

[113] **Statistisches Bundesamt** (Hrsg.) : Fachserie 12 : Gesundheitswesen, Reihe 6.2 : *Diagnosedaten der Krankenhauspatienten 1995*. Stuttgart : Metzler-Poeschel, 1997.

[114] **Statistisches Bundesamt** (Hrsg.) : Fachserie 12 : Gesundheitswesen, Reihe 6.3 : *Kostennachweis der Krankenhäuser 1996*. Stuttgart : Metzler-Poeschel, 1998.

[115] **Statistisches Bundesamt** (Hrsg.) : Fachserie 12 : Gesundheitswesen, Reihe S.2 : *Ausgaben für Gesundheit 1970 bis 1994*. Stuttgart : Metzler-Poeschel, 1997.

[116] **Statistisches Bundesamt** (Hrsg.) : Fachserie 17 : Preise, Reihe 2 : *Preise und Preisindizes für gewerbliche Produkte (Erzeugerpreise)*. Stuttgart : Metzler-Poeschel.

[117] **Statistisches Bundesamt** (Hrsg.) : Fachserie 17 : Preise, Reihe 6 : *Index der Großhandelsverkaufspreise*. Stuttgart : Metzler-Poeschel.

[118] **Statistisches Bundesamt** (Hrsg.) : Fachserie 17 : Preise, Reihe 7 : *Preisindizes für die Lebenshaltung*, verschiedene Jahrgänge. Stuttgart : Metzler-Poeschel.

[119] **Statistisches Bundesamt** (Hrsg.) : Fachserie 17 : Preise, Reihe 7 : *Preisindizes für die Lebenshaltung*. Jahresbericht 1996. Stuttgart : Metzler-Poeschel, 1997.

[120] **Stuvel**, Gerhard : A New Index Number Formula. In : *Econometrica*, 25 (1957), S. 123 - 131.

[121] **Stuvel**, Gerhard : *The Index-Number Problem and its Solution*. Basingstoke : Macmillan, 1989.

[122] **Szenzenstein**, Johann : Preisindizes für industrielle Güter in der amtlichen Statistik. In : Dietmar Harhoff, Michael Müller (Hrsg.) : *Preismessung und technischer Fortschritt*. Baden-Baden : Nomos Verlagsgesellschaft, 1995. (ZEW-Wirtschaftsanalysen ; 2), S. 11 - 36.

[123] **Thiel**, Anna : Gebührenordnung für Ärzte novelliert. In : *Arbeitgeber*, 48 (1996), S. 320 - 322.

[124] **Triplett**, Jack E. : Quality Bias in Price Indexes and New Methods of Quality Measurement. In : Zvi Griliches (ed.) : *Price Indexes and Quality Change. Studies in New Methods of Measurement*. Cambridge, Massachusetts : Harvard University Press, 1971, S. 215 - 239.

[125] **Triplett**, Jack E. : Hedonic Methods in Statistical Agency Environment : An Intellectual Biopsy. In : Ernst R. Berndt, Jack E. Triplett (ed.) : *Fifty Years of Economic Measurement. The Jubilee of the Conference on Research in Income and Wealth.* Chicago : University of Chicago Press, 1990. (Studies in Income and Wealth : 54), S. 207 - 233.

[126] **Triplett**, Jack E. : Hedonic Functions and Hedonic Indexes. In : *The New Palgrave : A Dictionary of Economics*, edited by John Eatwell, Murray Milgate and Peter Newman in four volumes; Vol. 2. London, Basingstoke : The Macmillan Press Limited, 1987.

[127] **Ulrich**, Volker : *Preis- und Mengeneffekte im Gesundheitswesen : Eine Ausgabenanalyse von GKV-Behandlungsarten.* Frankfurt/Main et al. : Lang, 1988. (Staatliche Allokationspolitik im marktwirtschaftlichen System ; 28). Zugl.: Mannheim, Univ., Diss., 1988.

[128] **Ulrich**, Volker; **Wille**, Eberhard : Zur Ausgabenentwicklung der gesetzlichen Krankenversicherung : Preis- und Mengeneffekte von Behandlungsarten. In : *Finanzarchiv N.F.*, 47 (1989), S. 361 - 403.

[129] **Voeller**, Joachim : *Theorie des Preis- und Lebenshaltungskostenindex.* Karlsruhe, Universität, Fakultät für Wirtschaftswissenschaften, Diss., 1974.

[130] **Vogt**, Arthur : *Das statistische Indexproblem im Zwei-Situationen-Fall.* Zürich, Eidgenössische Technische Hochschule, Diss., 1979.

[131] **Vogt**, Arthur; **Barta**, János : *The Making of Tests for Index Numbers : Mathematical Methods of Descriptive Statistics.* Published in Honour of the 50th Anniversary of the Death of Irving Fisher. Heidelberg : Physica-Verlag, 1997.

[132] **Wille**, Eberhard : Mengen- und Preiskomponente von Arzneimittelausgaben im System medizinischer Behandlung : eine empirische Analyse. In : Erwin Dichtl, Hans Raffée, Michael Thiess (Hrsg.) : *Innovatives Pharmamarketing : Marktorientierung als Erfolgsstrategie der 90er Jahre.* Wiesbaden : Gabler, 1989, S. 351 - 371.

[133] **Wissenschaftliches Institut der AOK** - WIdO (Hrsg.) : *GKV-Arzneimittelindex. Bericht 1/81, Projektbeschreibung.* Bonn : Wissenschaftliches Institut der Ortskrankenkassen, 1981.

[134] **Wissenschaftliches Institut der AOK** - WIdO (Hrsg.) : *Der europäische Arzneimittelmarkt : Arzneimittelpreisvergleich – Arzneimittelverbrauchsvergleich – Rahmenbedingungen.* Bonn 1984. (WIdO-Schriftenreihe ; 6).

[135] **Wissenschaftliches Institut der AOK** - WIdO (Hrsg.) : *Preisinfo ... : Preisentwicklung auf dem Arzneimittelmarkt bis ... – Gesamtdeutscher Index*. Bonn, verschiedene Ausgaben 1997 und 1998.

[136] van **Yzeren**, J. : A Note on the Useful Properties of Stuvel's Index Numbers. In : *Econometrica*, 26 (1958), S. 429 - 439.

[137] **Zdrowomyslaw**, Norbert; **Dürig**, Wolfgang : *Gesundheitsökonomie. Einzel- und gesamtwirtschaftliche Einführung*. München ; Wien : Oldenbourg, 1997.

[138] **Zentralinstitut für die kassenärztliche Versorgung in der Bundesrepublik Deutschland** (Hrsg.) : *Medizinische Orientierungsdaten : Daten und Ziele für die Konzertierte Aktion im Gesundheitswesen 1983/84*. Köln : Deutscher Ärzte-Verlag GmbH, 1984. (Wissenschaftliche Reihe ; 30).

[139] **Zentralinstitut für die kassenärztliche Versorgung in der Bundesrepublik Deutschland**: *Abrechnungs-Informations-System. Informationssystem über die vertragsärztlichen Leistungen von Ärzten in freier Praxis (Westdeutschland) – Gebührenordnung: BMÄ*. Köln, verschiedene Jahrgänge.

[140] **Zentralinstitut für die kassenärztliche Versorgung in der Bundesrepublik Deutschland**: *Abrechnungs-Informations-System. Informationssystem über die vertragsärztlichen Leistungen von Ärzten in freier Praxis (Westdeutschland) – Gebührenordnung: E-GO*. Köln, verschiedene Jahrgänge.

[141] **Zweifel**, Peter; **Zysset-Pedroni**, Gabriella : Was ist Gesundheit und wie läßt sie sich messen? In : Hanfried H. Andersen, Klaus-Dirk Henke, Matthias Graf von der Schulenburg (Hrsg.) : *Basiswissen Gesundheitsökonomie, Bd. 1: Einführende Texte*. Berlin : Ed. Sigma, 1992. (Beiträge zur Sozialökonomie und Versicherungswissenschaft ; 2), S. 39 - 62.

Gesetzestexte :

[142] **Anlagen 1 bis 4 zur Bundespflegesatzverordnung vom 26. September 1994.** In : Anlageband zum Bundesgesetzblatt Teil I Nr. 67 vom 7. Oktober 1994.

[143] **Gebührenordnungen für Ärzte (GOÄ) und Zahnärzte (GOZ)** mit Gebührenverzeichnissen für ärztliche und zahnärztliche Leistungen. Textausgabe mit Sachverzeichnis und einer kommentierenden Einführung von Manfred Lieber, 4., neubearbeitete Auflage, Stand : 1. Juni 1996.

[144] **Gesetz über den Verkehr mit Arzneimitteln (Arzneimittelgesetz – AMG)** vom 19. Oktober 1994. In : Bundesgesetzblatt, Jahrgang 1994, Teil I, S. 3018ff.

[145] **Gesetz zur wirtschaftlichen Sicherung der Krankenhäuser und zur Regelung der Krankenhauspflegesätze (Krankenhausfinanzierungsgesetz – KHG)**, Neufassung vom 23. Dezember 1985. In : Bundesgesetzblatt, Jahrgang 1986, Teil I, S. 33ff.

[146] **Sozialgesetzbuch, Reichsversicherungsordnung (SGB, RVO)** mit besonderen Bestimmungen für das Beitrittsgebiet. Textausgabe mit ausführlichem Sachregister und einer Einführung von Professor Dr. Bertram Schulin, 21., vollständig überarbeitete Auflage, Stand : 1. Januar 1995.

[147] **Verordnung zur Regelung der Krankenhauspflegesätze (Bundespflegesatzverordnung – BPflV)** vom 21. August 1985. In : Bundesgesetzblatt, Jahrgang 1985, Teil I, S. 1666ff.

[148] **Verordnung zur Regelung der Krankenhauspflegesätze (Bundespflegesatzverordnung – BPflV)**, Artikel 1 der Verordnung zur Neuordnung des Pflegesatzrechts vom 26. September 1994. In : Bundesgesetzblatt, Jahrgang 1994, Teil I, S. 2750ff.

[149] **Zweites Gesetz zur Neuordnung von Selbstverwaltung und Eigenverantwortung in der gesetzlichen Krankenversicherung (2. GKV-Neuordnungsgesetz – 2. GKV-NOG)** vom 23. Juni 1997. In : Bundesgesetzblatt, Jahrgang 1997, Teil I, S. 1520ff.

Peter Lang · Europäischer Verlag der Wissenschaften

Michael Steiner (Hrsg.)

Wirtschaftspolitische Beratung heute

Mit Beiträgen von Wolfgang Franz, Helmut Kramer, Herbert Paierl, Gerhard Rosegger, Kurt Rothschild, Michael Steiner, Erich Streißler, Gunther Tichy

Frankfurt/M., Berlin, Bern, New York, Paris, Wien, 1998. 83 S.
ISBN 3-631-32969-5 · br. DM 28.–*

Wirtschaftspolitische Beratung bewegt sich seit jeher im Spannungsfeld vielfältiger Interessen, oft widersprüchlicher ökonomischer Erkenntnisse und unterschiedlicher Verantwortungsbereiche der Beratenen und Beratenden. Angesichts der Debatten um Globalisierung und Internationalisierung, des Konfliktes von Staatsinterventionismus versus Neoliberalismus sowie der Situation auf dem Arbeitsmarkt bleibt sie auch heute eine heikle Aufgabe. Die Beiträge dieses Bandes – von international renommierten Wirtschaftsforschern verfaßt – geben einen Einblick in die Schwierigkeiten der wirtschaftspolitischen Beratung; sie zeigen aber auch, daß man alten und neuen Problemen nicht hilflos ausgeliefert ist und ökonomischer common sense korrigierend einzugreifen vermag.

Aus dem Inhalt: Wider das Technokratentum in der Ökonomie · Wirtschaftliche Beratung als selbstreflexive Aufklärung · Beratung als kontinuierlicher Diskurs · Beratung als diktatorisches Unterfangen · Über die Liebe zwischen Politikern und Beratern und andere kontroverse Fragen der Politikberatung · Gegen wirtschaftliche und denkerische Krisen

Frankfurt/M · Berlin · Bern · New York · Paris · Wien
Auslieferung: Verlag Peter Lang AG
Jupiterstr. 15, CH-3000 Bern 15
Telefax (004131) 9402131
*inklusive Mehrwertsteuer
Preisänderungen vorbehalten

FSC
www.fsc.org
MIX
Papier | Fördert gute Waldnutzung
FSC® C083411

Kolibri 360 GmbH
Ferdinand-Jühlke-Straße 7
99095 Erfurt, Deutschland
produktsicherheit@kolibri360.de

Druck:
CPI Druckdienstleistungen GmbH
im Auftrag der
Kolibri 360 GmbH
Ferdinand-Jühlke-Str. 7
99095 Erfurt